Den Sammlern auf der Spur

Provenienzforschung zu kolonialen Kontexten am Roemer- und Pelizaeus-Museum Hildesheim 2017/18

Reihe:
Veröffentlichungen des Netzwerks Provenienzforschung in Niedersachsen, Bd. 2

Im Bewusstsein seiner kulturpolitischen Verantwortung im Sinne der „Washingtoner Prinzipien"und der „Gemeinsamen Erklärung" hat das Land Niedersachsen 2015 das Netzwerk Provenienzforschung gegründet. Es bündelt die Kräfte und Kompetenzen im Bereich der Provenienzforschung auf Landesebene und verzahnt sie mit den Initiativen der Stiftung Deutsches Zentrum Kulturgutverluste.
In der vorliegenden Reihe veröffentlicht das Netzwerk Provenienzforschung in Niedersachsen die Ergebnisse der jährlich veranstalteten Tagungen sowie ausgewählte wissenschaftliche Beiträge seiner Mitglieder und Partner. Im Fokus der Netzwerkarbeit stehen alle relevanten Kontexte der Herkunftsforschung: Recherchen zu NS-Raubgut und Provenienzforschung zu Sammlungsgut aus kolonialen Kontexten sowie zu Kulturgutentziehungen in der ehemaligen Sowjetischen Besatzungszone und der DDR.

Being aware of its culture political responsibility in the sense of the Washington Principles and the Joint Statement, the state of Lower Saxony founded a network for provenance research in 2015. It concentrates all forces and competences of provenance research on state level and connects them with the German Lost Art Foundation.
In this book series the Network for Provenance Research in Lower Saxony publishes the results of its annual conferences, as well as chosen academic contributions of its members and partners. The network focuses on all relevant issues of provenance research, such as research on assets seized through Nazi persecution, on cultural goods from colonial contexts and on confiscation of cultural assets in the Soviet Occupation Zone and the GDR.

Netzwerk Provenienzforschung in Niedersachsen
Koordinationsstelle
Niedersächsisches Landesmuseum Hannover
Willy-Brandt-Allee 5
30169 Hannover
www.provenienzforschung-niedersachsen.de

Netzwerk Provenienzforschung in Niedersachsen

Niedersächsisches Ministerium für Wissenschaft und Kultur

Veröffentlichungen des Netzwerks Provenienzforschung in Niedersachsen, Bd. 2

Den Sammlern auf der Spur

Provenienzforschung zu kolonialen Kontexten am Roemer- und Pelizaeus-Museum Hildesheim 2017/18

Sabine Lang
Andrea Nicklisch

Mit einem Beitrag von
Tristan Oestermann

Im Auftrag des Niedersächsischen Ministeriums für Wissenschaft und Kultur
herausgegeben von Claudia Andratschke

Mit freundlicher Unterstützung von:

Sparkasse Hildesheim Goslar Peine

Niedersächsische Sparkassenstiftung

Bibliografische Information der Deutschen Nationalbibliothek
Die Deutsche Nationalbibliothek verzeichnet diese Publikation in der Deutschen Nationalbibliografie; detaillierte bibliografische Daten sind im Internet über http://dnb.dnb.de abrufbar.

arthistoricum.net
FACHINFORMATIONSDIENST KUNST · FOTOGRAFIE · DESIGN

Publiziert bei arthistoricum.net,
Universitätsbibliothek Heidelberg 2021.

Die Online-Version dieser Publikation ist auf https://www.arthistoricum.net dauerhaft frei verfügbar (Open Access).
URN: urn:nbn:de:bsz:16-ahn-artbook-742-3
DOI: https://doi.org/10.11588/arthistoricum.742

Gestaltungskonzept: Homann Güner Blum, Visuelle Kommunikation, Hannover
Satz und Gestaltung: stildeck.de, München
Redaktion: Claudia Andratschke, Maik Jachens, Sabine Lang
Umschlagillustration: Stuhl, Westafrika, Kamerun, Grasland, vor 1913, Inv.-Nr. V 5.967.
© Roemer- und Pelizaeus-Museum

ISSN (Print) 2701-1577
ISSN (Online) 2701-1585
ISBN 978-3-948466-64-0 (Softcover)
ISBN 978-3-948466-65-7 (PDF)

Den Sammlern auf der Spur

Provenienzforschung zu kolonialen Kontexten am Roemer- und Pelizaeus-Museum Hildesheim 2017/18

02

Inhaltsverzeichnis

Den Sammlern auf der Spur

Provenienzforschung zu kolonialen Kontexten am Roemer- und Pelizaeus-Museum Hildesheim 2017/18

English Summary

Anhang

Verwendete Abkürzungen für Archive

BArch – Bundesarchiv Berlin

SAHI – Stadtarchiv Hildesheim

SMB-PK, EM – Staatliche Museen zu Berlin – Stiftung Preußischer Kulturbesitz, Ethnologisches Museum

MAE-AA – Ministère des Affaires étrangères-Archives Africaines Brüssel

Vorwort

Vorwort

Prof. Dr. Regine Schulz

Direktorin des Roemer- und
Pelizaeus-Museums Hildesheim

Provenienzforschung ist eine der grundlegenden und unverzichtbaren Aufgaben eines jedes Museums, denn die Herkunft und Erwerbungsumstände der Sammlungen sind ein wichtiger Bestandteil ihrer Geschichte und damit ihres Aussagewertes. Trotzdem fehlt es in vielen Fällen an ausreichenden Informationen, was unterschiedlichste Gründe haben kann. So gingen viele der zugehörigen Aufzeichnungen – falls ursprünglich überhaupt vorhanden – im Laufe der Zeit verloren oder wurden z. B. in den großen Weltkriegen des letzten Jahrhunderts zerstört. Aber auch Desinteresse und fehlende Ressourcen spielen neben Fälschungen und der Verschleierung von Provenienzen zur Besitzstandssicherung eine nicht unwichtige Rolle. Denn Provenienzforschung ist häufig sehr aufwendig und zeitintensiv und kann nur in den wenigsten Fällen von den zuständigen Kuratoren allein – neben allen anderen Aufgaben – bewältigt werden. Außerdem können die Ergebnisse problematisch sein, vor allem bei unrechtmäßigen oder unethischen Erwerbungsumständen. Demzufolge sind unterstützende Programme und der Aufbau von Netzwerken von entscheidender Bedeutung, wozu auch eine enge Zusammenarbeit mit den Herkunftsgesellschaften gehört. Nachdem in den letzten Jahren vor allem im Bereich der Antikensammlungen des RPM intensive Provenienzforschung betrieben wurde, liegt nun der Fokus auf den ethnologischen Sammlungen.

Die Publikation von Dr. Sabine Lang und Dr. Andrea Nicklisch mit dem Titel „Den Sammlern auf der Spur. Provenienzforschung zu kolonialen Kontexten am Roemer- und Pelizaeus-Museum Hildesheim 2017/18" ist eine erste Veröffentlichung zu diesem Thema des Roemer- und Pelizaeus-Museums Hildesheim (RPM). Noch bevor das von der Volkswagen-Stiftung unterstützte Verbundprojekt „Provenienzforschung in außereuropäischen Sammlungen und der Ethnologie in Niedersachsen“ (PAESE) 2018 ins Leben gerufen wurde, konnte das RPM mithilfe der Niedersächsischen Sparkassenstiftung und der Sparkasse Hildesheim Goslar Peine ein erstes Projekt dieser Art für Objekte der ethnologischen Sammlung durchführen. Die Ergebnisse dieses Projektes wurden sowohl in die Sonderausstellung „Mit 80 Objekten um die Welt“, die vom 11.02.2017–31.03.2019 im RPM zu sehen war, als auch in einer Folgeausstellung unter dem Titel „Den Sammlern auf der Spur – Ethnologische Provenienzforschung am Roemer- und Pelizaeus-Museum“ vom 23.05.2019–12.01.2020 dem Publikum präsentiert. Damit war das RPM eines der ersten Museen Niedersachsens, das sich nicht nur intensiv mit der Provenienzforschung in Zusammenhang mit seinen ethnologischen Sammlungen auseinandergesetzt, sondern die Ergebnisse auch durch Ausstellungen einer breiten Öffentlichkeit zugänglich gemacht hat.

Auch die hier vorliegende Publikation wendet sich nicht nur an Provenienzforscher*innen, sondern auch an ein breites interessiertes Publikum, das im 175. Jahr des Bestehens des Museums mehr über dessen Geschichte und die Herkunft der Sammlungen erfahren möchte.

Einleitung

Einleitung

Das Provenienzforschungsprojekt am Roemer- und Pelizaeus-Museum

Am 10. Februar 2017 eröffnete am Roemer- und Pelizaeus-Museum (RPM) in Hildesheim die Sonderausstellung „Mit 80 Objekten um die Welt", kuratiert von Andrea Nicklisch. 80 Objekte aus dem ethnologischen Magazin des Roemer-Museums illustrierten darin Universalien menschlicher Kultur und verdeutlichten Gemeinsamkeiten, aber auch Unterschiede. Die Themen, nach denen die Ausstellung untergliedert wurde, waren Alltag, Macht und Prestige, Krieg und Frieden, Religion, Schönheit, Kunst sowie Transkulturalität bzw. kulturelle Begegnungen. Die Ausstellung wurde über die ursprünglich geplante Laufzeit (bis 31.01.2018) hinaus bis zum 31. März 2019 verlängert.

Bereits in der Vorbereitungsphase entstand die Idee, Teile der ethnologischen Sammlung im Rahmen eines Provenienzforschungsprojektes zu untersuchen und die Ergebnisse dann anhand ausgewählter Objekte in der Ausstellung zu präsentieren. Dank der Bereitstellung von Fördermitteln durch die Niedersächsische Sparkassenstiftung und die Sparkasse Hildesheim Goslar Peine bot sich von Februar 2017 bis einschließlich Januar 2018 dann die Gelegenheit, die Ethnologin Sabine Lang als freie Wissenschaftlerin in einem Projekt zur Erforschung der Sammlungshintergründe ethnografischer Objekte aus der Sammlung des Roemer-Museums zu beschäftigen, das sie gemeinsam mit Andrea Nicklisch, der Kuratorin der ethnologischen Sammlung, durchführte.

Der auf Nordamerika spezialisierte Ethnologe Christian Feest, der seit 1963 mit ethnologischen Sammlungen arbeitet, erinnert uns zu Recht daran, dass Provenienzforschung an sich in diesem Kontext nichts Neues ist (Feest 2018). Schon immer haben Kurator/innen beispielsweise im Kontext von Ausstellungen und Publikationen der Herkunft von Objekten nachgespürt, die sich in den von ihnen betreuten Sammlungen befanden. Neu ist allerdings ein Fokus auf die Erwerbungsumstände kolonialzeitlicher Sammlungen. Anders als Provenienzforschung zu NS-Raubgut, die im Zuge der „Washingtoner Erklärung" von 1998[1] seit längerem etabliert ist, handelt es sich bei der Beschäftigung mit den Erwerbungsumständen von kolonialen Sammlungen in ethnologischen Museen und anderen Einrichtungen noch um ein recht junges Forschungsfeld. Dass diesem jedoch vor dem Hintergrund einer Auseinandersetzung mit Deutschlands kolonialer Vergangenheit[2] zunehmende Bedeutung zukommt, zeigen nicht zuletzt die Debatten um das zukünftige Humboldt-Forum in Berlin.

Provenienzforschung zu Sammlungsgut aus kolonialen Kontexten konzentrierte sich anfangs hauptsächlich auf menschliche Überreste aus außereuropäischen Kulturen, die unter fragwürdigen Umständen gesammelt wurden und deshalb – nicht zuletzt aufgrund von Rückgabeforderungen seitens der Herkunftsgesellschaften – nach sorgfältiger Prüfung an die Nachfahren der Verstorbenen oder deren Herkunftsethnien zurückgegeben werden.[3] Hinsichtlich ethnografischer Objekte sind solche Forderungen zumindest an Sammlungen und Museen in Deutschland bisher nur sehr selten gestellt worden. Nichtsdestotrotz reift dort zunehmend die Erkenntnis, dass eine Beschäftigung mit den Umständen, unter denen Ethnographica in die Sammlungen gelangt sind, geboten ist.

Inzwischen gibt es ethnologische Provenienzforschungs-Projekte unterschiedlichen Umfangs an verschiedenen deutschen Museen und anderen Institutionen. Ein vollständiger Überblick über den Stand dieser Forschung würde den Rahmen der vorliegenden Veröffentlichung sprengen und ist auch nicht deren Gegenstand, doch einige Beispiele seien hier genannt. So haben sich am Ethnologischen Museum Berlin und in Tansania tansanische und deutsche Forscher/innen vor dem Hintergrund künftiger Ausstellungen im Humboldt-Forum mit sensiblen Objekten aus der ehemaligen Kolonie Deutsch-Ostafrika auseinandergesetzt, unter anderem mit der „Kriegsbeute" aus dem Maji-Maji-Krieg (Reyels et al. 2018). Unter Leitung von Prof. Dr. Jürgen Zimmerer, Professor für die Geschichte Afrikas am Historischen Seminar der Universität Hamburg, untersucht gegenwärtig ein Team in einem groß angelegten Forschungsprojekt die Umstände, unter denen die sogenannten Benin-Bronzen (auf die weiter unten näher eingegangen wird) in den internationalen (Kunst-)Handel gelangten und über welche Strukturen und Netzwerke sie vertrieben wurden.[4] 2016/2017 waren „koloniale Spuren bis in die Gegenwart" Gegenstand einer ethnografischen Ausstellung mit dem Titel „Heikles Erbe" am Landesmuseum Hannover (Poser und Baumann 2016). In einem kleineren Rahmen waren Ergebnisse des Provenienzforschungs-Projektes in Hildesheim kürzlich am RPM zu sehen. Anlässlich der Verlängerung der Ausstellung „Mit 80 Objekten um die Welt" wurde diese zunächst umgestaltet, sodass darin auch Ergebnisse des Projektes anhand 20 ausgewählter Objekte mit erläuternden Texten zu Sammlern und Erwerbungsumständen vorgestellt wurden. Vom 23.05.2019 bis 12.01.2020 waren diese Objekte dann am RPM als eigene Ausstellung mit dem Titel „Den Sammlern auf der Spur: Ethnologische Provenienzforschung am Roemer- und Pelizaeus-Museum Hildesheim" zu sehen.[5]

Mit Forschungen zu kolonialen Ethnographica befassen sich außerdem Beiträge in Sammelbänden zu sensiblen Sammlungen unterschiedlicher Art (z. B. Brandstetter und Hierholzer 2018). Am 7. und 8. April 2017 fand zum Thema „Provenienzforschung zu ethnologischen Sammlungen der Kolonialzeit" eine internationale Tagung am Museum Fünf Kontinente in München statt, deren Beiträge zwischenzeitlich in einem Sammelband veröffentlicht wurden (Förster et al. 2018).[6] Am selben Museum hatte sich zuvor im Jahre 2014 die von der Ozeanistin Hilke Thode-Arora kuratierte Ausstellung „From Samoa with Love? Samoa-Völkerschauen im deutschen Kaiserreich" ebenfalls mit der kolonialen Vergangenheit beschäftigt (Thode-Arora 2014). Zudem hat sich die „AG Koloniale Provenienzen" gebildet, deren Treffen Gelegenheit zum Gedanken- und Erfahrungsaustausch bezüglich ethnologischer Provenienzforschung bieten. Auch im „Netzwerk Provenienzforschung in Niedersachsen" ist die Ethnologie vertreten.

Insbesondere die Debatte über die Rückgabe ethnografischer Objekte an ihre Herkunftsgesellschaften bzw. Herkunftsländer wird seit Herbst 2018 zusätzlich durch den Bericht über die Restitution afrikanischer Kulturgüter („Rapport sur la restitution du patrimoine culturel africain"[7]) befeuert, den der senegalesische Schriftsteller und Wirtschaftswissenschaftler Felwine Sarr und die französische Kunsthistorikerin Bénédicte Savoy im Auftrag des französischen Präsidenten Emmanuel Macron erstellt haben. Es geht darin um Kontext und Modalitäten der Restitution afrikanischen Kulturerbes aus den Museen und Sammlungen in Frankreich. Die von Sarr und Savoy vorgebrachten Empfehlungen werden unter Mitarbeiter/innen von Museen sowie anderen Wissenschaftler/innen, die ethnografische Sammlungen betreuen, teils kontrovers diskutiert. Auch sind die rechtlichen Voraussetzungen für Restitutionen bislang noch nicht hinreichend geklärt.

Die zunehmende Relevanz einer Neuausrichtung verschiedener Museumssparten in Bezug auf Bestände aus kolonialen Kontexten schlägt sich auch in der Veröffentlichung eines „Leitfadens zum Umgang mit Sammlungsgut aus kolonialen Kontexten" nieder, der kürzlich vom Deutschen Museumsbund herausgegeben wurde und Empfehlungen nicht nur hinsichtlich ethnografischer, sondern beispielsweise auch naturkundlicher Objekte enthält (überarbeitete Fassung: Deutscher Museumsbund 2019).[8] Anfang 2019 unterbreiteten die Abteilung für internationale Kulturpolitik im Auswärtigen Amt und die Kulturminister/innen der Länder und der kommunalen Spitzenverbände eine gemeinsame Erklärung zum Umgang mit Sammlungsgut aus kolonialen Kontexten.[9] Dadurch setzten die Sammlungen in Deutschland neue Grundlagen für Aufarbeitung, Zusammenarbeit mit Herkunftsgesellschaften und Rückführungen. Anlässlich der Jahreskonferenz 2019 der Direktorinnen und Direktoren der Ethnologischen Museen im deutschsprachigen Raum wurde weiterhin die sogenannte „Heidelberger Stellungnahme" als Verpflichtung für künftige Neuorientierung dieser Museen veröffentlicht. Im Januar 2019 schließlich kam es im „Deutschen Zentrum Kulturgutverluste" zur Schaffung eines neuen Fachbereiches „Kultur- und Sammlungsgut aus kolonialen Kontexten" zum Zweck von Wissenstransfer und Vernetzung von Sammlungen.[10]

Von anfänglich 28 Objekten bei Gründung des Hildesheimer Museumsvereins („Verein für Kunde der Natur und der Kunst im Fürstenthum Hildesheim und in der Stadt Goslar") im Jahre 1844 ist die ethnologische Sammlung des Roemer-Museums – deren Entwicklung unten im Abschnitt „Die ethnologische Sammlung im Roemer-Museum 1844–1914" nachgezeichnet wird – mittlerweile auf etwa 12.000 Objekte angewachsen, aus denen für das Forschungsprojekt eine Auswahl getroffen werden musste. Diese fiel auf 420 Stücke, die zwischen 1883 und 1914 aus dem damaligen Königlichen Museum für Völkerkunde Berlin (heute: Ethnologisches Museum) im Tausch, als Geschenk oder durch Kauf an das damalige Städtische Museum (ab 1894: Roemer-Museum) in Hildesheim gelangt sind. Insbesondere nach Eintritt des deutschen Kaiserreichs in den Zirkel der europäischen Kolonialmächte im Zuge der Kongo- bzw. Westafrika-Konferenz 1884/1885 entwickelte sich das Königliche Museum für Völkerkunde zum Dreh- und Angelpunkt für Sammlungen aus den deutschen Kolonien bzw. „Schutzgebieten" in Afrika und Ozeanien. Dies war nicht zuletzt zwei Bundesratsbeschlüssen von

1889 und 1896 geschuldet, die vorschrieben, dass solche Sammlungen zentral an das Berliner Museum einzusenden seien. Waren Objekte gleicher Art dort bereits mehrfach oder vielfach vorhanden, sonderten die wissenschaftlichen Mitarbeiter des Museums aus diesen sogenannte Dubletten aus, die dann auf unterschiedliche Weise (Veräußerung, Tausch, Geschenk) an die ethnografischen Sammlungen und Museen im gesamten deutschen Reichsgebiet weitergegeben wurden (hierzu ausführlicher unten im Abschnitt „Das Königliche Museum für Völkerkunde Berlin und seine ›Dubletten‹").

Das Provenienzforschungsprojekt am RPM zielte zum einen auf eine Klärung der Umstände, unter denen die aus Berlin nach Hildesheim gelangten Objekte gesammelt oder erworben wurden. Wie im Folgenden auszuführen sein wird, befinden sich darunter neben Gegenständen, die beispielsweise auf Expeditionen einvernehmlich gegen europäische Gebrauchsgüter eingetauscht wurden, auch solche mit problematischer Provenienz. Dazu zählen Waffen, die nach dem Maji-Maji-Krieg (1905–1907) als „Kriegsbeute" aus dem damaligen Deutsch-Ostafrika nach Berlin gesandt worden waren, sowie ein Bronzekopf aus Benin. Auch hinsichtlich anderer Objekte ließ sich ermitteln, dass sie auf „Strafexpeditionen" in die Hände von Angehörigen der sogenannten Schutztruppen gefallen waren, die sie dann an das Königliche Museum für Völkerkunde geschickt hatten.

Zum anderen brachte das Projekt neue Erkenntnisse zu Sammlerbiografien und zentralen Akteuren. Da die aus Berlin an das Roemer-Museum gelangten Objekte von fast 30 unterschiedlichen Sammlern stammen, war es in der zur Verfügung stehenden Zeit nicht möglich, von ihnen allen ausführliche Biografien zu recherchieren und zu erstellen. Ein Schwerpunkt lag daher auf Sammlern, deren Leben gut dokumentiert ist (z. B. Johan Adrian Jacobsen, Karl von den Steinen, Adolf Friedrich zu Mecklenburg), sowie auf solchen, über die bislang nur sehr wenig bekannt war (z. B. Edgar Walden, Gaston Thierry, Adolf Mellin, Julius Smend). Ein weiterer Gesichtspunkt war, ob sich die Erwerbungsumstände mithilfe der derzeit verfügbaren Quellen – darunter publizierte Reiseberichte einzelner Sammler und die wenigen Dokumente, die im EM Berlin eingesehen werden konnten – rekonstruieren ließen oder ob es sinnvoll ist, bei einzelnen Sammlern abzuwarten, bis die Berliner Archivalien wieder zugänglich sind. Die Sammler werden in der vorliegenden Publikation jeweils zusammen mit den Objekten vorgestellt, die ihnen zuzuordnen sind, gefolgt von einer Rekonstruktion der Erwerbsumstände, sofern sich diese aus den verfügbaren Quellen erschließen ließ. Sammler, über die noch keine Biografien erstellt werden konnten, sowie Objekte aus Berlin, die sich nicht bestimmten Sammlern zuordnen lassen, werden in der vorliegenden Publikation unter den einzelnen Kontinenten jeweils in einem gesonderten Abschnitt behandelt.

Im Rahmen des Provenienzforschungsprojektes am RPM wurden zunächst sämtliche Objekte, die aus dem Königlichen Museum für Völkerkunde stammen, in den Inventarbüchern der ethnologischen Sammlung erfasst und mitsamt allen relevanten Informationen aus den Inventarbüchern, später auch aus Archivrecherchen etc., tabellarisch erfasst. Besonderes Augenmerk bei den weiteren Recherchen lag auf einer Identifizierung der Sammler, die anhand der Inventarbucheinträge nicht immer möglich ist. Hinsichtlich der fraglichen Objekte trifft dies vor allem auf eine größere Zahl von Objekten aus Indien zu sowie auf ein vorwiegend aus Gegenständen aus Kamerun bestehendes Konvolut, bei denen Angaben zu den Sammlern größtenteils fehlen. Weiterführende Informationen zu Sammlern und Sammlungshintergründen versprechen vor allem Dokumente im Archiv des Ethnologischen Museums Berlin. Bald nach Beginn des Projektes und ersten Recherchen in Berlin erhielten die Verfasserinnen jedoch die Mitteilung, dass das Archiv nebst der darin aufbewahrten Originalquellen (z. B. Korrespondenz mit Sammlern) kontaminiert und daher bis auf Weiteres nicht zugänglich sei. Auch Einsicht in die Mikrofilme, auf denen die projektrelevanten Archivalien erfasst sind, konnte nicht gewährt werden. Ein endgültiger Abschluss des Projektes wird daher erst zu einem späteren Zeitpunkt erfolgen können. Selbst dann werden aber möglicherweise noch Fragen offen bleiben, da – wie Claudia Andratschke zutreffend in ihrem Beitrag zu dem Ausstellungsband *Heikles Erbe* (Poser und Baumann 2016) feststellt – der Anspruch, „den jeweiligen Erwerbungszusammenhang bzw. die einzelne Objektbiografie möglichst lückenlos zu rekonstruieren und zu dokumentieren" (Andratschke 2016: 306), in den meisten Fällen kaum zu erfüllen ist.[11]

Nichtsdestoweniger lohnen die bislang gewonnenen Einsichten bereits die vorliegende vorläufige Veröffentlichung, zumal Provenienzforschung oft ein langwieriges „work in progress" ist. Sie sollte, so Thode-Arora und Fine im Leitfaden des Deutschen Museumsbundes, „weniger als ein abgeschlossenes Klärungsverfahren verstanden werden, sondern vielmehr als ein Forschungsprozess, der häufig nur in vorläufigen Ergebnissen mündet" (Thode-Arora und Fine 2019: 32). Während es gelungen ist, Licht in diverse Sammlerbiografien und Erwerbungsumstände zu bringen, musste ein Desideratum ethnologischer Provenienzforschung allerdings noch unerfüllt bleiben: die Zusammenarbeit mit Herkunftsgesellschaften. Die untersuchten Gegenstände stammen von einer Vielzahl unterschiedlicher Ethnien aus verschiedenen Erdteilen, und das „Pilotprojekt“ am RPM war auf ein Jahr befristet. Solche Kooperationen finden jedoch nunmehr im Rahmen des von der VW-Stiftung geförderten über drei Jahre laufenden Verbundprojektes „Provenienzforschung in außereuropäischen Sammlungen und der Ethnologie in Niedersachsen“ (PAESE) statt, an dem das RPM beteiligt ist. Im Fokus stehen dabei Sammlungsbestände des RPM aus Namibia, Ozeanien (erworben vom Museum Godeffroy in Hamburg) sowie Niederländisch-Indien/Indonesien.[12]

1 Abrufbar unter https://www.kulturgutverluste.de/Webs/DE/Stiftung/Grundlagen/Washingtoner-Prinzipien/Index.html (letzter Zugriff am 26.08.2020).

2 Und nicht nur dieser, denn auch aus den Kolonien anderer europäischer Mächte sind Objekte in die Sammlungen von Museen in Deutschland gelangt, deren Erwerbungsumstände klärungsbedürftig oder eindeutig fragwürdig sein können. Ein Beispiel hierfür in Hildesheim ist der Bronzekopf aus dem Königreich Benin, auf den weiter unten ausführlicher eingegangen wird.

3 Jüngere Beispiele hierfür sind etwa die Rückgabe menschlicher Überreste der Māori und Moriori aus dem Übersee-Museum Bremen an den Staat Neuseeland, vertreten durch eine Delegation des Museum of New Zealand Te Papa Tongarewa, im Mai 2017, die Rückgabe der sterblichen Überreste einer australischen Ureinwohnerin an ihre Herkunftsgesellschaft durch das Landesmuseum Hannover im Oktober 2017 und die Restitution von Gebeinen von Herero und Nama in Berlin im August 2018. Bereits zwischen 2011 und 2013 kam es im Rahmen des „Charité Human Remains Project" zur Rückgabe von Schädeln an die Republik Namibia, die ebenfalls von im Verlauf des Genozids in Namibia getöteten Nama und Herero stammten (Abonnenc et al. 2016: 18).

4 Siehe hierzu beispielsweise die Pressemeldung https://www.uni-hamburg.de/newsroom/presse/2017/pm44.html (letzter Zugriff am 26.08.2020).

5 Auf der Museums-Website unter http://www.rpmuseum.de/ausstellungen/archiv/den-sammlern-auf-der-spur.html (letzter Zugriff am 26.08.2020).

6 Der Band kann als E-Publikation (PDF) heruntergeladen werden unter https://edoc.hu-berlin.de/handle/18452/19769 (letzter Zugriff am 26.08.2020).

7 Deutsche Fassung: Sarr und Savoy 2019.

8 Als PDF erhältlich unter https://www.museumsbund.de/publikationen/leitfaden-zum-umgang-mit-sammlungsgut-aus-kolonialen-kontexten/ (letzter Zugriff am 26.08.2020).

9 Abrufbar unter https://www.kmk.org/fileadmin/pdf/PresseUndAktuelles/2019/2019-03-25_Erste-Eckpunkte-Sammlungsgut-koloniale-Kontexte_final.pdf (letzter Zugriff am 26.08.2020).

10 https://www.kulturgutverluste.de/Webs/DE/Forschungsfoerderung/Projektfoerderung-Bereich-Kulturgut-aus-kolonialem-Kontext/Index.html (letzter Zugriff am 26.08.2020).

11 Über Grenzen und Problematiken der Provenienzforschung äußerte sich kürzlich auch der Ethnologe Karl-Heinz Kohl in einem Beitrag in der ZEIT in Zusammenhang mit dem Humboldt-Forum (Kohl 2017).

12 Unter der Federführung des Landesmuseums Hannover sind hierbei die ethnologischen Sammlungen in Göttingen (Georg-August-Universität), Oldenburg (Landesmuseum Natur und Mensch) Hildesheim (Roemer- und Pelizaeus-Museum) und Braunschweig (Städtisches Museum) Gegenstand der Forschung. Siehe https://www.volkswagenstiftung.de/aktuelles-presse/aktuelles/zur-brisanz-ethnografischer-objekte-1-2-mio-euro-f%25C3%25BCr-provenienzforschung-in-niedersachsen; Homepage von PAESE unter https://www.postcolonial-provenance-research.com/; zum Teilprojekt am RPM ebendort unter https://www.postcolonial-provenance-research.com/paese/teilprojekte/hildesheim-rekonstruktion-sammlungsbiografien/ sowie http://www.rpmuseum.de/ueber-uns/projekte/provenienzforschung.html (letzter Zugriff am 26.08.2020).

Einleitung

Das Königliche Museum für Völkerkunde Berlin und seine „Dubletten"

Die Sammlung des Ethnologischen Museums Berlin, des früheren Königlichen Museums für Völkerkunde, umfasst heute insgesamt 508.000 ethnografische und archäologische Objekte, außerdem 285.000 ethnografische Fotodokumente, 200.000 Seiten Schriftdokumente, 140.000 Tondokumente aus dem Bereich der Musikethnografie, 20.000 ethnografische Filme und 50.000 Meter ungeschnittenes Filmmaterial. Damit gehört das Ethnologische Museum Berlin zu den größten ethnologischen Museen der Welt und besitzt die umfangreichste Sammlung dieser Art in Europa (König 2003: 8).

Im vorliegenden Zusammenhang sind vor allem solche Objekte von Interesse, die während des Untersuchungszeitraums (ausgehendes 19./beginnendes 20. Jahrhundert) im Königlichen Museum für Völkerkunde mehr- oder vielfach vorhanden waren und als sogenannte Dubletten an andere Museen oder ethnologische Sammlungen abgegeben wurden. Sämtliche Gegenstände, die aus Berlin nach Hildesheim gelangten, fallen unter diese Kategorie. Bei den frühesten Transaktionen handelt es sich zum einen um ein Konvolut von 50 Objekten der Yup'ik in Alaska, die Johan Adrian Jacobsen auf einer Sammelreise entlang der nordamerikanischen Nordwestküste 1881–1883 erworben hatte und die offenbar bereits 1883 ans damalige Roemer-Museum kamen, zum anderen 1889 um eine Anzahl Gegenstände, die Karl von den Steinen zwei Jahre zuvor auf seiner zweiten Xingú-Expedition gesammelt hatte. Das letzte aus Berlin erworbene Objekt war 1913 ein Bronzekopf aus Benin.[1]

Das Kaiserreich sicherte sich zunächst im Zuge der Kongo- bzw. Westafrika-Konferenz 1884/1885 Kolonien in Afrika (Kamerun, Togo, Deutsch-Südwestafrika, Deutsch-Ostafrika). 1899 übernahm es unter der Bezeichnung

„Deutsch-Neuguinea" Gebiete in Melanesien und Mikronesien, die zuvor von der deutschen Neuguinea-Kompagnie als kaiserliches Schutzgebiet verwaltet worden waren. Bereits 1897/98 war als Pachtgebiet Kiautschou mit dem Hafenort Tsingtau in China hinzugekommen. Nachdem man Kolonialbeamte und Militärs, aber auch Expeditionen in die neuen Kolonien entsandt hatte, begann von dort ein Zustrom ethnografischer und naturkundlicher Objekte, und die Regierung sah sich bald veranlasst, diesen in geordnete Bahnen zu lenken. Daher ergingen 1889 und 1896 die beiden bereits weiter oben erwähnten Bundesratsbeschlüsse bezüglich der Behandlung von Sammlungen aus den deutschen „Schutzgebieten". Der Beschluss von 1889 bezog sich zunächst nur auf Sammlungen, die im Rahmen von Expeditionen erworben worden waren, und verfügte, dass „die ethnografischen und naturwissenschaftlichen Sammlungen, welche von den auf Reichskosten nach den deutschen Schutzgebieten ausgerückten Expeditionen eingehen, nach Aussonderung von Doubletten den hiesigen Königlichen Museum für Völkerkunde, beziehungsweise den botanischen Anstalten der hiesigen Universität gegen Erstattung der Anschaffungs-, Verpackungs- und Transportkosten eigenthümlich überlassen werden".[2] 1896 wurde diese Bestimmung dann auch auf die „Angehörigen der Schutztruppen und auf die in den Schutzgebieten befindlichen kommandierenden Offiziere" ausgedehnt und damit – wie Ivanov und Weber-Sinn (2018: 68) hervorheben – auch „auf Kriegszüge, die zum damaligen Zeitpunkt verharmlosend und Gewalt legitimierend meist als ›Strafexpeditionen‹ bezeichnet wurden". Diese Art des Erwerbs galt nach damaligen Maßstäben keineswegs als anstößig und wird auch in den Dublettenverzeichnissen erwähnt, über die das Königliche Museum für Völkerkunde Berlin eine Zeitlang ethnografische Eingänge aus den Kolonien vertrieb und auf die unten näher eingegangen wird. So sind beispielsweise im *Ersten Verzeichnis der aus den Deutschen Schutzgebieten eingegangenen wissenschaftlichen Sendungen* von 1889 auf Seite 8 unter einer Sendung der Kamerun-Expedition ein blauer und ein weißer Burnus der Bonsó mit dem Vermerk aufgezählt: „erbeutet am 24. Januar 1888 in dem eroberten Dorfe N'gatarrée".

Über das Vorrecht des Königlichen Museums für Völkerkunde, alleiniger Empfänger von Sendungen aus den Kolonien zu sein, wachte Felix von Luschan eifersüchtig. Als beispielsweise Angehörige der Schutztruppen sich über die Bundesratsbeschlüsse hinwegsetzten und ihre ethnografischen Sammlungen nicht nach Berlin sandten, sondern sie dem Völkerkundemuseum in Stuttgart anboten, richtete von Luschan im Jahre 1904 empörte

Briefe an dessen Direktor Carl von Linden und den Legationsrat von König in Berlin. Aufschlussreich ist dabei auch der Grund, aus dem er einer dieser Sendungen – von einem Oberleutnant Hirtler – besonderen Wert zumisst. Abgesehen von ihrem hohen wissenschaftlichen Wert sei ihre Beschaffung, so schreibt er an von König, „einem Privatmann niemals möglich" und „nur unter der Autorität des Reiches überhaupt denkbar" gewesen.[3] Das lässt insofern tief blicken, als mit der „Autorität des Reiches" eigentlich nur gemeint sein kann, dass die Schutztruppen wertvolle Ethnographica auch unter dem Einsatz von militärischem Druck oder sogar Gewalt erwarben.

Für Anschaffung, Lagerung und Transport der Sendungen existierten an den einzelnen Berliner Museen Fonds. Wie sich u. a. aus Dokumenten im Bundesarchiv ergibt, wurden die Sammlungen der Angehörigen der Schutztruppe von den jeweiligen Stationsvorstehern an den Gouverneur der betreffenden deutschen Kolonie und von dort weiter nach Berlin gesandt. Der Transport erfolgte nach Möglichkeit durch deutsche Schiffe, da diese eine Frachtermäßigung gewährten (Luschan 1904: 4). Die Sammlungen wurden durchnummeriert und vom Königlichen Museum für Völkerkunde auf die entsprechenden Berliner Institutionen verteilt, worüber der Kolonialabteilung des Auswärtigen Amtes[4] Meldung erstattet wurde. So schrieb beispielsweise Albert Grünwedel (1856–1935), seit 1883 stellvertretender Direktor der ethnografischen Sammlung, 1891 an den Dirigenten der Kolonialabteilung, die Sendungen 25 bis 32 seien diesem Museum zugegangen. „Hiervon entfallen auf das Museum für Völkerkunde die Sendungen 29 und 30, über welche ich mir Verzeichnisse anliegend beizufügen erlaube", die Sendungen 25–28, 31 und 32 hätten demgegenüber naturhistorische und botanische Sachen enthalten „und sind an die betreffenden Institutionen abgegeben worden".[5]

Sowohl der erste Direktor des 1873 gegründeten Königlichen Museums für Völkerkunde, Adolf Bastian (1826–1905), als auch Felix von Luschan (1854–1924), Afrikanist an diesem Museum, ließen es sich angelegen sein, die Angehörigen der Schutztruppen zu reger Sammeltätigkeit zu motivieren. So findet sich beispielsweise ein Schreiben des Ministeriums der geistlichen, Unterrichts- und Medicinal-Angelegenheiten, zu dessen Ressort unter anderem die Museen gehörten, vom 09.07.1889 an den „königlichen Staatsminister und Minister der auswärtigen Angelegenheiten" Otto von Bismarck. Dem Schreiben zufolge hatte Bastian die Bitte vorgetragen, „dass bei der bevorstehenden Einleitung und Ausrüstung wissenschaftlicher Forschungsreisen nach den Hinterländern der deutschen Schutzgebiete in Westafrika die Reisenden auch mit der Veranstaltung ethnologischer Sammlungen und mit Beobachtung der Lebensbedingungen und der Lebensformen der Naturvölker, denen sie begegnen, beauftragt werden möchten".[6]

Diesem Ansinnen wurde entsprochen, wie sich auch aus dem Bundesratsbeschluss vom 1889 ergibt. Im Hinblick darauf, auch die Kolonialbeamten und Militärangehörigen in den Kolonien durch das Auswärtige Amt dienstlich zum Sammeln von Ethnographica verpflichten zu lassen, blieben die Bemühungen der Ethnologen am Königlichen Museum für Völkerkunde jedoch erfolglos (Ivanov und Weber-Sinn 2018: 69–70). Immerhin fand das Museum einen Verbündeten in Eduard Liebert (1850–1934), seit 1896 Gouverneur von Deutsch-Ostafrika. In einem „Gouvernements-Befehl No. 13" vom 28.12.1897 erinnerte er die ihm unterstellten Repräsentanten der deutschen Kolonialmacht daran, dass „von Seiten des Gouvernements bereits verschiedentlich darauf hingewiesen" worden sei, „wie wünschenswert es ist, die Eigenheiten der hiesigen Völker zu sammeln, ehe sie der alles ausgleichenden Kultur zum Opfer fallen". Das als Zentralstelle für die „Aufbewahrung und wissenschaftliche Verwendung der Sammlungen und Notizen" bestimmte Königliche Museum für Völkerkunde habe dem Gouvernement „einen Fonds zur Bestreitung von Anschaffungs- und Transportkosten der Sammlungen zur Verfügung gestellt", aus dem die „Herren, die Sammlungen einsenden, eventuell Erstattung ihrer Unkosten (...) beantragen" könnten. Die Abteilung für Landeskultur in der Kolonie sei beauftragt, alle Sammlungen für das Berliner Museum in Empfang zu nehmen, zu verpacken und zu versenden.[7] Wie sich aus den *Verzeichnissen der aus den Deutschen Schutzgebieten eingegangenen wissenschaftlichen Sendungen* (s.u.), aber auch aus Dokumenten im Bundesarchiv ergibt, betätigten sich Angehörige der Schutztruppen dennoch nicht nur im damaligen Deutsch-Ostafrika, sondern auch in den anderen Kolonien eifrig als Sammler, und zwar sowohl von Ethnographica als auch von zoologischen und botanischen Stücken.[8]

Um wissenschaftlich verwertbare Informationen über materielle und geistige Kultur der indigenen Bevölkerung in den Kolonien zu erhalten, verfasste Felix von Luschan eine umfangreiche „Anleitung für ethnographische Beobachtungen und Sammlungen in Afrika und Oceanien", die ab 1899 in gedruckter Form in mehreren Auflagen erschien und an Angehörige der Schutztruppen geschickt wurde. Die Anleitung enthält auch die explizite Anweisung, alle wissenschaftlichen Sendungen aus den „Schutzgebieten" an das Königliche Museum für Völkerkunde einzusenden, von wo dann „auf Wunsch Dubletten an die andern deutschen Museen abgegeben" würden (Luschan 1904: 4). Wie andere Ethnologen seiner Zeit – und auch der Jurist und Gründer des Hildesheimer Museums Hermann Roemer (s. u.) – war von Luschan der Ansicht, dass die indigenen Kulturen in absehbarer Zeit verschwinden würden und daher das betrieben werden müsse, was im englischen Sprachgebrauch später als *salvage ethnography* bezeichnet wurde. Zu dieser „Rettung" indigener Kulturen gehörte neben der Aufzeichnung ethnografischer Informationen auch die Verbringung ihrer materiellen Kulturgüter in deutsche und andere Museen:

„Der moderne Verkehr ist ein furchtbarer und unerbittlicher Feind aller primitiven Verhältnisse; was wir nicht in den nächsten Jahren sichern und für die Nachwelt retten können, das geht dem völligen Untergang entgegen und kann niemals wieder beschafft werden. Verhältnisse und Einrichtungen, die sich im Laufe von Jahrtausenden eigenartig entwickelt haben, ändern sich unter dem Einflusse des weißen Mannes von einem Tag zum anderen." (Luschan 1904: 1)

„Da heißt es, rasch zugreifen", schließt er (ebd.). Bei den kulturellen Besitztümern indigener Völker, die es dabei im Museum aufbewahren galt, handelte es sich um Repräsentationen einer Art zeitloser Vergangenheit, in der die „Naturvölker" nach Ansicht der damaligen Ethnologen verharrten. Abonnenc et al. sprechen in diesem Zusammenhang von einem „ethnological anachronism", einem „eternalized past in which the objects trap the societies they are supposed to represent" (Abonnenc et al. 2016: 8).[9] Zugleich wird aus der Anleitung ersichtlich, dass das Berliner Museum in Sachen ethnografische Sammlungen eine weit über das deutsche Kaiserreich hinausreichende Führungsposition anstrebte. Von Luschan schreibt:

„Es macht Anspruch darauf, eine Art Zentralmuseum zu sein oder zu werden, und bemüht sich deshalb, nicht nur einzelne schöne, interessante oder lehrreiche ›Kuriositäten‹ zu sammeln, sondern grosse, wissenschaftlich vollständige Serien für die Nachwelt zu sichern. In diesem Bestreben wird unsere afrikanisch-oceanische Abteilung durch eine nach Hunderten zählende Reihe von Offizieren, Beamten, Missionaren und wissenschaftlichen Reisenden tatkräftig unterstützt." (Luschan 1904: 1)

Das Königliche Museum für Völkerkunde wurde durch die entsprechenden Sendungen zum Dreh- und Angelpunkt für ethnografische Sammlungen aus den „Schutzgebieten", von denen es – wie auch die anderen einschlägigen Königlichen Museen in Berlin – allerdings den größten Teil behielt.[10] Ungeachtet der Tatsache, dass sich das Museum von Teilen seiner Bestände trennte – u. a. mittels der von 1889 bis 1903 herausgegebenen *Verzeichnisse der abgebbaren Dubletten* aus den deutschen Kolonien – platzten seine Bestände Anfang des 20. Jahrhunderts aus allen Nähten, sodass Wilhelm von Bode, der 1905 Generaldirektor der Königlichen Museen zu Berlin geworden war, aufgrund einer „unerträglichen Überfüllung" der ethnografischen Sammlungen die Aussonderung und Veräußerung von Dubletten anordnete. Den Direktoren bescheinigte er, kaum einer von ihnen sei „für eine Mäßigung im Sammeln oder für Magazinierung und Abgabe zu haben" gewesen. Daraufhin wurden über 9.600 Gegenstände ausgesondert und verkauft (Hoffmann 2012: 47). Insgesamt veräußerte das Berliner Museum für Völkerkunde in den ersten einhundert Jahren seines Bestehens etwa 25.500 Objekte aus seinen Beständen, nicht zuletzt ab den 1920er-Jahren, als der Umzug der Sammlungen nach Dahlem ohne staatliche Zuschüsse finanziert werden musste (ebd.: 8).[11] Die Möglichkeit, sogenannte Dubletten zu veräußern, war im Statut der Königlichen Museen explizit festgehalten. Solche Veräußerungen bedurften der Genehmigung durch eine Sachverständigen-Kommission, allerdings nur dann, wenn die Objekte am Berliner Museum inventarisiert worden waren. So zitiert Hoffmann eine museumsinterne Mitteilung des Afrikanisten Bernhard Ankermann (1859–1943), die sich auf das Roemer-Museum bezieht: „Das Museum in Hildesheim wünscht von uns Dubletten zu kaufen. (...) Die Sachen gehören zu den nicht inventarisierten Dubletten der Sammlung W. Langheld, eine Genehmigung des Verkaufes ist daher nicht erforderlich" (Hoffmann 2012: 57).[12]

Dubletten aus den umfangreichen Sammlungen wurden unter anderem in den *Verzeichnissen der aus den Deutschen Schutzgebieten eingegangenen wissenschaftlichen Sendungen* angeboten,[13] die ab 1889 von der „Kommission für die wissenschaftlichen Sendungen aus den Deutschen Schutzgebieten" herausgegeben wurden. 1903 erschien das letzte dieser Verzeichnisse, da das Volumen der eingesandten Sammlungen abgenommen hatte (Hoffmann 2012: 157, Fn. 17). Die Verzeichnisse dienten dabei keineswegs nur der Mehrung von Beständen anderer Museen, sondern auch kolonialer Propaganda. Sie enthielten Angaben darüber, wie viele Objekte von den jeweiligen Sammlern insgesamt eingesandt worden waren und wie viele davon als Dubletten bestellt werden konnten. Angeboten wurden nicht nur Ethnographica, die von Kolonialbeamten sowie auf Expeditionen gesammelt worden waren, sondern auch naturkundliche Stücke. Die Ethnographica gab es mit wenigen Ausnahmen[14] gratis, die bestellenden Museen mussten nur für Verpackung und Versand aufkommen.[15]

Aus diesen Katalogen bestellte ausweislich durch Korrespondenz im Stadtarchiv Hildesheim und im Archiv des Ethnologischen Museums Berlin das Roemer-Museum erstmals im Jahre 1890,[16] noch zu Lebzeiten Hermann Roemers, danach gab zwischen 1897 und 1904 auch Achilles Andreae (1859–1905) Bestellungen auf, der Roemer nach dessen Tod 1894 als Direktor nachgefolgt war. Weitere Dubletten gelangten durch andere Transaktionen (Tausch, Kauf) von Berlin nach Hildesheim, die im Einzelnen weiter unten beschrieben werden.

— 7 —

Laufende Nr.	Herkunft	Gegenstand	Anzahl der abgebbaren Exemplare	Preis pro Stück Mark
30	Dagomba	Medizinhorn	1	L
31	"	Wedel	3	S L B
32	"	Amulett	1	L
33	"	Amulettgehänge	1	B
34	Nördliches Togo	Halsketten aus Schlangenwirbeln, Fruchtkernen, Glasperlen 2c.	7	H. S. P. L. B. R
35	"	Armringe aus Eisen, Messing und Leder	7	H. S. P. L. B.
36	"	Bündel Schnur, aus Gras geflochten	2	P. L
37	"	Eiserne Schelle	1	L
38	"	Steinbeilklingen	23	H. P. S. L. B

Sammlung des Leutnants Smend.

15 Nummern aus Togo.

Außerdem an abgebbaren Stücken:

1	Togo	Saiteninstrument	1	P
2	Dayi	Munitionsgürtel	3	P L B
3	Anfoë	Kriegshemd	1	B
4	"	Kriegstrommel mit Schädeln	1	R.
5	"	Munitionsgürtel	1	P

Sammlung des Dr. Gruner.

6 Nummern aus Ho.

Außerdem an abgebbaren Stücken:

1	Ho	Trommeln	3	S. P. L
2	"	Trommelschlägel	2	S. P.

Sammlung des Oberleutnants Graf Zech.

60 Nummern aus Kuve.

Außerdem an abgebbaren Stücken:

1	Kuve	Tanzrassel	1	H

Abb. 1 | Seite 7 aus dem *Verzeichnis der abgebbaren Dubletten* 1903, Sammlung Leutnant Smend, darunter Kriegstrommel mit Schädeln, daneben Vermerk „R" (= Roemer-Museum) (SMB-PK, EM, „Acta betreffend Kolonial-Dubletten", Vol. 2, Pars I B. 47)

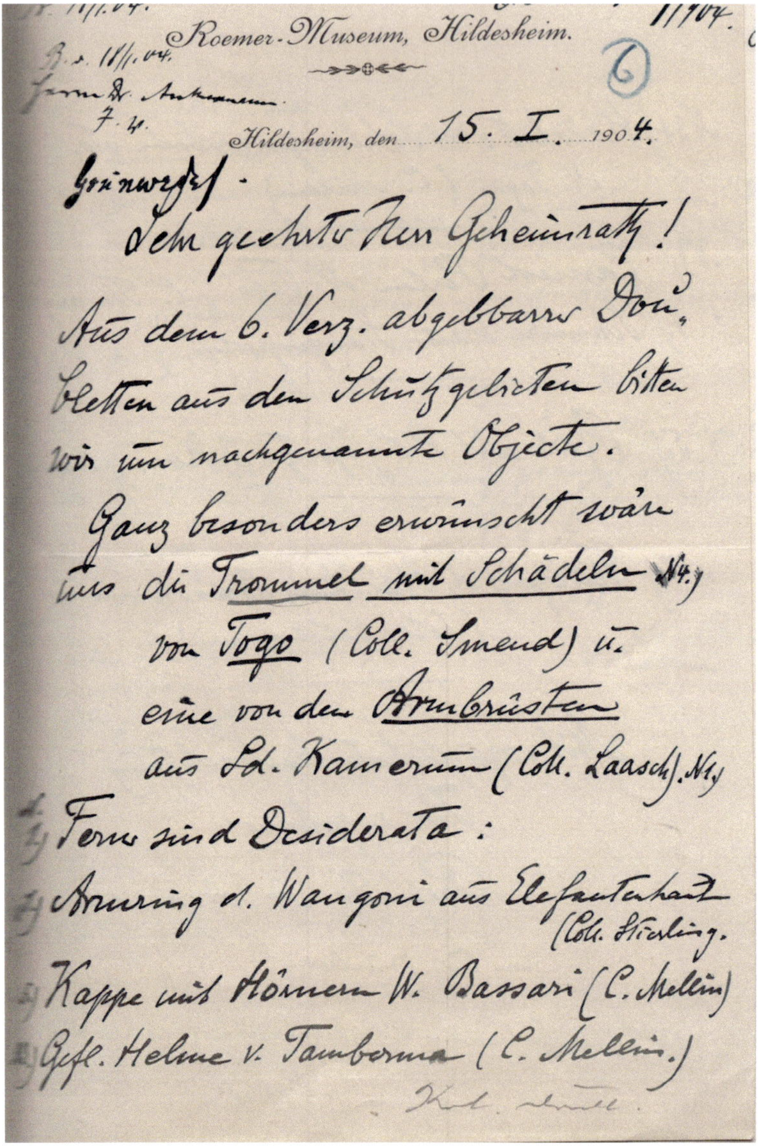
Roemer-Museum, Hildesheim.

Hildesheim, den 15. I. 1904.

Sehr geehrter Herr Geheimrath!

Aus dem 6. Verz. abgebbarer Dou-bletten aus den Schutzgebieten bitten wir um nachgenannte Objecte.

Ganz besonders erwünscht wäre uns die Trommel mit Schädeln von Togo (Coll. Smend) u. eine von den Armbrüsten aus Sd. Kamerun (Coll. Laasch).

Ferner sind Desiderata:

Armring d. Wangoni aus Elefantenhaut (Coll. Stierling.

Kappe mit Hörnern W. Bassari (C. Mellin)

Gefl. Helme v. Tamberma (C. Mellin.)

Abb. 2 | Schreiben von Achilles Andreae vom 15.01.1904 mit Bestellung der im *Verzeichnis der abgebbaren Dubletten* angebotenen Kriegstrommel (SMB-PK, EM, „Acta betreffend Kolonial-Dubletten", Vol. 2, Pars I B. 47)

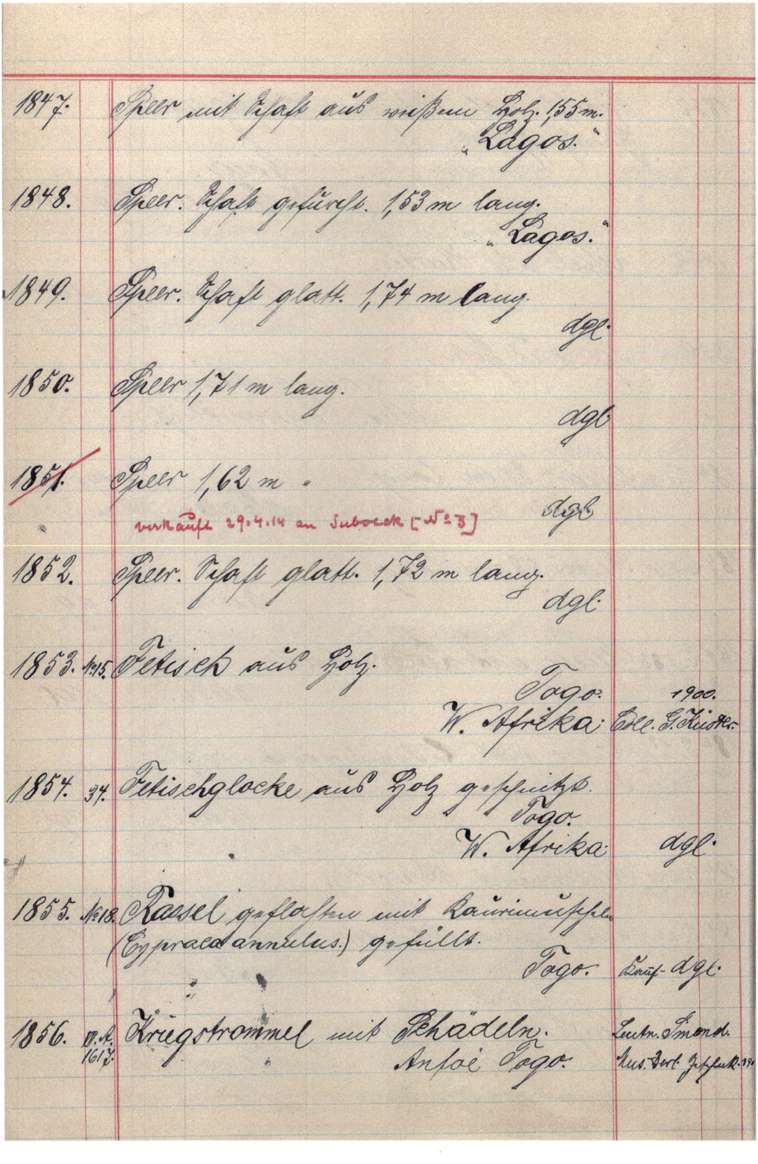

Abb. 3 | Seite aus dem Inventarbuch des Roemer-Museums mit Objekt V 1856, „Kriegstrommel mit Schädeln", Sammlung Smend, erhalten vom Königlichen Museum für Völkerkunde Berlin

1 Im Inventarbuch ist 1914 als Jahr des Erwerbs eingetragen, Korrespondenz im Stadtarchiv Hildesheim legt aber die Vermutung nahe, dass der Kauf bereits 1913 abgewickelt wurde (SAHI, Bestand 741, Nr. 204, „Verschiedene Erwerbungen und Geschenke für die Völkerkundesammlung", Brief Walden an Hauthal vom 26.09.1912, J 352/12; Vermerk Hauthal vom 12.03.1913, J 43/13; Zahlungsanweisung über 450 Reichsmark für den Benin-Kopf vom 14.03.1913). Ob der Bronzekopf möglicherweise erst 1914 vom Berliner Museum nach Hildesheim „geliefert" wurde, konnte bislang noch nicht geklärt werden.

2 *Deutsches Kolonialblatt, Amtsschrift für die Schutzgebiete des Deutschen Reiches* 1890, I: 149; *Bundesrath, Session von 1889, Protokoll der achten Sitzung,* 21.02.1889: 49, BArch R 1001/6118.

3 Schreiben vom 9. Dezember 1904, BArch R 1001/6120: 84–85. Es ging speziell um Sammlungen des Stabsarztes Hösemann und des Oberleutnants Hirtler, beide in Kamerun, aber das Schreiben von Luschans lässt vermuten, dass dies nur die Spitze des Eisbergs war und auch noch weitere Sendungen dem Stuttgarter Museum angeboten wurden („seither hat der Stuttgarter ›Verein für Handels-Geographie‹ eine grosse Anzahl wichtiger und wertvoller Sammlungen erhalten, die nur durch direkte Umgehung und illoyale Ignorierung der bestehenden Verfügungen dorthin hatten gelangen können", ebd.).

4 Zuständig für die deutsche Kolonialpolitik und direkt dem Reichskanzler unterstellt, 1907 umgewandelt in das Reichskolonialamt.

5 BArch R 1001/6130, S. 31, J. Nr. 892/1891, Brief Grünwedel vom 22.07.1891.

6 BArch R 1001/6106: 10.

7 BArch R 1001/6110: 122–123.

8 Beispielhaft seien hier nur aus den Dokumenten im Bundesarchiv erwähnt: eine vom Hauptmann Kling in Togo zusammengestellte zoologische Sammlung (R 1001/6130: 8); eine zoologische Sammlung von Eugen Zintgraff aus Kamerun (R 1001/6118: 59, 06.11.1888); eine Schrift über wirbellose Tiere, eingereicht von Georg Zenker, Leiter der Jaunde-Station, Kamerun (R 1001/6110: 36); getrocknete Pflanzen und Tierpräparate, ebenfalls von Zenker (R 1001/6119: 80, 23.04.1894); eine von Hauptmann Glauning „in Kamerun auf dem Marsche zum Tschadsee zusammengebrachte Naturaliensammlung" (R 1001/6120: 20, Februar 1903 – u. a. 805 Käfer und 860 Heteropteren [Wanzen, S.L.]); und von Leutnant Laasch, von dem unten noch die Rede sein wird, eine Naturaliensammlung (Säugetiere, Reptilien und Amphibien, Käfer usw.) „von erheblichem Werthe" (R 1001/6119: 237, 10.12.1901).

9 Zu dieser „Verweigerung der Gleichzeitigkeit" und ihren Auswirkungen auf die Sammelpraxis siehe weiter unten im Abschnitt über die „Kriegsbeute" aus dem Maji-Maji-Krieg.

10 Dies geht u. a. aus den *Verzeichnissen der abgebbaren Dubletten* hervor; in der Ausgabe von 1897 heißt es auf Seite 1: „Für alle diese Leistungen dürfen die Berliner Museen wohl in erster Linie berechtigt sein, die Mehrzahl der aufgeführten Gegenstände zu behalten. Hier stehen diese allen Forschern zu speciellen Studien jederzeit zur Verfügung."

11 Für eine ausführliche Darstellung des formalen Rahmens der Veräußerungspraxis siehe Hoffmann 2012: 55–58.

12 Zu diesem Kauf von Objekten aus der Sammlung Wassy Langheld, der auch im Hildesheimer Stadtarchiv dokumentiert ist, siehe ausführlich unten.

13 Ab 1899 umbenannt in: *Verzeichnis der abgebbaren Dubletten der aus den Deutschen Schutzgebieten eingegangenen wissenschaftlichen Sendungen.*

14 Dazu zählten die Gipsmasken, die Franz Stuhlmann in Ostafrika Angehörigen „von fast allen Völker-

schaften des Schutzgebietes" abgenommen hatte und die im 4. Dublettenverzeichnis von 1899 für zwei Mark das Stück angeboten wurden.

15 Zum Prozedere äußert sich das 3. Dublettenverzeichnis von 1897 im Vorwort auf Seite 1 wie folgt: „Die Berliner Museen müssen alle Kosten für besondere Ausrüstungen zum Sammeln und Konserviren, die Frachten nach und von den Kolonien aus ihren Fonds bezahlen; sie lassen Anleitungen zum Sammeln und Konserviren drucken und vertheilen diese unentgeltlich; (...) Die Empfänger der Dubletten haben die Kosten der Verpackung und Zusendung und der Rücksendung von Insektenkästen an das Museum für Naturkunde in Berlin zu tragen."

16 Dieser Vorgang erscheint nicht in den Dokumenten, die den Verfasserinnen zugänglich waren, wird aber von Hoffmann (2012: 157, Fn. 20, Liste vom 2. Februar 1893, SMB-PK, EM, IB 46, Kol. Gen. 1, E 165/93) erwähnt.

Die ethnologische Sammlung im RPM 1844–1914

Im Laufe der 175 Jahre seit Gründung des 1894 nach seinem Mitbegründer Hermann Roemer (1816–1894) benannten Museums zu Hildesheim wuchs die ethnologische Sammlung aus bescheidenen Anfängen (28 Objekte im Jahre 1844) auf heute etwa 12.000 Stücke an. Dies geschah durch Schenkungen, Tausch und Kauf sowohl bei anderen Museen, als auch bei Händlern und Privatsammlern. Da im Projekt Provenienzforschung am RPM die entsprechenden Interaktionen mit dem Königlichen Museum für Völkerkunde zu Berlin im Mittelpunkt stehen, die 1883[1] mit dem Erwerb von Objekten aus der Alaska-Sammlung Johan Adrian Jacobsens begannen und mit dem Tod Edgar Waldens zu Beginn des Ersten Weltkriegs abbrachen, beschränkt sich der nachstehende Abriss auf den Zeitraum von der Museumsgründung bis 1914.[2]

Unmittelbar nachdem der *Verein für Kunde der Natur und der Kunst im Fürstenthum Hildesheim und in der Stadt Goslar* am 29. Juli 1844 gegründet, die Statuten von der zuständigen königlichen Landdrostei am 12.08.1844 genehmigt und die „Einwilligung des hiesigen wohllöblichen Magistrats in die Übernahme des Eigenthums der Sammlungen unter den in den Statuten ausgedrückten Bedingungen“ (JberVerNaKu 1845: 1) erfolgt war, machten sich die Gründer[3] daran, die Bestände des künftigen Museums aufzubauen. Dies geschah zum einen durch die Beschaffung von Geldmitteln, zum anderen dadurch, dass verschiedene Personenkreise – unter anderem die Hildesheimer Bürger – dazu angehalten wurden, Schenkungen zu machen (ebd.). Hierzu machte man die Gründung des Museums publik, unter anderem mithilfe offizieller Stellen, die beispielsweise den ihnen unterstellten Forstbediensteten und Geistlichen empfahlen, dem Museum „geeignete Gegenstände“ zuzuwenden (ebd.: 2). Dem wurde offensichtlich Folge geleistet, denn nachdem „die Sammlungen einigermaßen herangewachsen und geordnet waren, wurde das Museum der allgemeinen Benutzung eröffnet und ist dafür die Zeit Sonntags von 11–1 Uhr bestimmt“ (ebd.: 3). Im selben Jahresbericht wird auch bereits Zufriedenheit über eine „erfreuliche Theilnahme für die Benutzung eines Allen zugänglichen Belehrungs-Mittels“ geäußert (ebd.: 3). Das Museum bestand zunächst aus zwei Räumen am Domhof 26; bald darauf wurden als museale Bauten die Martinikirche und das Waisenhaus erworben.

Das Städtische Museum, wie es zunächst hieß, war von vornherein nicht als Sammlung von Kuriositäten, sondern als Universalmuseum angelegt. Den Statuten des Vereins zufolge ging es zwar vor allem um die „Erweckung regeren Interesses an der Natur, Förderung der genaueren Kenntniß derselben“ sowie „Verbreitung der Kenntniß der älteren und neueren Kunst", jedoch explizit mit dem Zusatz: „ohne daß damit jedoch andere wissenschaftliche Fächer wie Geschichte, Ethnographie, Alterthümer, Münzkunde usw. ausgeschlossen wären" (zitiert in Alphei 1998: 423). Die vielseitigen Sammlungen „sollten die aktuellen Erkenntnisse der Forschungen zur Naturkunde und Kunst einem breiten Publikum zugänglich machen und vermitteln" (Menter und Vahrson 2014: 159). Zugleich legitimierte die Ausstellung ethnografischer Objekte insbesondere nach dem Eintritt des deutschen Kaiserreiches in den Kreis der Kolonialmächte im Jahre 1884 aber auch koloniale Ansprüche und das damit einhergehende Gedankengut bezüglich westlicher „Kulturvölker" und nichtwestlicher „Naturvölker".[4]

Hermann Roemer, der 1870 Ägypten bereiste, interessierte sich für Afrikaforschung, setzte sich in seiner Funktion als Reichstagsabgeordneter in Berlin Ende der 1870er-Jahre erfolgreich für deren Förderung ein und bemühte sich außerdem seit Gründung des Hildesheimer Museums um Objekte aus Afrika für dessen Sammlung. Er war einer der Mitbegründer der *Deutschen Gesellschaft zur Erforschung des aequatorialen Afrika* und Mitglied der *Deutschen Afrikanischen Gesellschaft*, die bald darauf fusionierten (Raffert 1998: 222–223). Raffert hebt hervor, dass Roemer einer der wenigen „Deutsch-Afrikaner" gewesen sei, „denen es nicht in erster Linie um künftige Handelsbeziehungen oder Kolonialherrschaft ging", sondern um die wissenschaftliche Erforschung Afrikas, wobei ihn allerdings „sein Verwandter L. G. Dyes,[5] späterer Villen- und Parkbesitzer am [Hildesheimer] Weinberg, der in Bremen eine Importfirma betrieb, durchaus über die wirtschaftlichen Implikationen auf dem Laufenden" hielt (Raffert 1998: 223). Dass vor allem nach Gründung der deutschen „Schutzgebiete" in West-, Südwest- und Ostafrika außer wissenschaftlichen Bestrebungen auch Interessen des Kaiserreichs, der deutschen Wirtschaft und Kolonial-Befürwortern einer weiteren Förderung der Erforschung Zentralafrikas förderlich waren, war Roemer durchaus bewusst. So hob er in einer Rede vor dem Reichstag im Jahre 1878 hervor:

„[E]s handelt sich bei dieser Frage (...) in erster Reihe um die Förderung zahlreicher wissenschaftlicher Aufgaben, andererseits soll aber auch der europäischen Kultur Einlass bei zahlreichen, nach Millionen von Individuen zählenden Völkerschaften verschafft werden." (zitiert in Raffert 1998: 223)

Und 1885 sagte er zur wirtschaftlichen Bedeutung der neuen Kolonien: „Es wird aus dem uns mitgeteilten Berichte der Hamburger Handelskammer ausdrücklich auf den innigen Zusammenhang hingewiesen, in dem die wissenschaftlichen Erforschungen unbekannter Länder mit der Ausdehnung von Handel und Verkehr stehen“ (zitiert in Raffert 1998: 223).

Zu den ersten Geschenken, die das neu gegründete Museum erhielt, gehörten auch Ethnographica; so schenkte ein Louis Fromm „Waffen und Geräth von den Sandwich-Inseln“ und Pastor Bartels[6] „zwei türkische Gefäße“ (JberVerNaKu 1845: 9). 1845 umfasste die „Ethnographische Sammlung“, wie sich aus einer Übersicht des Bestandes des Museums ergibt, 28 Objekte (ebd.: 14). Entsprechende Geschenke, meist Einzelstücke und durchaus auch aus Übersee, sind auch in späteren Jahresberichten aufgeführt. Ende der 1840er-Jahre schenkte beispielsweise eine „Frau Otto in Newyork Conchylien und indian. Mokassins“ (JberVerNaKu 1849: 8) und im Geschäftsjahr 1858/1859 ein „Hr. Gottesleben aus Milwaukie 3 indianische Pfeilspitzen aus Feuerstein“ (BerVerNaKu 1860: 27). Bisweilen handelte es sich aber um größere Mengen an Objekten, die nicht nur in der Liste der Geschenke erscheinen, sondern im Bericht extra lobend erwähnt werden, so etwa aus der Sammlung Ferdinand Roemers, die er „auf seinen mehrjährigen Reisen in Nordamerika und namentlich in Texas“ zusammengetragen hatte und zu einem „nicht unerheblichen Theil“ dem Museum schenkte (JberVerNaKu 1849: 3).[7] Neben zahlreichen naturkundlichen Stücken beinhaltete diese Schenkung einen „Indianerschädel“ sowie einige Ethnographica, nämlich „indianische Waffen, Kleidungsstücke usw.“ (ebd.: 9). Nichtsdestoweniger wuchs hierdurch der Bestand der ethnografischen Sammlung nur auf 46 Stücke an. Eine weitere größere Schenkung erfolgte 1862/63 durch Hermann Muhlert, der viele Jahre lang in Niederländisch-Indien (heute u.a. Indonesien) Militärarzt in niederländischen Diensten gewesen und seit Gründung des Museumsvereins 1844 unter der Anschrift Batavia korrespondierendes Mitglied war. Im Geschäftsjahr 1862/63 erhielt das Museum von ihm nach seiner Rückkehr nach Hildesheim neben Büchern „eine große Sammlung ethnographischer und naturhistorischer Sachen“ unter anderem aus Celebes (Sulawesi) (BerVerNaKu 1864: 19; zu Muhlert siehe auch unten im Abschnitt über Indien und Indonesien).

Auch in den 1870er-Jahren warb das Museum beziehungsweise der Verein um potenzielle Schenker – nicht zuletzt Hildesheimer, die es in die Welt hinausgezogen hatte – zur Vermehrung sämtlicher Sammlungen, darunter auch der ethnologischen. So hieß es im Bericht 1869–1871: „Wie viele Familien aber haben jetzt Angehörige oder doch Beziehungen in den fernsten Theilen der Erde und wie leicht wäre es oft, von dort aus dem Museum interessante Naturalien oder Kunstproducte, Waffen und Geräthe der wilden Eingeborenen u.s.w. zuzuwenden" (BerVerNaKu 1871: 8). Dieser und ähnliche Aufrufe in den Jahresberichten gingen nicht zuletzt auf die zu jener Zeit auch von Mitarbeitern anderer Museen geteilte Überzeugung zurück, dass die geistige und vor allem materielle Kultur der „Naturvölker" aufgrund des unaufhaltsamen Fortschreitens der westlichen „Zivilisation" in absehbarer Zeit verschwinden würde, sodass es galt, so viele von dieser Zivilisation noch unberührte Objekte zu sammeln wie nur möglich. So heißt es im Bericht 1877–1880:

„Die sich immer rascher verbreitende Cultur drängt dazu, die Ansammlung der Kunsterzeugnisse (Waffen, Geräthe, Schmucksachen) aller von einer höheren Cultur noch nicht berührten Völker thunlichst zu beschleunigen, und es naht die Zeit, wo das Versäumte nicht mehr nachzuholen sein wird, ja leider hat die Originalität der Erfindung schon jetzt auch bei den Bewohnern der entlegensten Länder und Inseln durch den Einfluß der Berührung mit Culturvölkern erhebliche Einbuße erlitten." (BerVerNaKu 1880: 8–9)

Sowohl Hermann Roemer, als auch die beiden unmittelbar auf ihn folgenden Direktoren – Achilles Andreae (Direktor des Roemer-Museums von 1894–1905) und Rudolph Hauthal (Direktor des Roemer-Museums von 1906–1924) – waren Geologen. Es ist daher naheliegend, dass sie sich bei der Zusammenstellung und Vermehrung der ethnologischen Sammlung beraten ließen, und genau das war offenbar auch der Fall. Johann Schmeltz (1839–1909), der Herausgeber des *Internationalen Archivs für Ethnographie*, von 1882 bis zu seinem Tod Direktor des Rijks Ethnographisch Museum in Leiden und vormals Kustos am Museum Godeffroy in Hamburg, ordnete die völkerkundlichen Bestände neu und stellte sie 1894 im Zuge eines Anbaus an das Museum neu auf. Zugleich wurden diese Bestände „systematisch erweitert, vor allem hinsichtlich ›der Gebiete der deutschen Kolonien‹" (Boetzkes 1998: 479), und es ist zu vermuten, dass Schmeltz Roemer bei dieser systematischen Erweiterung beriet. Edgar Walden berichtet in seinem Führer durch die ethnologische Sammlung, dass Roemer „durch mehrfache Besuche des bekannten Leidener Museumsdirektors J. D. E. Schmeltz ausgiebige fachkundige Unterstützung" erhalten habe (Walden 1914: 43–44). Es ist zu vermuten, dass Schmeltz auch Roemers Nachfolger Achilles Andreae beratend zur Seite stand. Von 1905 bis 1914 übernahm Walden diese Rolle, als nach Andreaes Tod zunächst er als Interimsdirektor und dann Hauthal als Direktor die Leitung des Roemer-Museums übernommen hatte.

Ein wichtiger Gönner der ethnografischen Sammlung war Ludwig Gottfried „Louis" Dyes, ein Vetter der Roemer-Brüder. Als Großkaufmann und österreichischer Generalkonsul in Bremen verfügte er über weitreichende Beziehungen und war darüber hinaus – wie es Edgar Walden formulierte – „nicht knauserig mit seinen Mitteln" (Walden 1914: 41). 1873 schenkte er dem Museum „eine große Anzahl Waffen, Geräthe und Schmucksachen der Kaffern" (BerVerNaKu 1874: 21). Nicht weniger als drei Kisten Ethnographica vom Kap der Guten Hoffnung waren am 12. Juli 1873 von der „Firma L. G. Dyes & Co." in Bremen an den Senator Hermann Roemer nach Hildesheim geschickt worden.[8] Im selben Jahr übernahm Hermann Roemer nach dem Tod von Johannes Leunis die Leitung des Museums und ließ sich in der Folgezeit unter anderem auch die Vermehrung der ethnografischen Bestände angelegen sein. Dyes unterstützte ihn darin und verhalf dem Museum unter anderem zu einer Sammlung aus Namibia, die Karl Höpfner (auch: Carl Hoepfner) auf einer von Adolf Lüderitz in Auftrag gegebenen Expedition 1884 zusammengestellt hatte, zu einem großen Teil der damaligen Südseesammlung, die der Diplomat Otto Zembsch in Dyes' Auftrag erwarb,[9] sowie zu weiteren Sammlungen aus Ozeanien.[10] Zusätzliche großzügige Schenkungen kamen von Stelling (Indonesien), Machens (Fidji), Mirow (Südsee), Wiedemann (Honolulu), Ernst Ohlmer (China) sowie Pelizaeus (Afrika) (Walden 1914: 41–42).

Menter und Vahrson weisen zu Recht darauf hin, dass trotz Recherchen in Archiven und anderen Quellen oft außer dem Namen nur wenig über die Sammler bekannt bzw. in Erfahrung zu bringen ist, von denen Objekte in das Hildesheimer Museum gelangten, und betonen für „die Rekonstruktionen der Reisewege der Objekte in das Museum" die Wichtigkeit von Sammlerbiografien (Menter und Vahrson 2014: 158). Dem ist zuzustimmen, weshalb im Rahmen des Provenienzforschungsprojektes am RPM ein Schwerpunkt auf den Biografien der Sammler – vor allem auch bislang weniger bekannter – lag. Nichts lässt sich dagegen meist über diejenigen in Erfahrung bringen, die einst die Objekte herstellten und benutzten.

Im Bericht des Vereins für 1877–1880 ist der ethnografischen Sammlung, die unter den Kunstsammlungen „in diesem Zeitraume den meisten Zuwachs erhalten" hatte, erstmals ein eigener Abschnitt gewidmet (BerVerNaKu 1880: 7–9). Zum einen hatte Roemer die Gelegenheit ergriffen, eine größere Zahl Objekte vom Museum Godeffroy in Hamburg zu erwerben, das „die größte Sammlung ethnographischer Gegenstände von den Südsee-Inseln besitzt" (BerVerNaKu 1880: 7–8). Zum anderen hatte das Museum von dem Afrikareisenden Johann Maria Hildebrandt (1847–1881) Objekte von der afrikanischen Ostküste erworben. Darüber hinaus hatte es unter anderem zwei größere Sammlungen als Geschenke erhalten, nämlich zum einen Steinwerkzeuge indigener Völker aus den Prärien der USA von dem in Hildesheim gebürtigen, inzwischen bei St. Louis lebenden Dr. Marheinecke, zum anderen Objekte aus Makassar auf Celebes von dem Kaufmann L. A. Stelling, der ebenfalls aus Hildesheim stammte. Auch in den Jahren 1880–1883 erwarb das Museum weitere Gegenstände aus dem Museum Godeffroy und kaufte aus dem Nachlass Hildebrandts, der 1881 in Madagaskar starb, „Geräthe und Flechtwerke der Bewohner jener interessanten Insel" (BerVerNaKu 1883: 13). In den Folgejahren wuchs die ethnologische Sammlung so rapide an, dass seitens des Museums der Anbau eines „weiteren großen Saals" für deren Ausstellung in Erwägung gezogen wurde (BerVerNaKu 1886: 15). Vor allem die Südseesammlung war durch weitere Ankäufe aus dem Museum Godeffroy sowie Schenkungen von Dyes – Stücke, die Otto Zembsch[11] in seinem Auftrag auf Samoa erworben hatte – vermehrt worden. Ernst Ohlmer schenkte dem Museum 1881 zunächst eine kleine China-Sammlung, die er dann 1898 großzügig ergänzte (Boetzkes 1998: 479).

1884 gab es aber auch erstmals Zuwachs aus dem ersten der neuen „Schutzgebiete", nämlich eine Sammlung von Karl Höpfner aus „dem jetzt unter deutschen Schutz gestellten Damara und Herrerolande" (BerVerNaKu 1886: 16).[12] In denselben Zeitraum fällt die erste Transaktion zwischen dem Hildesheimer Museum und dem Königlichen Museum für Völkerkunde, nämlich der Erwerb von 50 Objekten aus Alaska, die Johan Adrian Jacobsen auf einer von Adolf Bastian, dem damaligen Direktor des Berliner Museums, in Auftrag gegebenen Reise von 1881 bis 1883 gesammelt hatte.[13] Es handelte sich offenbar um Stücke erster Wahl, die bereits 1883 nach Hildesheim kamen; umso erstaunlicher ist es, dass dieser Vorgang im entsprechenden Jahresbericht unerwähnt bleibt. Dem Inventarbuch der Hildesheimer ethnologischen Sammlung zufolge handelte es sich um einen Tausch. Was Hildesheim im Gegenzug für die Gegenstände aus der Sammlung Jacobsen gab, geht indessen aus den verfügbaren Dokumenten nicht hervor.

In den unmittelbar folgenden Jahren fanden den Jahresberichten zufolge offenbar eher wenige Objekte aus den deutschen Kolonien ihren Weg ins Hildesheimer Museum. Im Bericht 1892–1895 ist von einer „schönen Suite aus West-Afrika" die Rede, die ein „Dr. Wilke in Hildesheim"[14] geschenkt hatte. Ob diese aus einer der dortigen deutschen Kolonien (Togo und Kamerun) stammte und wie Wilke sie erworben hatte, ergibt sich jedoch aus dem Bericht des Museumsvereins nicht (BerVerNaKu 1896: 24). Auch im darauf folgenden Bericht für die Jahre 1896–1898 ist für 1896 eher vage von „vielerlei kleinen Ankäufen und erwünschten Geschenken" die Rede, die unter anderem den Ausstellungsschränken für Afrika zugutegekommen seien (BerVerNaKu 1899: 10). 1890 erhielt das Museum erstmals Dubletten vom Königlichen Museum für Völkerkunde in Berlin,[15] aber erst für 1897 wird ein solcher Erwerb explizit erwähnt: „Vom Museum für Völkerkunde in Berlin erhielten wir ethnographische Gegenstände aus den deutschen Kolonien Afrikas" (BerVerNaKu 1899: 14). Es handelte sich dabei um die erste Bestellung, die Direktor Andreae aus einem *Verzeichnis der aus den deutschen Schutzgebieten eingegangenen wissenschaftlichen Sendungen* – nämlich aus dem dritten Verzeichnis – getätigt hatte.[16] Da es die „Kolonialdubletten" aus den reichhaltigen Berliner Beständen gratis gab und die bestellenden Museen und Institutionen nur für Verpackung und Versand aufzukommen brauchten, erscheint das „Museum für Völkerkunde, Berlin" denn auch auf der Liste der Behörden, Gesellschaften und Privatpersonen, die dem Roemer-Museum im entsprechenden Zeitraum Geschenke zugewendet hatten (BerVerNaKu 1899: 40).

In der Folgezeit bestellte Andreae wiederholt Objekte – und zwar fast ausschließlich aus den afrikanischen „Schutzgebieten" – aus den genannten Verzeichnissen, zuletzt mit Schreiben vom 15.01.1904 aus dem sechsten Verzeichnis abgebbarer Dubletten.[17] Diese einzelnen Vorgänge werden im Abschnitt über Sammler und Sammlungsumstände ausführlich dargestellt. Außer Dubletten aus diesen Verzeichnissen erwarb das Roemer-Museum vom Königlichen Museum für Völkerkunde direkt oder durch dessen Vermittlung weitere Ethnographica. Letzteres war beispielsweise 1899 beim Kauf einer „grösseren Samoa-Suite aus der Collection Endemann" der Fall (Journal des Roemer-Museums 1897–1925, Eintrag unter Juni/Juli 1899).[18]

Außer ethnografischen Gegenständen bestellte Andreae 1899 zudem noch aus dem vierten Dublettenverzeichnis etwas, das sich im Roemer-Museum als Publikumsmagnet erweisen sollte: Gipsmasken, deren Negative der Zoologe und Afrikareisende Franz Stuhlmann (1863–1928) „von fast allen Völkerschaften des Schutzgebietes" (Deutsch-Ostafrika) abgenommen hatte und von denen nun 30 im *Verzeichnis der abgebbaren Dubletten* 1899 angeboten wurden (Kommission für die wissenschaftlichen Sendungen aus den deutschen Schutzgebieten 1899: 5). Im Gegensatz zu den ethnografischen Objekten gab es diese nicht umsonst, sondern es wurde für jeden Maskenabguss eine Gebühr von zwei Mark erhoben (ebd.). Zu Bestellung und Lieferung dieser Masken, die in der Gipsformerei der Königlichen Museen Berlin mittels der von Stuhlmann abgenommenen Formen angefertigt und anschließend nach genauen Vorgaben Ernst von Luschans ›naturgetreu‹ bemalt wurden, existiert Korrespondenz im Hildesheimer Stadtarchiv sowie im Archiv des Ethnologischen Museums Berlin. Sofort nach deren Eintreffen in Hildesheim stellte Andreae die Masken im Sommer 1899 im Roemer-Museum aus, wie sich aus dem handschriftlichen *Journal des Roemer-Museums* ergibt. Allerdings waren sie offenbar ohne Zusatzinformationen geliefert worden, denn der Hildesheimer Direktor schrieb an von Luschan mit der Bitte, ihm doch noch die „Namen" der Masken (d.h. die ethnische Zugehörigkeit derer, denen sie jeweils abgenommen worden waren) mitzuteilen, und mit der Frage: „Sind dieselben irgendwo, vielleicht in Stuhlmanns Reisewerk, ausführlicher beschrieben?"[19] Von Luschan übersandte ihm daraufhin eine entsprechende Liste mit „sämtlichen von Stuhlmann abgeformten Ostafrikanern".[20] Einige dieser Masken sind – in der Afrika-Abteilung des Roemer-Museums zusammen mit afrikanischen Waffen an der Wand montiert – auf einem Foto dieser Abteilung zu sehen, das um 1903 entstand (siehe weiter unten Abb. 29).[21]

Sie erfreuten sich bei der Besucherschaft solcher Beliebtheit, dass man 1901 weitere Gesichtsmasken aus Berlin bestellte, nämlich solche, die der Kaufmann und Forschungsreisende Otto Finsch (1839–1917) an Bewohner/innen Neuguineas und der „Südseeinseln" abgeformt hatte (BerVerNaKu 1902: 70). Der Kurzbericht über die Masken deutet einen aus heutiger Sicht problematischen Aspekt ihrer ›Gewinnung‹ an: Die Herstellung der Negative, mittels derer dann Masken in beliebiger Zahl angefertigt und an Museen und andere Institutionen verkauft werden konnten, ging häufig nicht ohne Widerstand der indigenen ›Modelle‹ einher.[22] So ist denn auch von den „schönen lebensvoll bemalten Masken, welche oft mit rechten Schwierigkeiten über lebendigen Menschen abgeformt worden sind" die Rede (BerVerNaKu 1902: 71). Die Prozedur des Abformens war sehr unangenehm, und Finsch selbst schrieb von einer „allgemeinen Abneigung, sich abformen zu lassen" (zitiert in Zimmerman 2015: 242). Zimmerman zufolge war das Abformen überhaupt nur vor dem Hintergrund des kolonialen Macht-Ungleichgewichts möglich, da dieses es dem Abformenden zumindest grundsätzlich ermöglichte, Gewalt gegen den Abzuformenden einzusetzen (ebd.). Die Masken, eine „ausgezeichnete Wissensquelle" für die damalige „rassische Aufteilung der Welt", sowie ihr Herstellungsprozess seien „Gestalt gewordene Erfahrungen eines rassifizierten, von der Gewalttätigkeit des Imperialismus strukturierten Weltordnung" (Zimmerman 2015: 249). Man kann davon ausgehen, dass die von Stuhlmann im kolonialen Deutsch-Ostafrika abgenommenen Formen unter denselben Umständen entstanden sind.

Sämtliche Gipsmasken aus Afrika und Ozeanien sind heute im Magazin des Roemer-Museums nicht mehr vorhanden. Internen Informationen zufolge überstanden sie den Zweiten Weltkrieg, wurden danach aber vernichtet.

Die einzelnen Erwerbungen vom Königlichen Museum für Völkerkunde Berlin werden im Folgenden eingehend dargestellt und erörtert, vor allem vor dem Hintergrund der Provenienzforschung auch im Hinblick auf die ursprünglichen Sammelumstände in den Herkunftsgemeinschaften der Objekte. Mit dem Tod Edgar Waldens Ende 1914 kurz nach Beginn des Ersten Weltkriegs brachen die Beziehungen zwischen den zwei Museen zumindest im Hinblick auf den Fluss von Ethnographica ab. Es gelangten natürlich bis heute immer wieder Objekte in die ethnologische Sammlung des Roemer-Museums, jedoch nach 1914 keine mehr aus den Beständen oder durch Vermittlung des Königlichen (nach Ende des Kaiserreichs: Staatlichen) Museums für Völkerkunde in Berlin. Aufgrund seiner Bedeutung für die ethnografische Sammlung am Hildesheimer Museum ist Waldens Biografie das nachfolgende Kapitel gewidmet.

1 Diese Jahresangabe findet sich bei Feest 1986: 118–119 sowie bei Menter und Vahrson 2014: 160, jedoch jeweils ohne Angabe der Quelle, aus der diese Information stammt.

2 Eine ausführliche Darstellung der Entwicklung des Roemer-Museums und später des Roemer- und Pelizaeus-Museums geben die Beiträge in dem von Rudolf W. Keck und Veronica Albrink herausgegebenen Sammelband *Gesammelte Welten* (1998).

3 Hermann Roemer, Hermann Adolf Lüntzel, Johannes Leunis, Gottlob Heinrich Bergmann und Clemens Praël (Alphei 1998: 421).

4 Siehe hierzu beispielsweise Zimmerman 2001.

5 Zu Dyes, einem großen Förderer des Roemer-Museums, siehe weiter unten.

6 Ordentliches Mitglied des Vereins und in Hildesheim ansässig (JberVerNaKu 1845: 5).

7 Ferdinand Roemer hielt sich von November 1845 bis Mai 1847 in den USA auf und veröffentlichte anschließend eine Monografie über Texas (Roemer 1849). Zu Roemers USA-Aufenthalt siehe auch Göbel und Stein 1998. Dort ist erwähnt, dass die von Roemer geschenkten Kleidungsstücke heute nicht mehr im Magazin des Roemer-Museums vorhanden sind – offenbar ein Kriegsverlust (Göbel und Stein 1998: 380). Im Inventarbuch der ethnologischen Sammlung des Museums sind die von Ferdinand Roemer geschenkten Ethnographica, die sämtlich von den Comanche in Texas stammen, unter den Nummern V 2.542–V 2.553 verzeichnet. Darüber hinaus schenkte er dem Museum eine Anzahl prähistorischer Steinwerkzeuge.

8 SAHI, Best. 741, Nr. 408, „Schenkung von ethnographischen Gegenständen von Generalkonsul Louis Dyes aus Bremen", Schreiben vom 12.07.1873.

9 Hierzu existiert Korrespondenz im Stadtarchiv Hildesheim, Best. 741, Nr. 460, aus der sich ergibt, dass die von Zembsch in Dyes' Auftrag erworbene Sammlung mehrere Kisten füllte.

10 Unter anderem Schnitzereien und offenbar auch weitere Objekte „Von Gustav Ostermeyer, Agent des Nd. Lloyd in Sidney, für Gen. Cons. Dyes auf einer Reise nach N- Guinea ca. 1879 gesammelt" (Vermerk auf einem Brief von Adolf Bastian an Achilles Andreae vom 10.11.1894, SAHI, Best. 741, Nr. 242, „Tausch und Erwerbungen von Exponaten aus dem Königlichen Museum für Völkerkunde Berlin").

11 Der Korvettenkapitän Zembsch war 1884/1885 der erste deutsche Generalkonsul in Korea.

12 Es handelte sich dabei um „Bogen und Pfeile mit eisernen Spitzen und Federn, eiserne Armspangen, Lanzenspitze, Dolch, Wurfkeule, Perlenstickereien, ein Gefäß von Holz, Kürbisflasche, Beutel und Tuch von buntem baumwollenen Stoff, sämmtlich von Angra Pequena" (BerVerNaKu 1886: 36). Weitere von Höpfner „östlich von Angra Pequena" gesammelte, leider nicht näher spezifizierte Objekte gelangten ausweislich desselben Berichtes des Museumsvereins 1885 durch Louis Dyes als Geschenk an das Roemer-Museum.

13 Zu Jacobsen und seiner Sammlung siehe weiter unten.

14 Ausweislich des Mitgliederverzeichnisses des *Vereins der Kunde der Natur und der Kunst* war Dr. med. Wilke in Hildesheim als Arzt ansässig (BerVerNaKu 1896: 42).

15 Dieser Vorgang erscheint weder im entsprechenden Bericht des Museumsvereins, noch in den Dokumenten, die den Verfasserinnen zugänglich waren, wird aber von Hoffmann (Hoffmann 2012: 157, Fn. 20) erwähnt.

16 Sein diesbezügliches Schreiben vom 16.05.1897 mit der Bitte, dem Roemer-Museum die betreffenden Dubletten zukommen zu lassen, findet sich im Archiv des EM, „Acta betreffend Kolonial-Dubletten", Vol. 1, vom 1. Januar 1890 bis 31. Dezember 1902, Pars I B 47, E 621/1897.

17 SMB-PK, EM, „Acta betreffend Kolonial-Dubletten", Vol. 2 vom 1. Januar 1903 bis [kein Enddatum eingetragen], Pars I B 47, I/MV 782, E 72/04.

18 Korrespondenz hierzu in SMB-PK, EM, „Acta betreffend Kolonial-Dubletten", Vol. 1 vom 1. Januar 1890 bis 31. Dezember 1902, Pars I B 47, E 339/99, sowie SAHI, Bestand 741, Nr. 196, „Erwerbung der Sammlung Endemann".

19 SMB-PK, EM, „Acta betreffend Kolonial-Dubletten", Vol. 1, vom 1. Januar 1890 bis 31. Dezember 1902, Pars I B 47, E 339/99, Brief Andreae an von Luschan vom 29.06.1899.

20 Ebd., Liste vom 06.07.1899.

21 Im Stadtarchiv Hildesheim befinden sich zwei Alben mit Abzügen von Aufnahmen des Fotografen F. K. Boedeker, die u. a. die ethnografische Ausstellung des Roemer-Museums zeigen. Auf einem Foto von Saal X (Afrika) sind einige der Masken zusammen mit Waffen an einer Wand neben einer Vitrine zu sehen (SAHI, Best. 979-2, Nr. 3, S. 10).

22 Zu diesen Widerständen siehe auch aus anderen Abformungszusammenhängen Hoffmann 2011, Lange 2011 und Zimmerman 2015.

Edgar Walden (1876–1914):

Bindeglied zwischen Roemer-Museum und Königlichem Museum für Völkerkunde

Edgar Walden wirkte von April 1905 bis Juli 1906 am damaligen Roemer-Museum als Interimsdirektor. Ihm und seinen ausgezeichneten Beziehungen zum Königlichen Museum für Völkerkunde verdankte das Roemer-Museum in der Zeit zwischen 1905 und 1914 nahezu sämtlichen Zuwachs an ethnologischen Objekten aus verschiedenen Erdteilen, die aus Berlin nach Hildesheim gelangten. Dennoch war er zu Beginn des Provenienzprojektes ein ›großer Unbekannter‹. Sein Name taucht zwar häufig im Inventarbuch der ethnologischen Sammlung des RPM auf – meist als Vermittler von Dubletten aus dem Berliner Museum, in manchen Fällen auch als Verkäufer in eigener Sache[1] –, es waren über ihn aber nirgendwo zusammenhängende biografische Informationen zu finden. Selbst in der Datenbank des Ethnologischen Museums (EM) Berlin ist über ihn nur knapp vermerkt: „Sammler, Hilfsarbeiter MV, Pflanzer, Fotograf. Studierender cand. Um 1905 bis 1912. Mai 1905 bis Anf. 1906 Direktor Roemer-Museum Hildesheim. War Pflanzungsleiter in Fissoa, Neu-Mecklenburg 1910–1914. In Flandern gefallen." Angesichts seiner Verdienste um die ethnologische Sammlung im RPM sollte er in der vorliegenden Publikation jedoch unbedingt vorgestellt und gewürdigt werden. Spuren von ihm fanden sich im Hildesheimer Stadtarchiv, in Dokumenten, die im RPM selbst aufbewahrt werden, sowie in verstreuten Publikationen, in denen er erwähnt ist.

1905 bis 1906: Interimsdirektor des Roemer-Museums

Am 17. Januar 1905 starb nach „zunehmender Krankheit im letzten Lebensjahre" (BerVerNaKu 1906: 4), aber zu jenem Zeitpunkt offenbar doch überraschend, Achilles Andreae, der 1894 Hermann Roemer auf dessen Wunsch als Direktor des Museums nachgefolgt war. Bis ein Nachfolger für Andreae gefunden war, übernahm Major Max Buhlers, ein Mitglied des Museumsvereinsvorstandes, die einstweilige Leitung der Geschäfte. Am 6. April 1905 beschloss dann der Vorstand des Roemer-Museums, den Geologen Rudolf Hauthal als neuen Direktor einzustellen. Dieser war aber nicht sofort abkömmlich. Er leitete die geologische Abteilung des Museums in La Plata (Argentinien) und hatte dort auch eine Professur für Geologie inne. Darüber hinaus hatte er von September 1905 bis Mai 1906 eine längere Forschungsreise geplant, für die er vom Roemer-Museum beurlaubt wurde. Es musste also ein Interimsdirektor gefunden werden, bis Hauthal im Juli 1906 seine Stelle in Hildesheim antreten konnte.

Auf der Suche nach einer Interimslösung wandte sich der langjährige Oberbürgermeister Hildesheims, Gustav Struckmann (1837–1919, im Amt 1875–1909) an keinen Geringeren als Ferdinand von Richthofen (1833–1905), den berühmten Geografen und Asienforscher, seit 1886 Professor für Geografie in Berlin.[2] Dieser antwortete am 24.04.1905[3] umgehend in einem ausführlichen Brief, dass er sich sofort nach geeigneten Kandidaten für die interimistische Leitung des Roemer-Museums umgesehen habe, und unterbreitete Struckmann zwei Vorschläge. Es ist davon auszugehen, dass es sich bei beiden jungen Wissenschaftlern um Schüler Richthofens handelte. Nützlich für eine Rekonstruktion biografischer Daten Waldens ist, dass Richthofen in seinem Schreiben an Struckmann den familiären Hintergrund der beiden Männer skizziert. Nummer Eins auf seiner Liste war der Geologe Friedrich Solger, der 1901 bei Richthofen promoviert worden und seit 1904 als wissenschaftlicher Mitarbeiter am Märkischen Provinzialmuseum in Berlin angestellt war. Dort leitete er, wie aus Richthofens Brief hervorgeht, die geologische und zoologische Abteilung. Richthofen beschreibt Solger als „tüchtigen jungen Mann“, dessen gegenwärtiges Gehalt 3.600 Mark betrage.

Als zweiten möglichen Kandidaten brachte Richthofen Edgar Walden – im April 1905 „28½ Jahre alt“ und somit Ende 1876 geboren – ins Spiel. Dieser habe in Berlin, Würzburg und Göttingen Geographie, Geologie, Philologie und Geschichte studiert. Walden stamme ursprünglich aus Hannover und habe Richthofen erzählt, sein Urgroßvater, Kuckuck-Walden,[4] sei Kommandant in Hildesheim gewesen und habe dort „Anstalten“ ins Leben gerufen; daher rühre Edgar Waldens Interesse an dieser Stadt.

Waldens Vater, so informiert Richthofen den Hildesheimer Oberbürgermeister,

„war Bevollmächtigter der Gothaer Lebensversicherung. (...) Er starb, als der junge Mann sein Studium eben vollendet hatte. Dieser musste als ältester Sohn die geschäftlichen Abwicklungen übernehmen und für seine Mutter und 3 Geschwister sorgen. (...) Seit beinahe 3 Jahren ist er am Museum für Völkerkunde und jetzt als ›wissenschaftlicher Hilfsarbeiter‹ dort angestellt. (...)“

Durch diese Tätigkeit sei Walden mit Museumsarbeit vertraut geworden. Richthofen schätzt ihn als „tüchtig, fleißig, gewissenhaft und liebenswürdig“ und hält ihn – wie Solger – für geeignet hinsichtlich der „Stellung in Hildesheim“. Da Waldens Promotion jedoch noch aussteht, merkt Richthofen an: „In seinem eigenen Interesse wäre aber zu wünschen, dass ihm die nötige Zeit zur Vollendung seiner Doktor-Dissertation, mit der er beschäftigt ist, geboten würde."[5] Auch auf Formalien geht Richthofen ein. Waldens Beurlaubung von der wissenschaftlichen Hilfsarbeiterstelle in Berlin, so informiert er Struckmann, müsse beim Generaldirektor der Königlichen Museen beantragt werden. Offenbar sah Richthofen in der Interimsstelle durchaus eine attraktive Option für Solger oder Walden, denn er schließt seinen Brief mit den Worten: „Beide jungen Herren, für die ich warmes Interesse habe, kann ich in ganz gleicher Weise empfehlen." Das „warme Interesse" lässt darauf schließen, dass ihm natürlich auch am beruflichen Fortkommen seiner beiden Schüler gelegen war. Damit Struckmann mit den Kandidaten Kontakt aufnehmen kann, gibt Richthofen ihm auch gleich an, unter welchen Anschriften er sie erreichen kann. Auf der letzten Seite des Briefes steht in anderer Handschrift: „An Walden geschrieben, 24/4 05, M."

Das nächste Dokument in Waldens Hildesheimer Personalakte (SAHI, Best. 741, Nr. 398, J 20/1905) ist ein in Hildesheim abgefasstes und an den Oberbürgermeister adressiertes, mit „Buhlers" unterzeichnetes Schreiben vom 25.04.1905, in dem auf die beiden „gleich guten Empfehlungen" Bezug genommen und Walden als Interimsdirektor favorisiert wird, und zwar aufgrund seiner ethnologischen Expertise. Offenbar wollte man seitens des Roemer-Museums die ethnologische Sammlung erweitern und erhoffte sich von Walden qualitativ hochwertige Käufe auf einem knapper werdenden Markt für Ethnographica:

„Dass Walden seit beinahe 3 Jahren am Museum für VK tätig ist, scheint mir aber entscheidend zu sein. Gerade in heutiger Zeit muss man auf diesem Gebiete zufassen können, denn die guten Aussichten, gute Sachen auf Auktionen und bei Händlern zu haben, vermindern sich täglich. Bei Geologie ist das nicht so einschneidend."

Am 1. Mai 1905 (SAHI, Best. 741, Nr. 398, J 22/1905) schreibt Walden an Struckmann, dankt ihm für das Angebot und teilt ihm mit, dass er den Auftrag gerne übernehmen würde und sich diesbezüglich bereits der Zustimmung seines Vorgesetzten, Felix von Luschan, versichert habe. Er bittet darum, dass der Antrag hinsichtlich seiner Beurlaubung vom Museum für Völkerkunde für die Dauer seiner Tätigkeit in Hildesheim nicht von ihm, sondern von der zuständigen Hildesheimer Behörde bei der Generalverwaltung der Königlichen Museen zu Berlin gestellt werden solle. Die Bemessung von Arbeitszeiten und Gehalt überlässt er dem Roemer-Museum, „weil mir die Verhältnisse am Roemer-Museum und die dortigen Dienst-Gepflogenheiten gänzlich unbekannt sind, sodass ich also keinerlei Anhalt für das Maß der mir zufallenden Arbeit habe. Die Bemessung des Gehaltes würde ich dann auch gern Ihrem Fürguthalten überlassen". Er bittet dabei aber zu berücksichtigen, dass sein Berliner Gehalt natürlich während seiner Tätigkeit in Hildesheim entfällt, „während andererseits größere Ausgaben bestehen blieben, da ich eine feste Wohnung mit eigenen Möbeln innehabe". Um diese Fragen zu besprechen, schlägt er einen zeitnahen Termin für ein persönliches Gespräch in Hildesheim vor. Dem Brief folgt der sodann bereits am 4. Mai 1905 geschlossene, zunächst bis Ende Januar 1906 befristete Arbeitsvertrag Waldens. Sein Jahresgehalt beträgt 3.600 Mark. Am gleichen Tag beantragte der Magistrat der Stadt Hildesheim bei der Generalverwaltung in Berlin auch Waldens Beurlaubung (SAHI, Best. 741, Nr. 398, J 23/1905), wobei er den Sachverhalt erläuterte: Professor Hauthal, La Plata, solle die Nachfolge des Professors Andreae antreten, stehe aber erst ab Anfang 1906 zur Verfügung, weshalb die vorläufige Leitung des Roemer-Museums Herrn Edgar Walden vom Königlichen Museum für Völkerkunde übertragen werden solle.

Dass Walden bis zu diesem Zeitpunkt das Museum interimistisch leiten sollte, stand bereits von Anfang an fest.[6] Wegen der Beurlaubung hatte sich Gustav Struckmann auch an von Luschan gewandt, der ihm in einer Antwort vom 6. Mai 1905 versicherte, „dass ich die gewünschte Beurlaubung des Herrn Walden gerne befürworten werde. Ich zweifle nicht, dass sie von der Königlichen General-Verwaltung auch rasch genehmigt wird und nehme an, dass Herr Walden bereits gegen Ende der nächsten Woche in Hildesheim wird eintreffen können" (SAHI, Best. 741, Nr. 398, J 24/1905). Damit hatte er recht, denn am 13. Mai ging bei der Stadt Hildesheim ein Schreiben von der Generaldirektion der Königlichen Museen ein, mit dem Edgar Walden „zur Übernahme der einstweiligen Leitung des Roemer-Museums in Hildesheim vom 13. d. M. bis zum 31. Januar 1906 beurlaubt" wird (ebd., zu 25/1905). Am Montag, dem 15. Mai 1905, trat Walden seinen Dienst in Hildesheim an (ebd., Brief Walden, J 25/1905). Sein zunächst bis Ende Januar 1906 befristeter Urlaub wurde schließlich seitens der Generalverwaltung in Berlin erst bis April 1906 verlängert (ebd., J 17/1906, Schreiben vom 13.01.1906), später bis zum Eintreffen Hauthals am 1. Juli desselben Jahres (ebd., J 17/1906, Schreiben vom 13.01.1906, J 145/1906, Schreiben vom 18.04.1906). Hauthals Abreise aus Peru hatte sich nämlich über den Zeitpunkt seines für Anfang 1906 geplanten Dienstantritts hinaus immer wieder verzögert.

1905–1914: Engagement für die ethnologischen Sammlungen im Roemer-Museum

Unmittelbar nach seiner Ankunft in Hildesheim verschaffte sich Walden offenbar nicht nur Einblick in die dortigen Bestände an ethnologischen Objekten, sondern machte sich auch ein Bild von der Anziehungskraft der damaligen ethnologischen Dauerausstellung auf Besucher. Die Ausstellung wurde in mehreren Sälen des Museums gezeigt. Dabei muss er zu dem Schluss gelangt sein, dass sich die Attraktivität der völkerkundlichen Ausstellung durch weitere Ethnographica künftig noch steigern ließ. Jedenfalls machte er sich umgehend daran, die Sammlungen zu vergrößern. Zuallererst wurde er bei seinem eigentlichen Arbeitgeber, dem Königlichen Museum für Völkerkunde in Berlin, vorstellig. Am 24. Mai 1905 fragte er „im Auftrage des Roemer-Museums" bei der Direktion an, „ob das Museum von seinen Doubletten, soweit diese nicht durch Verkauf oder Geschenk an anderen Anstalten vorteilhaft zu erwarten sind, dem Roemer-Museum eine beliebige Auswahl geschenkweise oder als Leihgabe überweisen könnte" (SAHI, Best. 741, Nr. 242, J 32/1905). Diesen Wunsch begründete er mit dem regen Interesse, das der ethnologischen Dauerausstellung in Hildesheim entgegengebracht wurde: „Da die hiesige ethnographische Sammlung sehr regen Besuch von Einheimischen und Fremden, besonders auch von Lehrern und Schulen aufzuweisen hat, so dürfte sie Ihre gütige Unterstützung wohl verdienen." Die durch Verpackung und Versand entstehenden Kosten werde das Roemer-Museum gerne übernehmen. Der Berliner Direktor Grünwedel zeigte sich diesem Ansinnen gegenüber aufgeschlossen. Aus der „indischen und centralamerikanischen Abtheilung" könne man dem Roemer-Museum gerne eine Anzahl Dubletten gratis zur Verfügung stellen, aus der ozeanischen und ostasiatischen Sammlung indessen nur gegen Tausch. Daher fragt er an, „auf welche afrikanisch–oceanischen Gegenstände das Roemer-Museum reflectirt und was dafür als Gegengabe in Aussicht gestellt werden kann" (ebd., Brief vom 08.06.1905, J 33/1905). Dies führte zu einer Transaktion, durch die auf einen Schlag 131 Objekte aus Indien und Südostasien von Berlin nach Hildesheim gelangten, worauf wir weiter unten im Abschnitt über die einzelnen Sammlungen, Sammler und Transaktionen näher eingehen werden.

Auch am Hamburgischen Museum für Völkerkunde bzw. bei dessen Direktor Georg Thilenius (1868–1937) wurde Walden mit seinem Anliegen vorstellig, Ethnographica für das Roemer-Museum zu erwerben. Aus seinem

Brief wird deutlich, dass die Mittel des Roemer-Museums für Ankäufe ethnologischer Objekte (im Gegensatz zu naturkundlichen) damals äußerst begrenzt waren:

„Mit der interimistischen Leitung des hiesigen Roemer-Museums betraut möchte ich es mir angelegen sein lassen, besonders die ethnographische Sammlung nach Möglichkeit zu fördern. Ich gestatte mir daher die Anfrage, ob das Hamburger Museum gute Dubletten zu so niedrigen Preisen anbieten kann, dass sie den sehr geringen Mitteln, die dem Roemer-Museum für die nicht rein naturwissenschaftlichen Abteilung zur Verfügung stehen, angemessen wären." (SAHI, Best. 741, Nr. 204, Schreiben vom 23.05.1905, Unterstreichung im Original)

Er trug bei dieser Gelegenheit auch gleich ein paar Wünsche vor. Sein besonderes Interesse galt hierbei den „Schätzen Hellwigs", wie er es nannte, nämlich der von Thilenius kurz zuvor erworbenen Neuguinea-Sammlung des Geschäftsmannes und Ozeanisten Fritz Emil Hellwig. „Dukdukmasken" beispielsweise kämen Walden für das Roemer-Museum sehr gelegen. Allerdings hegte er den Verdacht, dass sozusagen ›Sahnestücke‹ aus dieser Sammlung bereits an andere große Museen (Berlin, Köln) abgegeben worden waren, und deutete daher an, dass Hildesheim sich mit preiswerten Restposten zufriedengeben würde, die Thilenius gerne loswerden wollte. Walden schrieb geradeheraus: „[Es] wird Ihnen sicherlich ein Rest verbleiben, den zu verwerten Ihnen große Mühe bereiten dürfte. So, denke ich, wird Ihnen jede Gelegenheit, etwas abzustoßen, willkommen sein, auch wenn Sie dafür nur eine geringe Geldsumme bekommen können. Denn wenig Geld ist noch immer noch besser als gar keins und die Magazine voller Dubletten." Waldens Wunschliste lässt erkennen, welche Bereiche der Hildesheimer Sammlung er gerne ausbauen wollte, nämlich so gut wie alle: Melanesien, Afrika („vielleicht sehen Sie auch einmal Ihre Dubletten aus früheren Jahren durch"), Asien und Amerika. Wie in seinem Brief an Grünwedel verweist er auch in demjenigen an Thilenius auf die Anziehungskraft, welche die ethnologische Sammlung des Roemer-Museums, „so klein sie auch ist", auf das Hildesheimer und auswärtige Publikum ausübt. „So würden Sie durch weitherziges Entgegenkommen der Sache, der wir uns alle ergeben haben, einen großen Dienst erweisen."

Thilenius' Weitherzigkeit angesichts dieses Appells an Solidarität unter Museumsethnologen hielt sich indessen in Grenzen. Die bereits getroffenen Dispositionen über die Sammlung Hellwig, so ließ er seinen jungen Kollegen wissen, seien „nicht mehr rückgängig zu machen" (ebd., Brief vom 10.07.1905, J 64/05). Immerhin schenkte er dem Roemer-Museum zwei Beile mit Schildkrötenpanzerklingen und kündigte an, noch eine größere Skulptur für 80 Mark aus den Dubletten herauszusuchen. Auch ein paar „Kleinigkeiten" aus sonstigen Dubletten könne Hildesheim erwerben, eine Liste sollte folgen, findet sich in den Hildesheimer Archivalien jedoch nicht.

In der Akte bezüglich verschiedener Erwerbungen und Geschenke für die Völkerkundesammlung (SAHI, Best. 741, Nr. 204) finden sich diverse Belege für Anschaffungen und Geschenke aus Waldens Zeit als Interimsdirektor. Darunter zählten neben dem Erwerb von ethnografischen Objekten der Ankauf von Tierpräparaten sowie die Annahme diverser Geschenke, die Bewohner/innen Hildesheims im Museum vorbeibrachten („Herr Tischlermeister Hollemann schenkt einen chinesischen Bilderbogen"). Manchmal erwarb er auch selbst Stücke bei Händlern – und sicher auch auf Auktionen – und verkaufte sie an das Roemer-Museum weiter.

Außerdem wurden von ihm während seiner Zeit die völkerkundlichen Sammlungen „neugeordnet und vollständig katalogisiert" (BerVerNaKu 1906: 28–29; siehe auch Walden 1914: 44). Daneben befasste er sich mit den Vorarbeiten für die heimatkundliche Abteilung, die 1913 eingerichtet wurde (Alphei 1998: 440). Als Hauthal am 1. Juli 1906 seine Stelle als neuer Direktor des Roemer-Museums antrat, kehrte Walden an das Königliche Museum für Völkerkunde in Berlin zurück.

Boetzkes beurteilt die konzeptionellen Änderungen am Roemer Museum nach Hauthals Amtsantritt kritisch: „Walden entwickelte die von Achilles Andreae entwickelte Museumskonzeption weiter und wurde darin zunächst von Hauthal unterstützt. In seinen Briefen aus La Plata favorisierte dieser vor allem den Ausbau der völkerkundlichen Sammlungen. (...) Mit Hauthals Dienstantritt setzte allerdings eine folgenreiche Neuorientierung ein. Das wohlgeordnete ›Weltmuseum‹, das er vorfand, sah er ›an einem Wendepunkte angekommen‹" (Boetzkes 1998: 482). Hauthal wollte die Bestrebungen des Museums vor allem auf die Heimatkunde gerichtet sehen: „Programmatischer Ausdruck dieser Neuorientierung war die Einrichtung einer ›Vaterländischen Sammlung‹, einem Sammelsurium vornehmlich aus Waffen und Fahnen der ehemaligen hannoverschen (...) Armee und historischer Kleidung der Region" (Boetzkes 1998: 482). Dadurch, so Boetzkes, „brachte Hauthal in das bis dahin weltoffene Roemer-Museum eine provinzielle Attitüde ein, die die weitere Entwicklung wesentlich mitbestimmen sollte" (ebd.).

Edgar Walden versorgte das Roemer-Museum nicht nur mit ethnografischen Objekten, sondern brachte auch zwei Ausstellungen dorthin. Die *Hildesheimer Zeitung* meldete am 22.12.1906 unter der Rubrik „Jahresbericht des Roemer-Museums", er habe zunächst im Frühjahr des Jahres – also noch in seiner Zeit als Interimsdirektor – eine „hervorragende Sammlung" von Stichen und Holzschnitten von Daniel Chodowiecki und Adolf Menzel ausgestellt, danach Ende des Jahres „von Berlin aus zur Ausstellung im Roemer-Museum eine Reihe guter Gemälde meist älterer Meister" (Anonym 1906: 7).

Auch nach Ende seiner interimistischen Leitung betreute Walden weiterhin im Roemer-Museum Hildesheim die völkerkundliche Sammlung, wozu er immer wieder nach Hildesheim reiste.[7] Er selbst schrieb in einem Brief vom 03.11.1911: „Auf Wunsch des Vorstandes des Roemer-Museums habe ich es übernommen, auch fernerhin die völkerkundlichen Sammlungen in Hildesheim in Ordnung zu halten und das Museum bei Ankäufen zu unterstützen und zu beraten" (SAHI, Best. 741, Nr. 204). So sorgte er auch dafür, dass Ethnographica bzw. Dubletten aus Berlin nach wie vor ihren Weg dorthin fanden. Auf die genauen Vorgänge wird unten im Abschnitt über die einzelnen Objekte und Teile von Sammlungen, die durch seine Vermittlung nach Hildesheim gelangten, eingegangen. Er erwarb aber auch Stücke aus anderen Quellen, so etwa im Herbst 1905 von der „Naturalien- und Lehrmittelhandlung Platow" in Hamburg „Massai, D.O.A., Nias, Timor, Gilbert, S. von D.O.A., (...), 2 Elfenbeinzähne beschnitzt" (V 4.763–4.772; SAHI, Best. 741, Nr. 204, Quittung vom 03.10.1905, zu J 130/1905).[8]

1907–1909/1910: Teilnehmer der Deutschen Marine-Expedition

In einem Brief vom 16. Juli 1907 schließlich unterbreitet Walden Hauthal neben einer umfangreichen Liste von ihm für Hildesheim erworbener Stücke aus Indonesien aus der Sammlung Matthyssen die Neuigkeit, dass er an der Deutschen Marine-Expedition teilnehmen werde. Augenzwinkernd schreibt er: „Für die nächsten zwei Jahre werden Sie nun vor mir Ruhe haben", und erläutert: „Ich werde im Auftrage meines Museums Anfang September eine Reise nach dem Bismarck-Archipel antreten." Die Aufgabe war reizvoll, die Vergütung offenbar weniger: „Wenn die Bedingungen auch keineswegs glänzend sind – das Equivalent [sic] besteht wie bei mancher Stütze der Hausfrau[9] in freier Ausrüstung, Reise und Station, wofür das kolossale Gehalt wegfällt –, so freue ich mich doch sehr darauf und hoffe, in den zwei Jahren einiges Material zusammen zu bringen. (...) Über die Organisation werde ich Ihnen in nächster Zeit ausführlich Bericht erstatten" (SAHI, Best. 741, Nr. 204, J 646/07). Gelegenheit dafür böte sich am darauffolgenden Sonntag, an dem Walden Zeit für einen Besuch in Hildesheim hätte.

Dies ist nicht der Ort für eine ausführliche Erörterung der vom Königlichen Museum für Völkerkunde nach Neu-Mecklenburg[10] entsandten Marine-Expedition, aber Waldens Aktivitäten sollen umrissen werden. Geleitet wurde sie von dem Marine-Stabsarzt Emil Stephan, der allerdings im Mai 1908 am Schwarzwasserfieber starb, woraufhin Augustin Krämer und dessen Frau Elisabeth Krämer-Bannow die Leitung übernahmen (Zimmerman 2001: 235; s.a. Krämer-Bannow 1916). Teilnehmer waren außer Edgar Walden der Ethnologe und Anthropologe Otto Schlaginhaufen und der Fotograf Richard Schilling. Zudem hatte man in Neubritannien 20 Träger und weiteres „Hilfspersonal" angeheuert (Freitas Branco 2005: 334).[11]

Die Forschergruppe wurde in Neu-Mecklenburg zunächst aufgeteilt (Freitas Branco 2005: 334). Während Schlaginhaufen den südlichen Teil der Insel nebst den vorgelagerten Inseln erforschen sollte, traf Walden Ende November 1907 per Schiff im Norden von Neu-Mecklenburg ein und blieb dort bis 1910. Er richtete eine Forschungsstation ein und unternahm lange Reisen zu den Tanga- und Tabar-Inseln sowie nach Neu-Hannover. Über Waldens Forschungsaufenthalt liegen Schriftstücke im Archiv des Ethnologischen Museums Berlin vor, die Andrew Zimmerman für das Kapitel über die Deutsche Marine-Expedition in seinem Buch *Anthropology and Antihumanism in Imperial Germany* (2001) ausgewertet hat. Ihm zufolge konzentrierten sich die beiden ausgebildeten Ethnologen Walden und Schlaginhaufen auf das Sammeln von Ethnographica und Schädeln. In der Tat schrieb von Luschan am 29.05.1908 an Walden mit dem Wunsch nach Schädeln und Skeletten, wofür er ihm 300 Mark zur Verfügung stellte, allerdings unter der Maßgabe, dass „solches Material in absolut correcter und loyaler Weise beschafft werden kann. Wenn Ihnen also die Leute selbst Schädel, wie Sie schreiben, zu M 3 das Stück anbieten, so würde ich

Abb. 4 | Die Teilnehmer der Deutschen Marine-Expedition: hinten stehend v.l.n.r. Emil Stephan, Otto Schlaginhaufen. Vorne sitzend v.l.n.r.: Edgar Walden, Richard Schilling (aus Schlaginhaufen 1959: 5)

damit einverstanden sein, dass Sie aus diesen 300 M erwerben, soweit sie gut erhalten und mit Unterkiefer versehen sind (und nicht etwa von ad hoc Erschlagenen stammen)" (SMB-PK, EM, E 1136/1908, I B 72, Bd. 2). Auch Otto Schlaginhaufen erwähnt in seinen Erinnerungen, dass „durch Waldens Sammeltätigkeit meiner Schädelsammlung (...) zahlreiche wertvolle Objekte zuflossen" (Schlaginhaufen 1959: 103).

In der Region, die sich Walden ausgesucht hatte, war die Kolonisation verhältnismäßig weit fortgeschritten, und Walden hoffte, dass die dortigen Straßen, Farmen, Rasthäuser und Handelsposten ihm die Forschung leichter machen würden. So gab es im Nordgebiet der Ostküste Neu-Mecklenburgs eine Straße, die zu Beginn des 20. Jahrhunderts auf Betreiben des Bezirksamtmanns Franz Boluminski (1863–1913) angelegt wurde[12] (Krämer 1916: VIII). Entlang der Straße, die eine Verbindung zwischen den Pflanzungen herstellen sollte, befanden sich etwa alle zehn bis 20 Kilometer Unterkunftshäuser für Reisende, die von der einheimischen Bevölkerung „auf Wunsch der Regierung" – das heißt, der deutschen Kolonialregierung – errichtet worden waren (Krämer-Bannow 1916: 86). Aus Schlaginhaufens Beschreibung von Waldens Tätigkeitsgebiet klingt beinahe ein Anflug von Neid heraus: „Wohlgefügt und sauber präsentierten sich die Gebäulichkeiten; Wege und Straßen waren breit angelegt und wohl gepflegt; die Bevölkerung war zur Höflichkeit und Dienstfertigkeit erzogen und machte in ihrem Verhältnis zum Weißen den besten Eindruck. Eine Freude musste es für einen angehenden völkerkundlichen Forscher sein, gerade hier seine Arbeit beginnen zu können" (Schlaginhaufen 1959: 33).

Zimmerman schreibt über Walden, dessen Verhältnis zu den übrigen Expeditionsteilnehmern und den Erwartungen von Luschans:

„Walden had never supposed that he would be able to live alone among the indigenous population, whom he considered hostile. He did not plan to learn the native languages since, he reckoned, there were so many of them that learning one would not help him outside a small area. Walden did not get along well with Stephan or with the German official in charge of New Mecklenburg, and his correspondence with Luschan suggests that he needed much cheering up and encouragement. Luschan was especially interested that Walden personally impress both the German government and the colonists in New Mecklenburg. Making such contacts had been one of the principal tasks of anthropological traveling for the previous half century, and recent competition from other German museums made this an especially pressing task for the expedition from Berlin." (Zimmerman 2001: 229)

Nach Stephans Tod im Mai 1908 versiegte vorübergehend die Kommunikation zwischen den verbleibenden Expeditionsmitgliedern. Insbesondere Walden hatte bereits vorher nur selten von sich hören lassen. Er hatte ganz offenkundig zwischenzeitlich seine Furcht vor der indigenen Bevölkerung abgelegt und Gefallen an der Feldforschung gefunden, der er auf monatelangen Reisen nachging. Jetzt „[he] fell totally out of communication with both Luschan in Berlin and the rest of the expedition“ (Zimmerman 2001: 235). Später im Jahr stießen die Expeditionsmitglieder, auch Walden, dann aber zum Ehepaar Krämer, das inzwischen im nördlichen Neu-Mecklenburg eingetroffen war (Zimmerman 2001: 236).[13] Krämer hatte beschlossen, dass sämtliche Teilnehmer der Expedition sich nunmehr auf den Norden der Insel konzentrieren sollten (Freitas Branco 2005: 334). Waldens Anwesenheit dort war von Luschan ein besonderes Anliegen. Zwar hielt er viel von Krämer als Sammler, aber „he did not seem to trust him to carry out the slow, methodical work that he hoped to initiate with the expedition. He turned to the elusive Walden, who soon rejoined the expedition, to make sure that his instructions were carried out“ (Zimmerman 2001: 324, Anm. 78).

Elisabeth Krämer-Bannow mochte Walden offensichtlich gern, nicht zuletzt wegen der zuvorkommenden Aufmerksamkeit, die er ihr und ihrem Mann angedeihen ließ. So schreibt sie über ihre Ankunft im Ort Lámasong:

„Nach kurzem Marsch auf der morgenfrischen Sand-Straße erblickten wir eine weißgekleidete Gestalt. Es war Herr Walden, der uns entgegenkam und begrüßte, und den wir nun auf diese Weise kennen lernten. (…) Herr Walden hatte von allerhand Kuchen und Konfekt, das ihm selbst geschenkt worden war, einen allerliebsten Aufbau auf dem Kaffeetisch errichtet, der in einem offenen Speisehause unter den Strandbäumen stand.“ (Krämer-Bannow 1916: 86, 88)

Bei einer anderen Gelegenheit schenkte er den Krämers einen kleinen zahmen roten Papagei (ebd.: 134). Auch im „riesigen Rasthaus“ von Fissoa, wo Walden zusammen mit dem Fotografen Schilling Quartier bezogen hatte, wurden die Krämers von ihm gastfreundlich empfangen, vor allem auch Elisabeth Krämer-Bannow, die gesundheitlich angeschlagen war. Er hatte damals bereits Besuch vom Regierungsarzt Dr. Runge und dem Stationsleiter Zwanzger:

„Er bestand darauf, uns alle zu bewirten, ich durfte mich um gar nichts kümmern und lag längere Zeit (…) auf der Veranda zwischen lauter erworbenen *melanggan*-Schnitzereien, wobei der kleine, zahme Gódlam, jener früher beschriebene rote Papagei, den Schilling beim Umzug mitgenommen hatte, meine Freude und Unterhaltung war.“ (Krämer-Bannow 1916: 250–251)

Von Krämer-Bannow erfahren wir auch, dass Walden unter der einheimischen Bevölkerung „Diener“ anwarb, die ihn bei seinen Forschungen begleiteten (1916: 89). Als Augustin Krämer wegen Verletzungen an beiden Füßen die örtliche Sagogewinnung nicht selbst dokumentieren konnte, sprang Edgar Walden ein, „übernahm das Studium dieser Sagogewinnung und brachte eine anschauliche Schilderung des ganzen Vorgangs mit heim“ (Krämer-Bannow 1916: 98).

Während die Sammelergebnisse der Expedition sich durchaus sehen lassen konnten, hielt sich der Ertrag an Publikationen in Grenzen (Zimmerman 2001: 236). Edgar Walden scheint nur einen Beitrag über seine Forschungen veröffentlicht zu haben (Walden 1911), ein anderer erschien, herausgegeben von Hans Nevermann, ein Vierteljahrhundert nach seinem Tod (Walden und Nevermann 1940). Augustin Krämer schob die Nichtveröffentlichung von Forschungsergebnissen unter anderem auf Edgar Waldens Tod im Ersten Weltkrieg, denn er schrieb 1916: „Leider liegt über den Veröffentlichungen der Expedition ein Unstern; nun da Dr. Walden heimtückisch vom Feinde an der Westfront ermordet wurde, ist die Beschreibung Nord-Neumecklenburgs auf unbestimmte Zeit vertagt“ (Krämer 1916: VI).

Obwohl Richard Schilling als Fotograf die Expedition begleitete, betätigte sich auch Edgar Walden als unermüdlicher und zunehmend versierter Fotograf. Ein erheblicher Teil der während der Expedition gefertigten Fotografien stammt von ihm (Schade 2004: 129). Was die von ihm gewählten Motive angeht, so unterscheiden sie sich von den Schwerpunkten der übrigen Expeditionsteilnehmer. Anette Schade merkt an, dass letztere sich um „die visuelle Dokumentation auch von Technologien und Alltagshandeln bemühten“ (Schade 2004: 137), während Waldens (und später Krämers) Fotografien „als häufigstes Einzelmotiv (...) Menschen, die mit Ritualen befasst waren und Objekten, die damit in Zusammenhang standen“, zeigten (Schade 2004: 135). Nach seinen eigenen Worten war er zuerst „mit seiner Photographiererei nicht zufrieden“, mit zunehmender Übung wurde er jedoch deutlich versierter (Schade 2004: 128). Außerdem hebt Schade hervor, dass er sich beim Fotografieren in seinem Umgang mit den Motiven von den anderen Expeditionsteilnehmern unterschied. Sie weist darauf hin, dass das Zusammentreffen der Wissenschaftler mit Einheimischen bei dörflichen Ereignissen (Zeremonien, Bestattungen usw.) einem „fotografischen Überfall“ geglichen habe, „dem die Fotografierten aufgrund der Machtverhältnisse ohne Widerstand ausgeliefert waren. Vermutlich bat oder verlangte der Fotograf während des Geschehens um einen Moment der Unterbrechung, um die Aufnahme machen zu können" (Schade 2004: 137). Waldens Aufnahmen, so Schade, unterscheiden sich positiv von denjenigen der anderen Expeditionsteilnehmer, denn sie seien „Beispiele für eher zurückhaltendes Herangehen an das Geschehen und zeigen sein Bemühen, die Erforschung von Denkweisen visuell zu komplementieren. Zum Ende seines Aufenthaltes auch technisch besser mit der Kamera vertraut, gelang es ihm, das Geschehen mit der Kamera zu beobachten, seine wenigen erhaltenen schriftlichen Dokumente ergänzen die Aufnahmen um Informationen über Bedeutungszusammenhänge. Mehr noch als die Fotografien der anderen Expeditionsmitglieder schaffen seine Aufnahmen eine atmosphärische Dichte, die dem performativen Charakter des zeremoniellen Geschehens durchaus Rechnung trägt." (Schade 2004: 137)

Schade resümiert: „Die Aufnahmen vieler Fotografien von rituellen Ereignissen lassen ihn als unaufdringlichen Beobachter erscheinen, der verständig dem Geschehen folgen kann. Dies entsprach Waldens Selbstverständnis als Forscher, der ›eine eindringende Vertrautheit und ein wirkliches Verstehen‹ als Voraussetzung sah, um in ›die Geheimnisse der Denkweise unserer dunkelhäutigen Schutzbefohlenen einzudringen‹ und die nur durch intensive Detailarbeit wirklich zu lüften waren" (Schade 2004: 137–138). Dieses Streben nach Gründlichkeit bei der ethnografischen Arbeit und Kontextualisierung von Objekten wird auch aus einem Brief deutlich, den er 1908 an Felix von Luschan schrieb. Über den bereits erwähnten Kolonialbeamten Franz Boluminski – Leiter der Station Käwieng auf Neumecklenburg –, der sich als eifriger Sammler betätigte,[14] vermerkt er kritisch:

„Bol[uminski] lässt sich die Objekte bringen und kauft sie. Er interessiert sich nicht für ihre genaue Klassifikation. Die von ihm erworbenen Objekte verschwinden in einem Schuppen. B. ist ein Mann schneller Geschäfte und hat keine Geduld. Ich bin sicher, dass er sofort eine Ladung nach Berlin schicken möchte. Das verträgt sich nicht mit meinem Versuch nach einem tieferen Verständnis [dieser Objekte]." (Grassi Museum für Völkerkunde 2014: 2)

1910–1914: Zurück in Berlin

In der Online-Datenbank des EM Berlin findet sich die Angabe, Walden habe sich 1910–1914 im Ort Fissoa (auch: Fesoa, Fezoa, Fesóa) in Neu-Mecklenburg als Pflanzungsleiter betätigt. Dies wird auch im *Biographischen Hand-*

buch Deutsch-Neuguinea (Baumann et al. 2002) behauptet, und zwar unter Berufung auf Elisabeth Krämer-Bannows Buch (1916) über ihren und Augustin Krämers Forschungsaufenthalt. An der im *Biographischen Handbuch* zitierten Buchstelle (Krämer-Bannow 1916: 252) wird eine Tätigkeit Waldens als Pflanzungsleiter jedoch nicht erwähnt, und auch nirgendwo anders. Zwar hielt sich Walden im Rahmen seiner Feldforschung längere Zeit in Fissoa auf, wo er und der Fotograf Schilling das örtliche Rasthaus bezogen hatten (Krämer-Bannow 1916: 244, 250–251). Pflanzungsleiter in Fissoa, das im Nordwesten Neu-Mecklenburgs/Neuirlands an der Küste liegt, war indessen nicht er, sondern Carl Paul Richard Miesterfeld, der zusammen mit seiner Frau die Pflanzung als Angestellter der Neu-Guinea-Companie betrieb (Krämer-Bannow 1916: 251).[15] Walden hatte sich offenbar mit dem Ehepaar angefreundet, „gute, freundliche Menschen, die auch Herrn Walden viele Freundlichkeit erwiesen und ihn mit Rat und Tat unterstützt hatten" (ebd.). Unter anderem halfen die Miesterfelds auf Waldens Bitte den Expeditionsteilnehmern bei einer Gelegenheit mit mehreren Sack Reis aus, die sie per Boot schickten, als die Nahrungsvorräte knapp wurden (Krämer-Bannow 1916: 97).

Wie es zu dem Missverständnis kam, Walden habe bis 1914 die Pflanzung geleitet, ist nicht nachzuvollziehen, denn auch aus den Archivquellen ergibt sich, dass er Ende Mai 1910 von Neu-Mecklenburg wieder nach Berlin zurückreiste (SMB-PK, EM, E 1135/1910, I B Marine Exped./VIII) und sich im Folgenden dort aufhielt. Nach seiner Rückkehr ans Königliche Museum für Völkerkunde wurde von Walden erwartet, dass er die Ergebnisse seiner Forschung publizierte, was aber aus Gründen, die sich unserer Kenntnis entziehen, nicht geschah. Noch in einem Brief vom 02.11.1911 schreibt er, er sei „mit der Bearbeitung der Ergebnisse meiner Südseereise für das Museum für Völkerkunde in Berlin" beschäftigt (SAHI, Best. 741, Nr. 204). Vielleicht teilte er das Schicksal vieler heutiger „wissenschaftlicher Hilfsarbeiter" und wurde von seinen Vorgesetzten so beansprucht, dass er keine Zeit zum Publizieren fand. Immerhin arbeitete er ja nicht nur für von Luschan in Berlin, sondern auch als Betreuer der ethnologischen Sammlung in Hildesheim für Hauthal. Laut Beschluss des „Roemer-Museumsvorstandes" vom 28.10.1910 wurde er dort als Mitarbeiter geführt und erhielt „für seine Auslagen und Reisen die Sätze der städtischen Beamten bewilligt".[16] Für seine Extraarbeit in Hildesheim musste er sogar größere Teile des ihm zustehenden Urlaubs aufwenden.[17] Neben dieser wissenschaftlichen Arbeitsbelastung war Walden zusätzlich mit der Verwaltung mehrerer Immobilien (Wohnungen) beschäftigt, die offenbar seiner Familie gehörten, denn in einem Brief vom 26.09.1912 an Hauthal schreibt er:

„Daß ich so lange nicht von mir habe hören lassen bitte ich zu entschuldigen. Ich habe sehr viel zu tun gehabt und bin mit meiner Gesundheit seit dem Sommer gar nicht in Ordnung. Dabei habe ich mir leider keine Erholungsreise gönnen können, weil wir große Wohnungen lange leer stehen hatten und ich für Vermietungsverhandlungen und Handwerker-Kontrolle zugegen sein mußte." (SAHI, Best. 741, Nr. 204)

Auffallend ist angesichts von Waldens Bestrebungen, dem Roemer-Museum Dubletten angedeihen zu lassen, dass aus den für das Berliner Museum angelegten Sammlungen der Teilnehmer der Marine-Expedition, einschließlich Waldens selbst, nichts nach Hildesheim gelangte. Dafür verschaffte er bis 1914 der völkerkundlichen Sammlung des Roemer-Museums anderen Zuwachs aus Berlin, wofür er von Hauthal finanzielle Mittel erhielt. Am 14.11.1911 schrieb ihm Hauthal, es sei bei der letzten Vorstandssitzung beschlossen worden, „Ihnen für die Ankäufe der Doubletten aus Berlin für dieses und das nächste Jahr je 1000 Mark zur Verfügung zu stellen. Nun, hoffe ich, werden wir unsere völkerkundliche Sammlung durch prächtige Stücke vermehren. (...) Die ersten 1000 Mark können Sie jetzt schon haben" (SAHI, Best. 741, Nr. 204). Die Mittel stammten aus dem geologischen Fonds des Museums. Auf diesem Wege verschaffte Walden dem Roemer-Museum unter anderem Dubletten aus der Sammlung Glauning (Kamerun), Ethnographica aus Asien und einen Bronzekopf aus Benin.[18] 1913 versiegte der Geldsegen indessen wieder. Der Museumsvorstand ließ Walden mitteilen, dass „die Bewilligung von 1000.00 M (...) nur eine einmalige gewesen" sei und nicht „wie Sie annehmen eine sich wieder erneuernde", und dass "wir nunmehr keinerlei Gelder für völkerkundliche Ankäufe in der nächsten Zeit zur Verfügung haben und [der Museumsvorstand] ersucht Sie hiermit, mit weiteren Ankäufen aufzuhören (...). Unsere pekuniäre Lage ist augenblicklich (...) precär."[19]

Dezember 1914: Tod im Ersten Weltkrieg

Die letzten Objekte, die Edgar Walden Hildesheim vermittelte, waren im Jahre 1913 Restbestände der „Kriegsbeute" aus dem Maji-Maji-Krieg in Ostafrika (siehe hierzu unten im Kapitel über Ostafrika den Abschnitt „Maji-Maji-Krieg [1905–1907]"). 1914 erschien noch der von ihm verfasste

Ausstellungsführer durch die völkerkundliche Sammlung im Roemer-Museum (Walden 1914). Dies geschah offenbar nicht zuletzt im Hinblick auf den Anthropologentag, der im selben Jahr in Hildesheim stattfinden sollte, denn er schreibt: „Im Neu-Mecklenburg-Schrank werden die Teilnehmer des Anthropologentages vor allem die schönen Kapkap,[20] die Originale des diesjährigen Kongressabzeichens, interessieren" (1914: 46). Der Mitarbeit Waldens hatte Hauthal sich bereits in einem Brief vom 19.07.1913 versichert beziehungsweise diese angefordert: „Nun wird es Arbeit für Sie geben. Im August des Jahres 1914 wird hier der Anthropologenkongress (...) tagen, und da derselbe im Zeichen der Völkerkunde steht (Krämer, Stuttgart, wird 1914 den Vorsitz führen), so wird auch unsere Völkerkundesammlung im Mittelpunkt stehen. Sie muss bis dahin natürlich vollständig durchgearbeitet und neu aufgestellt werden" (SAHI, Best. 741, Nr. 204, Brief vom 19.07.1913). Dem handschriftlich geführten *Journal des Roemer-Museums* ist zu entnehmen, dass Walden diese Neuaufstellung auch vornahm. Aber die Tagung fiel aus. In seiner Zusammenfassung der Ereignisse des Jahres 1914 schreibt Hauthal zunächst im Journal: „Der Kriegsausbruch machte den Congress unmöglich." Dann, auf der nächsten Seite: „Edgar Walden 28. Dezember bei Cernay gefallen. Großer Verlust!"[21] Walden hatte sich freiwillig gemeldet und wurde Gefreiter im 125. Reserve-Infanterie-Regiment 80. In den „Deutschen Verlustlisten des 1. Weltkriegs" (S. 4268, 14.01.1915) erscheint unter „Res. Inf. Regt. 80, Oberlahnstein, Wiesbaden, Höchst. – Bille sur Tourbe am 15. XII. und andere Gefechte vom 26. bis 30. XII. 14" Walden auf der Liste der Gefallenen: „Krgsfr. Gefr. Edgar Walden (2. Komp.) – Gotha. – gefallen." [22] Näheres zu seinen Todesumständen erfahren wir bei Elisabeth Krämer-Bannow, die 1916 schrieb: „Auch Edgar Walden ist nicht mehr unter den Lebenden; er ging als Freiwilliger in den großen Krieg, meldete sich in Flandern als Parlamentär und wurde hinterrücks von einem Franzosen erschossen" (1916: 252; s.a. Krämer 1916: VI).[23]

Ein allerletztes Mal begegnet uns Walden in den Dokumenten des Hildesheimer Stadtarchivs im Herbst 1921: Sein Bruder Erich holte im Roemer-Museum „aus dem Nachlass des verstorbenen Herrn Edgar Walden" einige Gegenstände ab, deren Empfang er quittierte – „eine große Bronzeschale mit Ornamentrand, eine Teekanne (javanisch), ein großer Teller mit Ornamenten" (SAHI, Best. 741, Nr. 204, Quittung vom 10.09.1921).

Boetzkes (1998: 482) vermerkt zutreffend, dass das Roemer-Museum mit Waldens Tod „einen seiner aktivsten Förderer" verlor. Danach rissen die Beziehungen zwischen dem Roemer-Museum und dem Königlichen Museum für Völkerkunde Berlin zumindest im Hinblick auf Objekt-Transaktionen ab, denn es gelangten von dort ausweislich der Inventarbücher keine Dubletten mehr nach Hildesheim.

1 Die Transaktionen, bei denen Walden selbst als Verkäufer von Objekten auftritt und das Königliche Museum für Völkerkunde nicht genannt ist, wurden im vorliegenden Forschungsprojekt nicht mit einbezogen.

2 Woher sich Struckmann und von Richthofen kannten, war nicht zu ermitteln. Möglicherweise hatte man in Berlin Bekanntschaft miteinander gemacht, denn Struckmann war von 1874 bis 1890 Mitglied des Deutschen Reichstages sowie seit 1880 Mitglied des Preußischen Herrenhauses. Zum Eingang des Schreibens von Richthofens vgl. auch Eintrag J 19/05 im Journal des Roemer-Museums 1905–1907, S. 2, „v. Richthofen, Berlin, empfiehlt die Herren Solger u. Walden zur zeitweiligen Museumsleitung" (SAHI Best. 741 Nr. 228).

3 SAHI, Bestand 741, Nr. 398, „Personalakte des wissenschaftlichen Hilfsarbeiters Edgar Walden, Berlin (gestorben 1915)". Von Richthofens Schreiben trägt dort die Nummer J 19/05. Die Angabe des Todesjahres ist falsch, Walden fiel bereits Ende 1914 im Ersten Weltkrieg, siehe hierzu weiter unten.

4 Zu Georg August Kuckuck (1767–1841) siehe Knott 1984: 66. Kuckuck war Stadtkommandant von Hildesheim, wo er 1829 die „Taubstummenanstalt" gründete und 1834 erster Ehrenburger der Stadt wurde. Seine Nachkommen änderten ihren Nachnamen in Walden. Siehe auch „Hildesheimer Geschichte(n) 815-1945", https://www.hildesheimer-geschichte.de/die-hildesheimer-bev%C3%B6lkerung/familien-personen-und-pers%C3%B6nlichkeiten/k-pers/ (letzter Zugriff am 26.08.2020).

5 Ob dies gelang, ist nach den im Rahmen unseres Projekts verfügbaren Unterlagen nicht einwandfrei zu klären. Zwar findet sich „Dr. A. [sic!] Walden" als Adressat auf Frachtpapieren von Kisten mit „Mineralien", die Hauthal vor Antritt seiner Direktorenstelle aus Südamerika schickte (SAHI, Best. 741, Nr. 204, Dokument vom 26.12.1905). Zu diesem Zeitpunkt kann Walden aber unmöglich bereits promoviert gewesen sein. Alphei (Alphei 1998: 444) und Boetzkes (Boetzkes 1998: 482) nennen ihn an jeweils einer Stelle „Dr. Walden", ebenso Krämer (1916: VI) und Rubensohn in einem Schreiben bezüglich Spesen bzw. „Diäten" für einen Arbeitsaufenthalt Waldens in Hildesheim (SAHI, Best. 741, Nr. 204, Schreiben vom 14.03.1913). Im ethnologischen Inventarbuch des Roemer-Museums ist bei V 6.514–6.516 vermerkt, die Objekte seien 1914 als Geschenk von „Dr. Walden" ans Museum gekommen, wobei der Namenszusatz „Dr." vielsagend unterstrichen ist. Möglicherweise hatte er zwischenzeitlich also doch seine Promotion abgeschlossen. Man könnte möglicherweise – etwa an der Humboldt-Universität Berlin – nachforschen, ob eine Dissertation von ihm vorliegt, hiervon wurde aber vorerst abgesehen.

6 „Journal des Roemer-Museums, angelegt Jan. 1897". Gebundenes Notizbuch, aufbewahrt im Büro des Kurators/der Kuratorin für die ethnologische Sammlung am RPM (Journal des Roemer-Museums 1897–1925). Eintrag in der Handschrift Hauthals im Jahr 1906: „Herr Walden leitet interimistisch das Museum vom 15. Mai 1905 bis zum 1. Juli 1906, an welchem Tage der neugewählte Direktor Herr Prof. Rudolf Hauthal die Leitung des Museums übernimmt." Siehe auch BerVerNaKu 1906: 24.

7 Es ist beispielsweise ein Schreiben von Otto Rubensohn (von 1910 bis 1915 Leiter des Pelizaeus-Museums) erhalten, in dem es um Spesen bzw. eine Aufwandsentschädigung geht, die Walden anlässlich eines dieser Besuche zu zahlen sind (SAHI, Best. 741, Nr. 204, Brief vom 14.03.1913).

8 Als Randnotiz sei vermerkt, dass eine Transaktion zwischen Berlin und Hildesheim, auf die Walden kein wachsames Auge hatte, nicht zu Hauthals Zufriedenheit verlief. Im Auftrag des Roemer-Museums hatte Walden dem Berliner Museumsdirektor Grünwedel vor dessen Turfan-Expedition 1905–1907 200 Mark zum Ankauf von Objekten für Hildesheim gegeben. Hauthal war von der Ausbeute nicht begeistert. Statt der erhofften ethnografischen Objekte erhielt er von Grünwedel, „da in der Umgebung

von Turfan typische Ethnographica nicht vorhanden sind", vor allem „Proben von Borten und Stickereien". Unten auf dem Blatt mit Grünwedels entsprechendem Anschreiben vom 30.05.1908 notierte Hauthal trocken: „Geantwortet, dass uns Ethnographica lieber gewesen wären" (SAHI, Best. 741, Nr. 242, J 364/08).

9 Diese Bemerkung bietet Anlass zu der Überlegung, ob Walden verheiratet gewesen ist, wofür sich aber in den im Rahmen des vorliegenden Projekts konsultierten Dokumenten keine Anhaltspunkte finden.

10 Heute: Neuirland, eine Insel im Bismarck-Archipel in Papua-Neuguinea.

11 Noch auf dem Weg zum Bismarck-Archipel, in Colombo, schrieb Walden einen Artikel über „Die deutsche Südsee-Expedition", der im Berliner Tageblatt und Handelszeitung abgedruckt wurde (Walden 1907). Darin skizzierte er Zusammensetzung, Aufgaben und das geplante Vorgehen der Expedition sowie mögliche Schwierigkeiten („kannibalische" und potenziell feindselige indigene Gruppen, Probleme bei der Nahrungsbeschaffung) und betonte die Wichtigkeit gründlicher, langfristiger ethnografischer Arbeit „bei einem Stamme" im Gegensetz zu einem möglichst „schnellen Bereisen ausgedehnter Gebiete".

12 Die Straße existiert noch heute und heißt seit der Unabhängigkeit Papua-Neuguineas 1975 „Boluminski Highway".

13 Siehe hierzu auch Mönter 2010: 158–159.

14 Boluminski überließ 1907 seine Sammlung von Ethnographica aus Neu-Mecklenburg dem Königlichen Museum für Völkerkunde in Berlin, wofür er mit dem Roten Adlerorden ausgezeichnet wurde (vgl. Buschmann 2008: 54).

15 Zu Miesterfelds Biografie siehe das *Biographische Handbuch Deutsch Neu-Guinea* (Baumann et al. 2002: 248).

16 Brief Rubensohn an Lüerssen vom 14.03.1913, SAHI, Best. 741, Nr. 204.

17 So schrieb er am 22.11.1911 an Hauthal: „Wenn Sie in absehbarer Zeit meinen Besuch in H. wegen etwaiger Umstellungspläne für die Vk. Slg. wünschen, möchte ich Sie darauf aufmerksam machen, dass ich im ersten Viertel 1912 nicht gern Urlaub nehmen würde. (...) Glauben Sie mich bald einmal zu gebrauchen, so würde ich Ihnen einen Besuch im Dezember machen können, da ich mir mit Rücksicht auf Hildesheim drei Wochen Urlaub gespart habe" (SAHI, Best. 741, Nr. 204, zu J 18/1912).

18 1912 erwarb Walden aus diesem Fonds auch Objekte, die nicht aus dem Berliner Museum stammten, darunter drei Benin-Bronzen von dem Berufssammler und Händler Julius Konietzko und ein Kajak sowie weitere Inuit-Objekte von dem Grönland-Reisenden Christian Leden (SAHI, Best. 741, Nr. 204, Brief Walden an Hauthal vom 11.04.1913, sowie SAHI, Best. 741, Nr. 147, Rechnung des Vereins für Kunde der Natur und Kunst 01.04.1912–31.03.1913, S. 61, Eintrag „Walden, Edg., Charlottenburg, für 1 grönländisches Boot und 1 Schwimmblase 265 Mark").

19 SAHI, Best. 102, Nr. 9544, Schreiben ohne Unterschrift vom 06.05.1913.

20 *Kapkap* sind mit Schildpatt und anderen Materialien verzierte runde Scheiben aus der Schale der Riesenmuschel *Tridacna gigas*, die von Männern in Papua-Neuguinea, aber auch anderswo in Melanesien getragen werden. Zu den *kapkap* im RPM siehe de Castro, Lembke und Menter 2008: 186–187. Ein *kapkap* aus dem damaligen Roemer-Museum war, wie man heute sagen würde, das ›Logo‹ des geplanten Anthropologenkongresses in Hildesheim.

21 Auf der Homepage des Volksbunds Deutschen Kriegsgräberfürsorge e. V. findet sich zu Cernay, das südlich von Colmar im Elsass liegt, die Information: „Hier ruhen 7.085 deutsche Gefallene des Ersten Weltkrieges, von ihnen 5.663 in Einzelgräbern und 1.422 in zwei Kameradengräbern. Etwa sechs Kilometer nördlich von Cernay liegt der im Ersten Weltkrieg, besonders im Jahre 1915, hart umkämpfte

Hartmannsweilerkopf. Bei den Kämpfen fielen rund 10.000 Soldaten." http://www.volksbund.de/kriegs-graeberstaette/cernay.html (letzter Zugriff am 26.08.2020).

22 Diese Informationen finden sich bei Eingabe des Namens Walden, Edgar bei http://des.genealogy.net/eingabe-verlustlisten/search/index, von wo ein Link zu einem Scan der entsprechenden Seite der Verlustlisten aus dem Ersten Weltkrieg führt (*Deutsche Verlustlisten [Pr. 125]*, 14. Januar 1915, S. 4268, http://des.genealogy.net/search/show/1267321) (letzter Zugriff am 26.08.2020). Zu Waldens freiwilliger Meldung zum Kriegsdienst siehe auch Krämer-Bannow 1916: 252.

23 Walden war nicht der einzige Verlust, den das Roemer-Museum bald nach Kriegsbeginn zu beklagen hatte. Außer ihm fielen auch Dr. Hans Menzel, der die geologisch-vorgeschichtliche Sammlung betreut hatte, der junge Prähistoriker Georg Krüger und der „Maler Kelpe" (Jahresbericht des Roemer-Museums 1915: 3).

Die Objekte und Sammler

Insgesamt gelangten vom Königlichen Museum für Völkerkunde an das Städtische Museum, später Roemer-Museum, in Hildesheim:

50 Objekte aus Nordamerika
22 Objekte aus Südamerika
151 Objekte aus Indien und Indonesien
193 Objekte aus Afrika
4 Objekte aus Ozeanien,

mithin 420 Objekte. Nicht alle lassen sich Sammlern zuordnen. Diejenigen Objekte, bei denen der jeweilige Sammler bekannt ist, sind in der Liste auf der nächsten Seite erfasst.

Menschliche Gebeine, die von Europäern z. B. zum Zwecke von „Rassenforschung" in der physischen Anthropologie ausgegraben oder anderweitig erworben und nach Berlin geschickt worden waren, befinden sich nicht unter den Sachen, die nach Hildesheim gelangten. An einer Kriegstrommel aus Anfeu in Togo sind zwar zwei menschliche Schädel befestigt, diese wurden aber von den dort ansässigen Ewe selbst an der Trommel angebracht (eine ausführliche Erörterung befindet sich weiter unten bei dem Sammlereintrag „Julius Smend").

Anschließend werden die Ergebnisse hinsichtlich des Tranfers der Objekte von Berlin nach Hamburg, der Erwerbungsumstände sowie der Sammlerbiografien nach Regionen jeweils alphabetisch vorgestellt.

Identifizierbare Sammler von Objekten, die vom Königlichen Museum für Völkerkunde Berlin ans Roemer-Museum Hildesheim gelangten

Tabelle 1 | Liste der identifizierbaren Sammler und der von ihnen stammenden Objekte

Name	Region	Objekte
Bischoff, Josef	Ruanda/Tanganyikasee	V 2220
Conradt, Leopold	Togo	Ein „Durchschlag" aus Adeli, der bestellt wurde, aber im Inventarbuch nicht erscheint
Ewerbeck, Bernhard Carl	Ostafrika	V 2269
Glauning, Hans	Kamerun	V 5963, 5966, 5977, 5991, 6091, 6092, 6093 sowie wahrscheinlich weitere, im Inv.-Buch nicht spezifisch Glauning zugewiesene Kamerun-Objekte
Guse, Franz Karl	Kamerun	V 1752, 1753
Jacobsen, Johan Adrian	Alaska	V 2441–2492
Kannenberg, Karl	Ostafrika	V 2270 a.–d.
Kersting, Hermann	Togo	V 1857, 2341, 2342–2350
Klose, Heinrich	Togo	V 1912
Laasch, Gustav Adolf Wilhelm	Kamerun	V 1703
Langheld, Wassy	Kongo (Aruwimi-Gegend)	V 4735–4743, 5990, 6089 a. b., 6090, 6099
Liebert, Eduard von	Ostafrika (Lindi)	V 2287
Lorenz, A. (= Alfred?)	Ostafrika/Tansania (Lindi)	V 6101–6109

Tabelle 1 (Fortsetzung)

Name	**Region**	**Objekte**
Mecklenburg, Herzog Adolf Friedrich zu	Ost- und Zentralafrika	V 5918–5944
Mellin, Adolf	Togo	V 2339
Schack, Wilhelm	St. Matthias	V 581
Schmiele, Georg	Neuguinea	V 684, 894
Smend, Julius	Togo	V 1856
Station Langenburg	Ostafrika/Nyassasee	V 2259
Stierling, Jan	Ostafrika	V 2274
Stuhlmann, Franz	Ostafrika	V 2276, 2337; außerdem Gipsmasken (1899), im RPM nicht mehr vorhanden und nicht im Inventarbuch eingetragen
Thierry, Gaston	Togo	V 2340 a.–d.
unbekannt (einige Stücke aufgrund erhaltener Sammler-Etiketten aber möglicherweise von Erich Riebeck)	131 Stücke aus Indien und Südostasien	V 4902–5030 (Inv.-Nr. V 4979 doppelt vergeben)
unbekannt	Kriegsbeute aus dem Maji-Maji-Krieg	V 6110–V 6139
von den Steinen, Karl	Brasilien	V 3227–V 3248
von Kamptz, Oltwig	Kamerun	V 2388, 2389
von Massow, Valentin	Togo	V 1870 a.–p.–V 1885

Tabelle 1 (Fortsetzung)

Name	**Region**	**Objekte**
Walden, Edgar	Südostasien	Verkauf aus Dubletten des MfV Berlin: V 5890 a.–d., 5891 a.–h., 5893, 5895–5900, 5905–5908 Walden selbst als Verkäufer: V 5901, 5902 a. b., 5903 Als Geschenke Waldens: V 5949, 5950
Widenmann, August	Tansania (Dschagga)	V 2192, 2193
Zenker, Georg	Kamerun	V 1733
Zintgraff, Eugen	Kamerun	V 1709, 1725 aus Dublettenverzeichnis; 1899 als Geschenk des Vaters Justin Zintgraff über das MfV Berlin ohne Jahresangabe V 1513, 1516, 1517,1704–1708, 1869 sowie die explizit mit der Jahreszahl 1899 versehenen Objekte V 1710–1736.

Die Objekte und Sammler

Nordamerika

Alaska

Johan Adrian Jacobsen (1853–1947)

50 Objekte aus Alaska, V2.441–V2.492. Eintrag im Inventarbuch: „Jacobsen" bzw. „Jacobsen. Mus. Vk. Berlin, Tausch".

Dies sind die einzigen Objekte aus Nordamerika, die vom Königlichen Museum für Völkerkunde Berlin an das Städtische Museum Hildesheim bzw. an das spätere Roemer-Museum gelangt sind. Die kleine Sammlung ist im ethnologischen Magazin des RPM heute noch nahezu komplett erhalten.

Umstände des Transfers der Objekte nach Hildesheim

Ausweislich des Hildesheimer Inventarbuchs sind die Gegenstände im Tausch von Berlin nach Hildesheim gekommen.[1] Was das Städtische Museum damals im Gegenzug an das Königliche Museum für Völkerkunde gab, geht aus dem Inventarbuch und den Dokumenten im Hildesheimer Stadtarchiv nicht hervor, ebenso wenig der Zeitpunkt des Tausches. Anderen Quellen zufolge (siehe unten) lag dieser aber möglicherweise schon kurz nach Jacobsens Rückkehr aus Alaska im Jahre 1883.

Zur Person des Sammlers und zu den Hintergründen der Sammlung

Im August 1881 brach der norwegische Kapitän Johan Adrian Jacobsen zu einer Reise nach Nordamerika auf, von der er im September 1883 mit ungefähr siebentausend ethnografischen Objekten zurückkehrte, darunter rund viertausend aus Alaska (Gunther 1977: x; Bolz 1999: 33). Adolf Bastian hatte im Juli 1881 mit ihm Kontakt aufgenommen, um ihn für diese Sammelreise zu gewinnen. Finanziert wurde die Reise von dem 1881 gegründeten *Ethnologischen Hilfskomitee für die Vermehrung der ethnologischen Sammlungen der Königlichen Museen in Berlin*, das später beispielsweise auch für die Kosten der Expedition Karl von den Steinens nach Brasilien aufkam (Junker 2015: 50).[2]

Jacobsen entstammte einer Fischerfamilie und fuhr seit frühester Jugend zur See. Mit noch nicht einmal sechzehn Jahren hatte er selbstständig ein Schiff bis nach Spitzbergen geführt (Anonym 1924: 7; Jacobsen 1977b: 218). Im Frühjahr 1877 machte er Bekanntschaft mit Carl Hagenbeck, dem Betreiber der damals berühmten „Völkerschauen“. Dieser beauftragte ihn, „nach Grönland zu gehen und eine kleine Gruppe von Eskimos als die ersten ihrer Art nach Europa (1877) zu bringen“ (Anonym 1924: 8). Diesem Auftrag kam Jacobsen nach und sammelte in Grönland auch ethnografische Objekte für Hagenbeck (Jacobsen 1977b: 220).[3] Die Auftritte der sechs Inuit, die Jacobsen für Hagenbeck verpflichten konnte, in Hamburg, Paris, Brüssel, Köln und anderen Städten erregten allgemeine Aufmerksamkeit, „with thousands of Hamburg residents taking the opportunity of seeing Eskimo for the first time in Europe“ (Jacobsen 1977b: 221). In der Folgezeit unternahm Jacobsen weitere Reisen für Hagenbeck, unter anderem nach Lappland, wo er ebenfalls ethnografische Objekte sammelte und Sami für Hagenbecks Völkerschau rekrutierte (Jacobsen 1977b: 221). 1880 verpflichtete er erneut für Hagenbeck eine Gruppe Inuit – eine Familie –, diesmal aus Labrador, die im Herbst jenes Jahres unter anderem in Berlin auftrat (Jacobsen 1977b: 223). Nicht nur die von Jacobsen aus Grönland, Norwegen, Patagonien und Labrador mitgebrachten „Exoten“, sondern auch die von ihm auf diesen Reisen zusammengetragenen Objekte weckten in Berlin das Interesse der Wissenschaftler, darunter Adolf Bastian. Hinsichtlich der großen Sammelreise in den nordamerikanischen Nordwesten, die Bastian in Auftrag geben wollte – übrigens der einzigen in jenen Teil der Welt, die vom Königlichen Museum für Völkerkunde ausging – war Jacobsen „der richtige Mann“ (Bolz 1999: 33).

Ausgestattet mit 23.720 Reichsmark – einer für damalige Verhältnisse enormen Summe (Bolz 1999: 33) – reiste Jacobsen mit dem Dampfer *Australia* über Hamburg nach New York und von dort mit der Bahn weiter nach San Francisco, wo er am 26. August 1881 eintraf (Jacobsen 1977a: 3). Bastian hatte ihn beauftragt, zunächst zu den Queen-Charlotte-Inseln weiterzureisen. Dies

Abb. 5 | Johan Adrian Jacobsen im Alter von 27 Jahren (aus Bolz 1999: 33, Abb. 20)

tat er und besuchte anschließend Dörfer der Kwakiutl (Kwakwaka'wakw), Bella Bella und anderer Ethnien an der Nordwestküste, wo er nicht nur Objekte, sondern auch ethnologische Informationen sammelte (Jacobsen 1977a; Bolz 1999: 33). Bezüglich der Objekte war Bastian vor allem an alten, „traditionellen" Stücken gelegen, „die die ursprüngliche Kultur der Bevölkerung repräsentieren" (Bolz 1999: 33). Im Mai 1882 kehrte Jacobsen zunächst wieder nach San Francisco zurück und brach von dort am 13. Juni in Richtung Yukon auf (Jacobsen 1977a: 82). Als Basislager für seine Reisen an der Küste und ins Binnenland wählte er das Dorf Fort St. Michael am Norton Sound. Er war hierbei einer der ersten Europäer, die sich auch ins Landesinnere vorwagten, und entsprach damit „den Vorstellungen Bastians, möglichst in Gegenden und Dörfern zu sammeln, die bis dahin kaum oder gar nicht dem westlich-europäischen Kultureinfluss ausgesetzt waren" (Hoffmann 2012: 68). Ganz ohne Konkurrenz war er bei seinem Unterfangen indessen nicht, denn ein Jahr vor ihm (1881) war bereits Edward Nelson in derselben Gegend gewesen, der für die Smithsonian Institution in Washington sammelte. Bei mehreren Gelegenheiten beklagt sich Jacobsen daher, dass Nelson ihm die besten Objekte bereits vor der Nase weggeschnappt hatte, so etwa in der Siedlung Tununak: „Der Erfolg meines Kaufgeschäftes wurde auch dadurch nicht wenig beeinträchtigt, dass schon vor mir der oben erwähnte Herr Nielsen [Nelson, S.L.] für die ›Smithsonian Institution‹ erhebliche Einkäufe gemacht hatte" ({Jacobsen 1924: 138).

Zwischen 1877 und 1883 trugen erst Nelson, dann Jacobsen die größten und bedeutendsten Sammlungen von Yup'ik-Masken des 19. Jahrhunderts zusammen (Fienup-Riordan 1996: 48). Nach seiner Rückkehr nach Berlin ordnete und katalogisierte Jacobsen im Winter 1883/1884 seine Sammlung (Bolz 1999: 33). In den folgenden Jahrzehnten war er wieder für Hagenbeck als Anwerber für dessen Völkerschauen tätig (Thode-Arora 1989: 72–90). Außerdem führte er 1887–1888 im Auftrag des Königlichen Museums für Völkerkunde eine weitere Sammelreise durch, diesmal in die Banda-See (Indonesien), nach Java, Australien, und Neuguinea. Ebenfalls in den 1880er-Jahren bereiste er Russland, Sibirien, Sachalin, die Mandschurei, Korea, Japan, San Francisco, Victoria, British Columbia sowie 1886–1887 die Westküste von Südamerika.

Von seinem Aufenthalt in Alaska 1882 stammen die Stücke, die über Berlin an das damalige Städtische Museum in Hildesheim gelangten, und zwar offenbar bald nach 1883. Im ethnologischen Inventarbuch des RPM ist für die Jacobsen-Objekte kein Eingangsdatum vermerkt, aber den Recherchen von Christian Feest zufolge geschah dies unmittelbar im Anschluss an Jacobsens Reise: „Bestände aus dieser seiner Tätigkeit kamen in erster Linie an die großen Museen in Berlin und Leipzig, sowie in Jacobsens heimatliches Oslo. Aus dem verbliebenen Material schöpften die erst später gegründeten Museen in Köln, Lübeck und Freiburg. Hildesheim hingegen erwarb seine Jacobsen-Stücke gleichzeitig mit Berlin und Leipzig, es handelt sich daher um Gegenstände erster Wahl" (Feest 1986: 118–119). Auch Menter und Vahrson (2014: 160) zufolge erfolgte dieser Ankauf bereits 1883. Welchem Umstand Hildesheim diese Begünstigung verdankte, lässt sich anhand der vorhandenen Dokumente schwer sagen. Hermann Roemer war in seiner Eigenschaft als Mitglied des Konstituierenden Reichstags sowie des Reichstags des Norddeutschen Bunds bzw. des Deutschen Reichstags häufig in Berlin. Dass Roemer und Bastian einander kannten, verrät ein Brief Bastians vom 14.06.1889 an Roemer, in dem es um den Tausch eines in Hildesheim befindlichen Goldrings gegen ethnografische Gegenstände aus der Sammlung Karl von den Steinens geht (SAHI, Bestand 741, Nr. 242; zu diesem Vorgang siehe weiter unten). Umgang mit dem Direktor des Königlichen Museums für Völkerkunde pflegte außerdem wohl Roemers Vetter, der Generalkonsul Louis Dyes, wie sich unter anderem aus Briefen im Hildesheimer Stadtarchiv ergibt.[4] Dyes verhalf dem Hildesheimer Museum dank seiner Schenkungen und Beziehungen wiederholt zu wichtigen Sammlungen. Walden (1914: 41) schreibt über ihn: „In dem Generalkonsul Dyes erwuchs ihr [der Sammlung, S. L.] ein umsichtiger und großmütiger Gönner. Gestützt auf seine weitreichenden Beziehungen und nicht knauserig mit seinen Mitteln brachte er aus allen Weltteilen geschlossene Sammlungen dem Museum zum Geschenk." Vielleicht ist es ja der Vermittlung von Dyes auch zu verdanken, dass die Objekte „erster Wahl" aus der Sammlung Jacobsen schon so früh an das damalige Städtische Museum Hildesheim gelangten.

Erwerbungsumstände der Objekte durch den Sammler

Dank der veröffentlichten Reiseaufzeichnungen Jacobsens[5] lässt sich gut nachvollziehen, wie er die Objekte erworben hat, nämlich teils durch Kauf, teils durch Tausch. Der überwiegende Teil der Gegenstände stammt von den Yup'ik (Plural auch: Yupiit), einer ›Eskimo‹-Gruppe, die in der Region des Yukon-Kuskokwim-Deltas beheimatet ist (Fienup-Riordan 2005: xxiv). In Fort Saint Michael angelangt, verschaffte er sich umgehend einen ersten Einblick in die Preise, die von der lokalen indigenen Bevölkerung für Ethnographica verlangt wurden, indem er einige Stücke von ihnen erwarb. Seine Anwesenheit und sein Wunsch, ethnografische Gegenstände zu erwerben, sprachen sich schnell herum, und bald legte „ein großes Fellboot (...) mit zwanzig Personen beiderlei Geschlechts von Kings Island in St. Michael an und brachte viele für mich interessante ethnographische Objekte mit, welche ich sämtlich kaufte" (Jacobsen 1884: 161). Jacobsen stellte schnell fest, dass er dort die Objekte für Geld erwerben konnte, sie weiter im Landesinneren jedoch gegen Handelsartikel eintauschen musste (ebd.): „Zu diesem Zwecke hatte ich die gesammte für Einkäufe bestimmte Summe in Waaren umgesetzt, welche ich aus den reichen Vorräthen der Alaska-Commercial-Company ankaufte und bei deren Wahl mich der mit den Handelsverhältnissen vollkommen vertraute Herr Neumann aufs Beste unterstützte" (ebd.).[6] Und über seinen Aufbruch zu seiner Reise durch die Tundra berichtet er: „Mein Schlitten war sehr schwer beladen; denn er trug Proviant für zwei Monate und viele Handelsartikel" (Jacobsen 1924: 126). Er spezifiziert diese Artikel an dieser Stelle nicht, erwähnt aber anderswo, was bei der indigenen Bevölkerung besonders begehrt war: weißes und buntes Baumwollzeug, Pulver, Blei und Zündhütchen, Tabak, Streichhölzer, Nadeln, Messer und Perlen (Jacobsen 1884: 173). In kleinem Umfang führte er auch archäologische Ausgrabungen durch, um an alte Objekte zu gelangen (Bolz 1999: 33; Hoffmann 2012: 68; Jacobsen 1924: 19). Bei einer Gelegenheit entfernte er „für wissenschaftliche Untersuchungen" (Jacobsen 1924: 121) einen Schädel aus einem Grab und zog damit den Zorn der Ingalik – Nachbarn der Yup'ik, aber im Gegensatz zu diesen keine ›Eskimo‹, sondern ›Indianer‹ – auf sich.[7] Bei anderen Gelegenheiten entnahm er ebenfalls menschliche Überreste aus Gräbern, was seinerzeit jedoch von der indigenen Bevölkerung nicht bemerkt wurde oder in einem speziellen Falle Jacobsen zufolge nicht beanstandet worden sei.[8]

Außer diesen auf menschliche Gebeine abzielenden Grabräubereien brachte Jacobsen auch Grabbeigaben in seinen Besitz, die der Stiftung Preußischer Kulturbesitz zufolge unrechtmäßig ohne die Zustimmung der indigenen Bevölkerung den Gräbern entnommen erworben worden sind und daher 2017 an die Chugach Alaska Corporation zurückgegeben wurden.[9] Davon abgesehen scheint Jacobsen, wie aus seinem Reisebericht hervorgeht, die Ethnographica auf ordentlichem Wege erworben zu haben, unter anderem auch von den Ingalik, von denen ein Objekt (das Knochenmesser V 2.467) dann nach Hildesheim gelangte.

Auf seinen Reisen an der Küste und im Landesinneren, bei denen er von indigenen Führern und Dolmetschern begleitet wurde, verfuhr Jacobsen, wenn sich die Gelegenheit zu einem längeren Aufenthalt in einer Siedlung bot, ähnlich wie anfangs in Fort Saint Michael: Er entsandte von dort Boten in die benachbarten Dörfer „mit der Nachricht, dass wir während der nächsten Tage in unserem Hause verweilen würden, und dass die Einwohner mir ihre ethnologischen Gegenstände für das Berliner Museum (...) verkaufen sollten. Es entwickelte sich dann auch bald ein lebhaftes Geschäft" (Jacobsen 1924: 106). Außerdem erwähnt er wiederholt, dass er Angehörige indigener Gruppen, die die sich in ihren Dörfern neugierig und mit gesegnetem Appetit zahlreich in seinem dortigen Domizil einfanden, mit in Robbenfett gebratenen Pfannkuchen bewirtete. Bisweilen beklagt er sich über die hohen Preise, welche die Inuit für ihre Gegenstände verlangten. Während seiner Aufenthalte in Fort Saint Michael sichtete und katalogisierte er die Ausbeute seiner Sammeltätigkeit. So schrieb er 1882: „Die freundliche Aufnahme, die mir wieder von den Vertretern der Alaska-Commercial-Company zuteilwurde, gab mir zugleich Gelegenheit, die ethnographischen Gegenstände gehörig auszupacken, sie zu trocknen, zu säubern, aufzufrischen, und jeden Gegenstand nach seinem Namen und Gebrauch in ein Verzeichnis einzutragen" (Jacobsen 1924: 13).

Auch die Tanzmasken verkauften die Einheimischen ihm bereitwillig. Bei seinem zweiten Besuch in der Siedlung Pastolik beispielsweise versammelte er im Kassigit (*qasguq*, Gemeinschaftshaus) „die Kwikpakgemuten [Yup'ik, S.L.] (...), die noch vom Herbst her meine guten Freunde waren, um mich (...), um mit ihnen Handelsgeschäfte zu treiben. Ich kaufte namentlich viele Tanzmasken" (Jacobsen 1924: 127). Auf seiner abschließenden Reise durch die Tundra verließ ihn schließlich sein indigener Führer und verkaufte ihm zum Abschied „einige gute Tanzmasken, die er besaß" (Jacobsen 1924: 145).

Die Masken wurden zwar bei den feierlichen winterlichen Zeremonien (siehe hierzu weiter unten) getragen, galten anschließend aber als durchaus veräußerbar, zumal für jede Zeremonie-Saison nach den Anweisungen der *angalkut* (Schamanen) neue gefertigt wurden. So berichtet Jacobsen, er habe in einer Siedlung keine Tanzmasken kaufen können, da dort eine Epidemie gewütet habe: „Infolge der Überhandnahme der Krankheiten hatten nämlich die Bewohner die üblichen winterlichen Tänze nicht veranstaltet" (Jacobsen 1924: 136) und somit keine neuen Masken angefertigt. Die Masken vom Vorjahr hatten sie vermutlich nach Gebrauch entsorgt. Dies war üblich;

man ließ sie in der Tundra liegen, brachte sie in Höhlen oder verbrannte sie (Fienup-Riordan 1996: 46). Die Inspirationen, welche die *angalkut* bei ihren Begegnungen mit übernatürlichen Wesenheiten erhielten, sorgten für nie versiegende Inspiration bei der Anfertigung neuer Masken für die nächste Zeremonie-Saison. Bisweilen wurden gebrauchte Tanzmasken auch vergraben, wie Yup'ik-Älteste bei der Vorbereitung einer großen Ausstellung dieser Masken (siehe hierzu weiter unten) kommentierten: „The people dug a hole in the ground alongside the hill and buried them because they were not going to use them again" (Fienup-Riordan 1996: 15). Masken, so sagten sie, „were not made to be treasured as heirlooms but to be used in elaborate and exuberant ceremonies and destroyed after use" (Fienup-Riordan 1996: 29; siehe auch ebd.: 94–95). Anstatt sie zu zerstören oder wegzuwerfen, konnten die Yup'ik die Masken offenbar auch ohne größere Gewissensbisse an europäische Sammler verkaufen. In einem Fall holte eine Gruppe von Yup'ik Anfang der 1880er-Jahre am Prince William Sound sogar Masken, die eigentlich vor Jahren in einer Höhle entsorgt, aber aufgrund der klimatischen Verhältnisse gut erhalten waren, wieder hervor, versah sie mit frischer Farbe und neuen Federn und bot sie einem Kaufinteressenten an. Mit beginnender Nachfrage nach den Tanzmasken begannen die Yup'ik außerdem, diese speziell für den Verkauf anzufertigen (Fienup-Riordan 1996: 46).

Die Objekte

Als Herkunft ist beim überwiegenden Teil der Jacobsen-Objekte im RPM lediglich „Alaska" angegeben. Manchmal sind die Angaben spezifischer: „Norton Sound, Alaska" (V 2.459, V 2.461, V 2.466), „Norton Bai" (V 2.465), „Alaska, Ingalik" (V 2.467), „Nachpachtalik, Kotzebue Sound, Alaska" (V 2.470), „Rivir in Alaska" (V 2.479) und „Kuskoqwim" (V 2.488). Wie bereits erwähnt stammt die überwiegende Zahl der nach Hildesheim gelangten Gegenstände von den Yup'ik. Außer den Inventarnummern, die den Objekten im Städtischen Museum Hildesheim gegeben wurden, sind im Inventarbuch die jeweiligen Nummern verzeichnet, die von Jacobsen vergeben worden waren. Das lässt vermuten, dass die Stücke in Berlin nicht inventarisiert, sondern direkt nach Hildesheim geschickt wurden. Die Bezeichnungen der Gegenstände und ihre Verwendung wurden in Hildesheim zweifellos nach Angaben Jacobsens eingetragen; den Gegenständen muss eine heute verloren gegangene entsprechende Liste beigelegen haben.

Die ausgezeichnet zusammengestellte kleine Sammlung repräsentiert nicht nur den Alltag (Frauen- und Männermesser, Fellschaber und andere Gerätschaften) und, anhand von unterschiedlichsten Jagdwerkzeugen, die Nahrungsbeschaffung zu Lande und vor allem zu Wasser, sondern auch – in Gestalt von vier großen Masken und eines Paares Fingermasken, wie sie von den Frauen verwendet werden – Elemente des religiösen Lebens.[10] Solche Masken sind in Museen keine Seltenheit, aufgrund ihrer Vielseitigkeit und Formenfülle (vgl. Feest 1986: 119) aber dennoch etwas Besonderes. Als der auf die indigenen Kulturen Nordamerikas spezialisierte Ethnologe Christian Feest Mitte der 1980er-Jahre die nordamerikanischen Objekte im Bestand des RPM sichtete und einen Übersichtsartikel über sie im *Hildesheimer Heimatkalender* publizierte (Feest 1986), galten zudem große Teile der Jacobsen-Bestände einschließlich der Yup'ik-Masken in Berlin noch als kriegsbedingt verschollen, was die Hildesheimer Stücke, die den Krieg sämtlich unbeschadet überstanden hatten, besonders wertvoll machte (Feest 1986: 119).[11]

Die Tanzmasken

Masken wurden – und werden, nachdem die Tradition der Maskentänze ab den 1980er-Jahren wieder aufgelebt ist[12] – im Winter anlässlich großer Zeremonien getragen. Wie auch die Inuit anderswo in der Arktis versammelten sich die Yupiit früher im Winter in festen Dörfern; dann begann die Zeit der Zeremonien.[13] Die größten waren das Bittfest (*Petugtaq*), das Fest der Toten (*Merr'aq*), das Blasenfest (*Nacaciuq*) und das Fest des Hereinbittens (*Agayuyaraq*). Dieses Fest – das letzte im winterlichen Zeremonien-Zyklus, wenn die Nahrung knapp wurde – war der Hauptanlass zum Tragen von Masken. Man bat mit Liedern die Geister und die *yuit* („Personen", Singular: *yua*) der Tiere in das Versammlungshaus, bot ihnen Essen an und führte dabei unter Leitung des *angalkuq* Maskentänze auf.

Die Maskentänze rekapitulierten außergewöhnliche Ereignisse aus der Vergangenheit und nahmen vorweg, was man sich für die Zukunft erhoffte – also beispielsweise Jagderfolg. Zugleich gelten sie als ein Äquivalent zu Gebeten; manche Ältesten, die mit dem Christentum in Berührung gekommen sind, vergleichen sie ausdrücklich mit christlichen Gebeten. Sie sagen, die Masken seien eine Bitte an die Tiere, den Menschen verfügbar zu sein. Entsprechend übersetzen sie *Agayuyaraq* als „Art/Vorgang des Betens oder

Bittens". Der Verbstamm *agayu-* bedeutete ursprünglich „bitten" oder „an einer Zeremonie teilnehmen".

Am engsten mit Masken verbunden war, wie erwähnt, die letzte Winterzeremonie, *Agayuyaraq*. Zu ihr gehörte das Singen von Liedern, um die *yuit* der Tiere herbeizurufen, begleitet von Maskentänzen unter Leitung des *angalkuq*. Hierfür wurden Masken speziell hergestellt, darunter Darstellungen von Tier-*yuit* sowie von *tuunrat* (Sg. *tuunraq*), den Hilfsgeistern des Schamanen. Auch das Schnitzen der Masken erfolgte unter Anleitung des *angalkuq*. Beim *Agayuyaraq-Fest* interagierten die Menschen mit den Tiergeistern und anderen Wesenheiten ihrer natürlichen Umgebung, um sie zu beeinflussen und sicherzustellen, dass die Jagd im kommenden Jahr erfolgreich sein würde.

Wenn zu einer Maske keine Erläuterung vorliegt, kann man ihre Bedeutung – anders als beispielsweise bei den stärker standardisierten Masken der Nordwestküste – nicht aus ihr herauslesen. Die Bedeutung entsprang dem persönlichen Erleben dessen, der sie entworfen hatte (also meist des *angalkuq*), und bezog sich auf eine Geschichte, die er oder sie mit der Maske erzählen wollte. Eine ganz schlichte Maske konnte für eine elaborierte Seelenreise oder für eine andere ausführliche, komplexe Erzählung stehen.

Die Angaben im Inventarbuch zu den in Hildesheim befindlichen Yup'ik-Masken aus der Sammlung Jacobsen sind spärlich.[14] Ab Mitte der 1990er-Jahre erschienen jedoch mehrere Veröffentlichungen mit einer Fülle bis dahin nicht verfügbarer Informationen über Yup'ik-Masken. Diese sind der Zusammenarbeit von Museen mit Ältesten der Yupiit zu verdanken, die sich an die materielle Kultur und die alten Zeremonien erinnerten. Hans-Ulrich Sanner weist darauf hin, dass diese Zusammenarbeit „in zwölfter Stunde" erfolgt ist: „Viel von dem alten Wissen verschwindet mit den Ältesten, und für manche solcher Projekte dürfte es inzwischen bereits zu spät sein" (Sanner 1999: 221). Den Anfang machte eine groß angelegte Ausstellung von Yup'ik-Masken, die ab Januar 1996 an mehreren Orten in den USA gezeigt und in enger Zusammenarbeit mit älteren Yupiit konzipiert wurde, die unter anderem auch die einzelnen Masken und die Zeremonien, in denen sie verwendet wurden, kommentierten (Fienup-Riordan 1996). Im September 1997 organisierte Peter Bolz, der damalige Nordamerika-Kurator am Ethnologischen Museum Berlin, zusammen mit der amerikanischen Ethnologin Ann Fienup-Riordan einen Besuch von sieben Yup'ik-Ältesten in diesem Museum. Dort befassten sie sich vierzehn Tage lang mit den unterschiedlichen Objektgruppen aus der Sammlung Jacobsen. Es ging dabei nicht um eine Rückführung der Objekte nach Alaska, sondern um „visual repatriation": „not so much the collection's physical return to Alaska, but the return of the history and pride that it embodied" (Fienup-Riordan 2005: xviii). Die Kommentare der Besucherinnen und Besucher aus Alaska wurden auf Tonband aufgezeichnet und später für die Publikation transkribiert und ins Englische übersetzt (Fienup-Riordan 2005; Sanner 1999: 219–221). Gegenstücke zu manchen der von ihnen in Augenschein genommenen Objekte finden sich unter den nach Hildesheim gelangten Jacobsen-Objekten, so etwa ein beinerner Stößel (V 2.468) und sogenannte *story knives* (V 2.465), mit denen Yup'ik-Mädchen zu Geschichten, die sie einander erzählen, Bilder in den Schnee zeichnen.

Vor allem der ausführlichen Publikation (Fienup-Riordan 1996), welche die Ausstellung in den USA begleitete, aber auch dem Band von Bolz und Sanner über die im EM Berlin vertretenen Sammlungen aus Nordamerika (1999) verdanken wir Informationen, mit denen sich drei der vier im Hildesheimer Inventarbuch nur dürftig dokumentierten Masken genauer bestimmen lassen. Da sie Highlights unter den Jacobsen-Objekten im RPM sind, soll an dieser Stelle kurz auf sie eingegangen werden.

Text im Inventarbuch: „V 2.442, Maske. Menschenfresser." – Der blutverschmierte Mund und der Lippenpflock, der abgebrochen, dessen Stumpf aber immer noch sichtbar ist, ähnelt Abb. 200 in Sanner (Sanner 1999: 215, IV A 4402), einer im EM Berlin befindlichen Maske: „Jacobsen beschrieb die Maske als Darstellung eines Dämonen, der in den Bergen lebt und den Jägern nachstellt. Die Flecken um den Mund stellen Blutspritzer dar. Bei dem hölzernen Gehänge am rechten Mundwinkel handelt es sich um den speziellen Lippenpflock dieses Ungeheuers." Nicht nur der Mund, auch die Augen sind mit Zähnen bewehrt – wie bei anderen Masken möglicherweise ein Hinweis auf die räuberische Lebensweise der gefährlichen Wesenheit (siehe unten). Die bei Sanner abgebildete Maske ist Teil eines Paars (EM Berlin IV A 4402 und IV A 4398, Fienup-Riordan 1996: 67). Es handelt sich bei diesen „Bergdämonen" um *tuunrat* (Hilfsgeister eines Schamanen, Fienup-Riordan 1996: 67). Yup'ik-Masken wurden für gewöhnlich in Paaren hergestellt und getragen. Dass sie in Museen meist nur noch als Einzelstücke zu finden sind, hat mit der verbreiteten Praxis zu tun, „doppelt vorhandene" Stücke als Dubletten auszusondern und zu veräußern.[15]

Abb. 6 | Maske „Menschenfresser", Alaska, Yup'ik, Sammler: Johan Adrian Jacobsen, Inv.-Nr. V 2.442. © RPM, Foto: Sh. Shalchi

Text im Inventarbuch: „V 2.443, ›Izzarnekrat Kinakok.‹[16] Maske, Seetier, Qualle? 17 cm hoch." – Feest widersprach Jacobsens Angabe, es handele sich bei dieser Maske um die Darstellung einer Qualle; vielmehr sei ein „thungâk" (Geistwesen) dargestellt (Feest 1986: 119 und Abb. S. 117). In Fienup-Riordan (1996: 63) ist jedoch eine nahezu identische von Jacobsen gesammelte Maske aus dem EM Berlin abgebildet (IV A 4416),[17] „representing a jellyfish, ›Iggarnekrak Kinakok‹[18] (…). According to Jasper Louis [einem der am Projekt beteiligten Yupiit, S.L.], ›Anything we have can become a mask‹. The holes and deepenings are spiked with wooden ›teeth‹ and show traces of red paint. Toothy mouths such as these occur on many masks and may relate to the predatory creature represented" (Fienup-Riordan 1996: 63).

Text im Inventarbuch: „V 2.444, ›Jersinekat Kinakok.‹ – Maske Bergteufel". – Hier passt die Bezeichnung nicht zu der durch die Maske dargestellten Wesenheit. Die von Jacobsen angegebene Bezeichnung „Jersinekat" bezieht sich nämlich auf einen *ircenrrat*, eine Mischung aus Mensch und Tier bzw. Wesen, die mal als Tier, mal als Mensch erscheinen können (Fienup-Riordan 1996: 72). In Fienup-Riordan (1996: 74) ist eine von Jacobsen als „Ersinekat-Kinekut" (*ircenrrat kegginaqut, ircenrrat*-Maske) bezeichnete Maske aus dem EM Berlin (IV A 4427) abgebildet, „a feared mountain spirit who lives on the lower Yukon and does a lot of harm to people". Dieser sowie anderen publizierten *ircenrrat*-Masken (z. B. Fienup-Riordan 1996: 72–76), die entweder anthropomorph oder in zwei Hälften (Mensch und Tier) untergliedert sind, ähnelt die im RPM befindliche Maske nicht im Entferntesten, sondern sie ist nahezu identisch mit einem Paar in Fienup-Riordan (1996: 104–105) abgebildeter Masken aus einem Museum in Alaska: „The crescent-shaped eyes and spots (…) may represent the moon and stars. (…) Masks in this style were collected elsewhere along the coast in the 1880s and 1890s, and they likely relate to a widely known story or experience."[19] Auch das EM Berlin besitzt eine solche Maske von den Kuigpagmiut aus der Sammlung Jacobsen (IV A 4440), die indessen in Disselhoffs Publikation (Disselhoff 1935: 133, Abb. 8) ebenfalls fälschlicherweise als „Böser Berggeist" bezeichnet wird.

Auch Fingermasken (*tegumiak*, „two things held in the hand", Fienup-Riordan 1996: 112) stellen Geistwesen – für gewöhnlich von Tieren – dar

---

Abb. 7 | Ausstellungsräume im Roemer-Museum, um 1903. Rechts vorne Vitrine mit Yup'ik-Masken und anderen Inuit-Gegenständen. Foto von F. H. Bödeker. (Reproduktion aus Stadtarchiv Hildesheim, Best. 979–2, Nr. 3, S. 11)

SAAL X.

(Fienup-Riordan 1996: 112–116). Sie wurden bei Festen paarweise vorwiegend von Frauen benutzt (Disselhoff 1936: 181). Was das im Magazin des RPM befindliche Paar darstellt, lässt sich ohne weitere Hintergrundinformationen nicht bestimmen.[20]

Die Yup'ik-Masken waren in Hildesheim mehrfach ausgestellt, zunächst in Dauerausstellungen des Roemer-Museums. Auf im Jahre 1903 aufgenommenen Fotos[21] sind in einer Vitrine neben anderen Objekten aus der Arktis alle vier großen Masken sowie das Fingermasken-Paar zu sehen. Später wurden die ethnologischen Bestände von Edgar Walden neu aufgestellt (Boetzkes 1998: 479; Walden 1914: 44), der in seinem Führer durch die völkerkundliche Sammlung erwähnt, dass das „wenige, was wir von den nordamerikanischen Indianern besitzen" in Saal VII des Roemer-Museums untergebracht sei, ebenso Objekte aus der Arktis: „Die Hyperboräer Nordamerikas und Grönlands sind im Fensterschrank vereint" (Walden 1914: 44). Kürzlich waren Objekte aus der Sammlung Jacobsen im Rahmen der Ausstellung „Gegenwelten" zu sehen, die von 2012 bis 2014 in mehreren Museen gezeigt wurde, jeweils mit unterschiedlichen Schwerpunkten, im RPM unter dem Thema „Die unsichtbare Seite der Dinge" (19.11.2013–15.06.2014; Menter und Vahrson 2014), wobei sich die dortige Ausstellung unter anderem den Sammlern ethnologischer Objekte widmete, darunter Jacobsen. Im Katalog abgebildet sind das Paar Fingermasken (V 2.445 und 2.446), (Menter und Vahrson 2014: 202–203) sowie die Maske V 2.441, die „Menschenfresser"-Maske V 2.442[22] und die „Bergteufel"-Maske V 2.444 (Menter und Vahrson 2014: 241–242). Zuletzt waren bis zum 31. März 2019 in der Ausstellung „Mit 80 Objekten um die Welt" drei Objekte aus der Sammlung Jacobsen ausgestellt: die „Menschenfresser"-Maske, das *story knife* und ein elfenbeinerner Stößel.

1 Hoffmann (2012: 81) erwähnt, dass eine größere Anzahl Objekte aus der Sammlung Jacobsen im Königlichen Museum für Völkerkunde als verkäufliche Dubletten klassifiziert wurden und der Verkaufserlös zur Erwerbung anderer Objekte aufgewendet werden sollte. Aufgrund „des enormen Anwachsens der amerikanischen Sammlung" im Königlichen Museum für Völkerkunde seien auch „Gegenstände in die Bestände gelangt, die von vornherein für eine Veräußerung vorgesehen und daher als so genannte Dubletten klassifiziert wurden". Diese wurden ab 1893 in einem Dublettenkatalog verzeichnet (Hoffmann 2012: 81). Neben Objekten, von dem sich das Berliner Museum aufgrund schlechter Dokumentation oder anderer Mängel gerne trennen wollte, wurden andere in diesem Katalog verzeichnete Gegenstände „offenbar für Transaktionen reserviert, die dem Ausbau der Sammlung dienen sollten. Darunter fielen knapp vierhundert Objekte der Jacobsen-Sammlung" (Hoffmann 2012: 81). Da die in Hildesheim befindlichen Gegenstände aber nicht als Kauf, sondern im Tausch vom Königlichen Museum für Völkerkunde erworben wurden, und zwar bereits lange vor 1893, stammen sie wohl nicht aus diesen Dubletten.

2 Die Mitglieder dieses Hilfskomitees waren vorwiegend Geschäftsleute. Jedes Mitglied des Komitees, welchem damals der Bankier Isidor Richter vorstand, investierte mindestens 3.000 Reichsmark in dessen Aktienkapital. Die Dividenden aus diesen Investitionen wurden für den Ankauf ethnografischer Sammlungen sowie die Finanzierung ethnologischer Expeditionen verwendet, die dem Anlegen solcher Sammlungen dienten. Die Auswahl der Expeditionsteilnehmer oblag Bastian, dem Direktor des Königlichen Museums für Völkerkunde und zugleich Vorsitzenden der Berliner Gesellschaft für Anthropologie, Ethnologie und Urgeschichte (Junker 2015: 50).

3 Zu Jacobsens Anwerbung dieser „Eskimo-Truppe" siehe auch Thode-Arora 1989: 68–72.

4 Bestand 741, Nr. 408, „Schenkung von ethnographischen Gegenständen von Generalkonsul Louis Dyes aus Bremen": Schreiben Dyes an Hermann Roemer vom 3. Januar 1884 und vom 15. September 1885.

5 Diese erschienen erstmals bereits 1884 unter dem Titel *Capitain Jacobsen's Reise an der Nordwestküste Amerikas 1881–1883, zum Zwecke ethnologischer Sammlungen und Erkundigungen nebst Beschreibung persönlicher Erlebnisse. Für den deutschen Leserkreis bearbeitet von Adrian Woldt.* Der Journalist Woldt fungierte dabei offenbar als „Ghostwriter" (Gunther 1977: ix).

6 Die Alaska Commercial Company betrieb in Alaska Läden, in denen sie Handel mit der indigenen Bevölkerung betrieb, darunter eine Niederlassung in Fort Saint Michael, deren stellvertretender Leiter Neumann war.

7 Der Leiter der Alaska Commercial Company, Lorenz, bestellte später eine Delegation der Ingalik nach Fort Saint Michael ein, wo er ihnen ein „medizinisches Werk mit Abbildungen von menschlichen Skeletten und Gliedern" vorlegte und ihnen erläuterte, der von ihm entnommene Schädel diene dem medizinischen Fortschritt und auch Weiße würden ihre Köpfe zu diesem Zweck untersuchen lassen. „Deshalb sollten auch sie ruhig nach Hause gehen und den anderen Ingalik sagen, dass sie nicht mehr erzürnt sein sollten" (Jacobsen 1924: 122). Dieser Vortrag hatte den gewünschten Erfolg, die Ingalik gaben sich damit zufrieden. Allerdings ist davon auszugehen, dass der Schädel weniger medizinischen, als vielmehr anthropologischen Zwecken im Rahmen der damaligen „Rassenforschung" zugeführt werden sollte.

8 So nahe des Ingalik-Dorfes Koserowsky eine Grabkiste, die er nebst der darin befindlichen in eine Strohmatte gewickelten Mumie einer Frau nach Berlin sandte („Ein junger Indianer war zugegen, als wir diese Mumie unserer Sammlung einverleibten. Er erhob jedoch keinerlei Einwendungen gegen unser Thun", Jacobsen 1884: 203) sowie an einem Begräbnisplatz im Yup'ik-Gebiet, wo er zwei Schädel

entnahm („Die übrigen menschlichen Überreste waren so alt, dass sie den Transport nicht ausgehalten hätten", Jacobsen 1884: 208).

9 Siehe hierzu die Pressemitteilung der SPK vom 18.12.2017 unter http://www.preussischer-kulturbesitz.de/pressemitteilung/article/2017/12/18/pressemeldung-rueckgabe-aus-dem-ethnologischen-museum-an-native-people-in-alaska-beschlossen.html (letzter Zugriff am 26.08.2020). Eine kritische Einschätzung dieses Rückgabevorgangs und der Hintergründe findet sich bei Schlothauer 2018a sowie Schlothauer 2018b.

10 Zu Yup'ik-Zeremonien und -Masken siehe auch Meade und Fienup-Riordan 1996.

11 Zur Geschichte der ethnologischen Sammlungen während und nach dem Zweiten Weltkrieg siehe Bolz 1999: 40–49. Verschollen geglaubte Objekte (insgesamt 45.000 Stück), darunter mehr als 130 Yup'ik-Masken (Fienup-Riordan 1996: 48), wurden nach der deutschen Wiedervereinigung im Museum für Völkerkunde in Leipzig wieder aufgefunden und ab 1990 zurück ans Ethnologische Museum Berlin gebracht.

12 Zum zeitweiligen Niedergang der Maskentänze aufgrund ihrer Unterdrückung durch Missionare, aber auch durch andere Faktoren, siehe Fienup-Riordan 1996: 140–150.

13 Die nachstehende Zusammenfassung basiert auf den Angaben in Fienup-Riordan 1996: 60–71, 94–99.

14 Diese spärliche Dokumentation ist vor dem Hintergrund erstaunlich, als Jacobsen Karteikarten mit „ausführliche(n) Beschreibungen in Jacobsens merkwürdigem Deutsch" erstellt hat, „mit genauer Herkunftsangabe und einheimischen Bezeichnungen" (Sanner 1999: 219). – Zu der Maske V 2.441 (mit Lippenpflock und gespaltener Stirn) konnten die Verfasserinnen in der Literatur kein Vergleichsstück ermitteln, das die Bedeutung der Maske hätte klären können.

15 Diese Entdeckung machte Ann Fienup-Riordan Ende der 1980er-Jahre, als sie begann, sich mit Yup'ik-Masken zu beschäftigen, zunächst in Museen in den USA, allen voran im Museum of the American Indian in New York. Wie auch im Königlichen Museum für Völkerkunde und anderswo waren die „doppelt" vorhandenen Stücke als Dubletten klassifiziert und weiterveräußert worden: „Records showed that where I spotted one-of-a-kind masks hanging on the wall, originally there had been pairs, but that expendable ›doubles‹ had been sold in the 1940s and 1950s für $ 40 and $ 50 each" (Fienup-Riordan 1996: 13).

16 „Kinakok" ist eine Verballhornung des Yup'ik-Wortes *kegginaquq*, das „Maske" bedeutet (Meade und Fienup-Riordan 1996: 231).

17 Es ist vorstellbar, dass diese beiden Masken ursprünglich auch ein Paar gebildet haben, von dem ein Stück von Berlin als „Dublette" nach Hildesheim gegeben wurde. – Dargestellt ist wohl eine Ohrenqualle mit ihren vier ringförmigen Fortpflanzungsorganen.

18 Der Verfasser des Eintrags im Inventarbuch des Roemer-Museums (Edgar Walden?) schrieb die Informationen zum Objekt offenbar von einer Vorlage ab, deren Schrift er nicht eindeutig entziffern konnte, denn ganz zu Anfang des Eintrags steht: „? G = z? od. g?". „G" ist richtig, wie sich aus der Schreibweise „Iggarnekrak" bei Fienup-Riordan ergibt. – Zur Identifizierung der Maske IV A 4416 aus dem EM Berlin als Qualle siehe auch Disselhoff 1935: 134, Abb. 12 (dort als Name: *Igarnekok kinakok*).

19 Auch in den Sammlungen des Dallas Museum of Art befindet sich eine Maske gleichen Typs aus St. Michael, Alaska, die in Einklang mit der Bezeichnung „Bergteufel" für die Jacobsen-Maske im RPM als „Bad Spirit of the Mountain" bezeichnet wird (Geschenk von Elizabeth H. Penn, Objektnummer DMA 1982.81). https://commons.wikimedia.org/wiki/File:Alaska_Mask_Bad_spirit_of_the_mountain_DMA_1982-81.jpg

(letzter Zugriff am 26.08.2020). Die (irrtümliche) Einordnung dieses Maskentyps in die Kategorie böser Berggeister – als Verwandter des „Menschenfressers" V2.442 – scheint auf Jacobsen zurückzugehen, denn Disselhoff (1935: 134–135) schreibt, die Maske gehöre zur Gattung der Naturgeister, die Jacobsen in seinen Notizen zu den Objekten durchgehend als „tungrak" oder „Berggeister" bezeichne.

20 Zu Fingermasken aus der Sammlung Jacobsen im EM Berlin siehe Disselhoff 1936.

21 Der im RPM vorhandene entsprechende Fotoabzug (SAHI, Bestand 953, Nr. 2389) ist undatiert, passt aber zu der 1903 von F. H. Bödeker aufgenommenen Fotoserie der damaligen Ausstellungen im Roemer-Museum (vgl. Boetzkes 1998: 478).

22 Die Bildlegende auf Seite 202 des Kataloges beschreibt dabei fälschlicherweise die „Quallen"-Maske V2.443.

Die Objekte und Sammler

Südamerika

Brasilien

Karl von den Steinen (1855–1929)

22 Objekte von Ethnien am Kulisehu und von den Bororó, V 3.227–V 3.248. Eintrag im Inventarbuch: „4. Juli 1889. 2. Shingú-Expedition. Slg. v. d. Steinen. Mus. f. V. Berlin, Kauf."

Eine Sichtung der einschlägigen Bestände im Magazin des RPM ergab, dass von den aus der Sammlung von den Steinen 1889 nach Hildesheim gekommenen Stücken eine Anzahl entweder nicht mehr vorhanden oder möglicherweise nicht in die richtigen regionalen Magazinschränke eingeräumt sind. So entdeckten die Verfasserinnen das Paddel V 3.247 auf der Suche nach einem anderen Objekt zufällig in einem mit „Asien" beschrifteten Karton, der eigentlich Bögen enthält (und räumten ihn in den „Brasilien"-Rollschrank). Insgesamt fanden sich nur die Objekte V 3.227–V 3.230, V 3.234–3.239 sowie V 3.247. Zu den vorhandenen bzw. auffindbaren Stücken gehören indessen einige ›Highlights‹ wie zwei prächtige Federdiademe (V 3.236, V 3.237) und eine Ohr-Schmuckfeder (V 3.234).

Umstände des Transfers der Objekte nach Hildesheim

Wie die von Jacobsen in Alaska gesammelten Objekte gelangten auch Stücke aus der Sammlung der 2. Xingú-Expedition sehr bald nach Abschluss der Expedition von Berlin nach Hildesheim. Ausweislich eines Briefes von Adolf Bastian an Hermann Roemer vom 14. Juni 1889 geschah dies jedoch nicht als Kauf, sondern im Tausch gegen einen Goldring, den das Königliche Museum für Völkerkunde vom damaligen Städtischen Museum Hildesheim erhalten hatte. Um was für einen Ring es sich dabei handelte, konnte anhand der bisher zugänglichen Dokumente nicht ermittelt werden. Jedenfalls schrieb Bastian:

„Im Anschluss an unsere Rücksprache hat die Sachverständigen-Commission umstehend ausgewählte Dubletten als gleichwerthigen Austausch für den Goldring geschätzt, und Ihre Mittheilung über Einsendung nach Erledigung der noch erforderlichen Schritte entgegensehend beehre ich mich zu zeichnen hochachtungsvoll und ganz ergebenst, A. Bastian." (SAHI, Bestand 741, Nr. 242)[1]

Angefügt ist dem Brief eine handschriftliche Liste mit 22 Objekten, die sich den Hildesheimer Inventarnummern zuordnen lassen. Wie sich dem Inventarbuch entnehmen lässt, trafen diese am 4. Juli 1889 in Hildesheim ein.

Zur Person des Sammlers und zu den Hintergründen der Sammlung

Karl von den Steinen wurde am 7. März 1855 geboren und studierte nach dem Abitur in Zürich, Bonn und Straßburg Medizin. Er spezialisierte sich auf Psychiatrie und wurde 1878 Assistenzarzt an der Charité (Steinen 2010: 5). Auf einer Weltreise, die vornehmlich dem Kennenlernen psychiatrischer Einrichtungen in verschiedenen Ländern diente, begegnete er 1880 auf Hawaii Adolf Bastian – ebenfalls ursprünglich Arzt –, der ihn für die Ethnologie begeisterte. Über Australien, Neuseeland und Ägypten und Italien reiste er nach Berlin zurück, wo er seine Tätigkeit an der Charité zwar fortführte, sich zugleich aber auch in die junge Disziplin der Ethnologie einarbeitete (Steinen 2010: 9). Zunächst nahm er 1882–1883 an der Deutschen Südpolar-Expedition teil, die vorwiegend zoologisch ausgerichtet war. Auf der Rückreise ging er in Montevideo „zusammen mit dem Physiker und Kartographen Dr. Otto Clauss, einem befreundeten Wissenschaftler, von Bord, um die erste eigene Forschungsreise zu starten" (Steinen 2010: 10). Erwartet wurde er dort bereits von seinem Cousin, dem Maler Wilhelm von den Steinen. Sie unternahmen eine erste fünfmonatige Expedition entlang dem Río Xingú in Brasilien, deren Ergebnisse Karl von den Steinen zwei Jahre später veröffentlichte (Hartmann 1986: 13–14). Bei der 2. Xingú-Expedition 1887 setzte er seine zuvor begonnene Forschung fort.[2] 1897–1898 beauftragte ihn das Königliche Museum für Völkerkunde mit der Erforschung von Sprache, Kultur und Kunst der Bewohner der Marquesas-Inseln. Da er auch für Polynesien lebhaftes Interesse hegte, nahm er diesen Auftrag gerne an und publizierte die Ergebnisse in einem mehrbändigen Werk (Steinen 1925–1928; Hartmann 1986: 14). Weitere Reisen führten ihn unter anderem nach Nordamerika. 1889 habilitierte er sich an der Friedrich-Wilhelm-Universität in Berlin, wo er 1900 zum Professor ernannt wurde. Ab 1904 war er Direktor der Südamerika-Abteilung am Königlichen Museum für Völkerkunde. Bald darauf jedoch „zog er sich von allen öffentlichen Ämtern zurück und widmete sich ausschließlich als Privatmann der wissenschaftlichen Arbeit“ (Hartmann 1986: 15). Am 15. November 1929 starb er in Kronberg im Taunus an einem Schlaganfall, den er am gleichen Tage erlitten hatte (Hartmann 1986: 15).

Abb. 8 | Karl von den Steinen (stehend, dritter von links) und die anderen europäischen Teilnehmer an der 2. Xingú-Expedition nebst brasilianischen Begleitern (aus von den Steinen 1894: Tafel 3; Quelle: Deutsches Textarchiv)

Die 2. Xingú-Expedition, von der die nach Hildesheim gelangten Stücke stammen, begann mit der Abreise der Teilnehmer aus Berlin im Januar 1887. Außer Karl von den Steinen waren dies „der Arzt, Anthropologe und Mythenforscher Dr. med. Paul Ehrenreich (1855–1914), Berlin, der auch fotografiert, Dr. phil. Peter Vogel (1856–1915), Mathematiker am Königlichen Kadettenkorps in München, sowie der zeichnende Vetter Wilhelm von den Steinen" (Steinen 2010: 31). In Brasilien gesellten sich zusätzlich zwei Offiziere und vier Soldaten, zwei weitere Begleiter, ein Koch sowie ein Mann vom Volk der Bakaïri als Dolmetscher hinzu (Steinen 2010: 32). Die Expedition besuchte mehrere Ethnien am Kulisehu – einem Quellfluss des Río Xingú – sowie die Bororó am Río Paraguay im Süden des Bundesstaates Mato Grosso. 1887 kehrten die Teilnehmer nach Cuyaba zurück, von wo ihre Forschungsreise ihren Ausgang genommen hatte, und von dort über Rio de Janeiro im Sommer 1888 zurück nach Deutschland, wohin sie bereits 1.235 gesammelte Objekte geschickt hatten (Steinen 2010: 42).

Das Sammeln gestaltete sich nicht immer einfach. Waren die Bakaïri den Reisenden gegenüber aufgeschlossen, so schlug ihnen bei deren Nachbarn, den Nahuquá, zunächst Misstrauen entgegen. Von den Steinen erinnert sich in seinem Reisebericht:

„Allein unsere Stimmung war recht trüb und verzweifelt. Wie sollten wir eine ethnologische Sammlung heimbringen, wenn die Leute sich vor unserer Ankunft im Walde versteckten! Was würde Professor Bastian in Berlin sagen, wenn wir ihm zur Veranschaulichung der Shingú-Kultur nur so elenden Kram überbringen konnten, wie er in diesem ausgeräumten Flötenhaus oder in diesen verlassenen Hütten noch mühsam aus irgend einem Winkel hervorgesucht werden musste! Die Nahuquá waren erst der zweite Stamm unserer Liste; wenn die übrigen sich ebenso benehmen würden, wie sie, so war es mit den Ergebnissen unserer Expedition traurig bestellt." (Steinen 1894: 100)

Karl von den Steinens ethnologische Forschungen am Xingú und seine diesbezüglichen Publikationen begeisterten und beeinflussten lange Zeit nachfolgende Ethnologinnen und Ethnologen, die sich mit dieser Region befassten. So schreibt Mark Münzel[3] über die Brasilienreisenden Karl von den Steinen und Theodor Koch-Grünberg (1879–1924):

„Wir fanden ihre ethnographischen Beobachtungen spannend und ihre oft leicht ironischen Schilderungen von Land und Leuten lustig (vor allem bei von den Steinen, während Koch-Grünberg seinen ähnlichen Humor zurückhaltender einsetzt). Auf meiner ersten Feldforschung, zufällig gerade im

Alto Xingu 75 Jahre nach Karl von den Steinen, wurde dieser zu meinem Begleiter. In den in seinen Büchern abgebildeten Gesichtern und Landschaften erkannte ich meine neue Umgebung wieder, die von ihm geschilderten Xinguanos lebten um mich herum auf und verhielten sich so, wie seine Bücher es beschrieben hatten. Auch ich wurde von der fremden Welt gefangengenommen, und ich fand bei von den Steinen Ansporn, Trost und Bekräftigung meines Enthusiasmus." (Münzel 2010: IX-X)

Von den Steinens Schriften über seine Xingú-Expeditionen sind wissenschaftlich fundiert, jedoch in einem lebhaften, allgemein verständlichen Stil geschrieben. Münzel erwähnt allerdings auch, dass von den Steinens Werke (und nicht nur diese, lässt sich anmerken) nach 1968 und im Zuge zunehmender sprachlicher ›political correctness‹ in Studierendenkreisen als Relikte einer vergangenen rassistischen und kolonialistischen Zeit gesehen und entsprechend weniger begeistert rezipiert wurden als von den Ethnolog/innen-Generationen vor ihnen. Münzel kommentiert mit leiser Ironie:

„Einer, der von ›Indianern‹ (ohne weiblichen Endungszusatz) sprach, von ›Expedition‹ (ohne das Leid zu geißeln, das europäische Strafexpeditionen über die kolonisierten Völker gebracht haben), der Menschen erforschen wollte anstatt ihnen im Kampf gegen Ausbeutung beizustehen – ein Kolonialist also. (…) Dass er sich um ein Verständnis für fremde Kulturen bemühte, war entweder ›doch das mindeste‹ oder rassistisch, weil er Unterschiede zwischen den Kulturen behauptete (…). Einige Jahre später war diese Welle wieder vorbei, aber der sprachliche Umbruch ist geblieben (…). So wurden gerade jene Autoren, die einstmals mit ihrer Sprache die Leserschaft fesselten, zum Opfer eines sprachlichen Wandels (…)." (Münzel 2010: X–XI)

„Neben dem Ethnozentrismus", fügt Münzel an, „dessen Untugenden bekannt sind, gibt es auch den Chronozentrismus, die Beurteilung früherer Generationen allein aus der Perspektive der heutigen Zeit. Da kein Forscher Jahrzehnte nach seinem Tod noch ganz auf dem Stand der neuesten Forschung sein kann, führt der Chronozentrismus leicht zur Missachtung aller früheren Forschung" (Münzel 2010: XIX).

Erwerbungsumstände der Sammlung durch den Sammler

Wie im Falle Jacobsens lassen sich die Umstände, unter denen von den Steinens Expedition die nach Berlin gelangten Objekte erwarb, sehr gut seiner ausführlichen Reisebeschreibung entnehmen. Neben Maultieren als Packtieren, technischer Ausrüstung und Lebensmitteln führte die Expedition Tauschwaren mit sich, „die wir aus Deutschland mitgebracht und dank dem Entgegenkommen der brasilianischen Behörden zollfrei eingeführt hatten: eine schwere Ladung von Solinger Eisenwaren von F. A. Wolff in Graefrath; hauptsächlich Messern, Beilen, einigen Scheren, Kuhketten zum Ausschmücken der Häuptlinge, 75 kg Perlen von Greiner & Co. in Bischofsgrün-Bayern, schließlich Hemden, Taschentücher, Spiegel, Mundharmonikas, Flöten und dergleichen Überraschungen" (Steinen 1894: 14). Gegen diese bei den besuchten Gruppen begehrten Dinge wurden während der Expedition ethnografische Gegenstände eingetauscht.

Am Kulisehu angelangt besuchten die Expeditionsmitglieder zunächst die in drei Dörfern lebenden Bakaïri, von denen eine aus Rohr geflochtene Tasche (V 3.228), ein niedriger, aus Holz geschnitzter Stuhl (V 3.229), ein Kamm (V 3.238), ein geflochtener Kopfreif (V 3.240) und ein hölzernes Paddel (V 3.447) nach Hildesheim gelangten. Perlen waren ein begehrtes Tauschobjekt, und von den Steinen berichtet über die etwa zwölfjährige Tochter des verstorbenen ›Häuptlings‹ im ersten Dorf, das Maigéri hieß: „Dieser gehörte überhaupt alles Gute im Dorfe und viele Perlen, die ich Andern geschenkt hatte, fand ich später an ihrem Hals" (Steinen 1894: 58). Dort ließ von den Steinen für seine Sammlung zahlreiche *ulúris* herstellen, kleine Schurze aus Rindenbast, die von den Frauen getragen wurden. Ein solches *ulúri* gelangte auch nach Hildesheim (V 3.231), allerdings von den Auetö (Aweti), Nachbarn der Bakaïri. Daneben war ihm aber auch an gebrauchten Stücken gelegen, was dazu führte, dass

„eine Frau sehr verblüfft war und ratlos um sich blickte, als ich ein Uluri verlangte, das sie anhatte. Allein an dieser Verlegenheit hätte ein auf Entblössung bezogenes Schamgefühl keinen Anteil, sondern was von Schamgefühl vorhanden war, sollte ein physiologisches genannt werden, dessen Existenz ich nicht bestreite. Als ich nun mehrere Frauen gleichzeitig um ihre Uluris bat und durch Verweisen auf die Sammlung jedes Missverständnis ausschloss, wurde mir ›anstandlos‹ und lachend gewillfahrt." (Steinen 1894: 66)

An anderer Stelle beschreibt von den Steinen die von lebhafter Mimik und Pantomime gekennzeichnete Kommunikation der Bakaïri mit den Expeditionsmitgliedern und kommt dabei auf deren Wünsche an Letztere zu sprechen:

„Wie quält sich der Bakairi, um einen Baum zu fällen! (...) Aber Du, der Karaibe[4] – plötzlich ist Alles an dem Mimiker Leben und Kraft – der Karaibe nimmt seine Eisenaxt, reisst sie hoch empor, schlägt sie wuchtig nieder, tsök tsök pum – h..., da liegt der Baum, ein fester Fusstritt, schon auf dem Boden. Und da und dort und wieder hier, überall sieht man sie fallen. Schlussfolgerung für den Karaiben: gieb uns Deine Eisenäxte.“ (Steinen 1894: 54)

„Alles wollten sie haben“, berichtet von den Steinen. „›Ura‹ ›(es ist) mein‹ lautete die einfache Erklärung. Die Männer bevorzugten für sich selbst das Praktische, für Frauen und Kinder den Schmuck, für sich die Messer, für jene die Perlen. Die Frauen wurden beim Anblick der Perlen geradezu aufgeregt, und nur mein Zinnteller wurde mit gleicher Habgier umworben“ (Steinen 1894: 75).

Auch für Lebensmittel, die sie von den Bakaïri und deren Nachbarn erhielten, zeigten sich die Expeditionsmitglieder in Form von Geschenken erkenntlich. Am Ende seines Aufenthaltes im ersten Bakaïri-Dorf machte von den Steinen einem der dortigen jungen Mädchen, das ihn immer großzügig mit Maniokmehl versorgt hatte, zur großen Erheiterung der kleinen Dorfgemeinschaft ein ungewöhnliches Geschenk, eine mit europäischen Frauenkleidern herausgeputzte Puppe, die seine künftige Frau und die künftige Frau seines Verlegers in Berlin angefertigt hatten:

„Zwei junge Berlinerinnen hatten mir eine hübsche blonde Puppe mitgegeben, die sie mit bunten Kleidchen eigenhändig ausstaffiert hatten und die als beste Nummer unseres Warenlagers ›der Würdigsten‹ zugedacht war. Ich konnte nicht schwanken, dass sie (…) der Erbtochter des Dorfes [der oben erwähnten Häuptlingstochter, S.L.] und Herrin über alles mir gespendete Mehl, gebühre. Die neugierige Frage, ob auch die Frauen der Karaiben [Weißen, S. L.] Kleider hätten, sollte nun ihre Erledigung finden. Ich rief die ganze Gesellschaft auf dem Platz zusammen und erregte hellen Jubel, als ich das blauäugige rotwangige Porzellanköpfchen vorzeigte (…).“ (Steinen 1894: 86)

Nicht nur Alltagsgegenstände, sondern auch Tanzzubehör wurde im Tausch erworben. Im „Flötenhaus“ (Männerhaus) des dritten Bakaïri-Dorfes, Kuyaqualiéti, „gab es schöne Masken und eine neue Form des Tanzanzuges: zwei gewaltige Krinolinen von 10 m Umfang mit Stroh bedeckt (…), *koálu*, die der Tänzer an einem Ring auf der Schulter trug. Bald war ein schwungvoller Tauschhandel überall im Gange“. Dessen Ausbeute für die Expedition belief sich auf „schönen Federschmuck, Kronen aus Ararafedern, die auf der einen Seite lichtblau, auf der andern gelb sind, zierliche Matten, in denen sie aufbewahrt werden, schwarzgelbe Rohrdiademe (…), andere mit strahlenförmigen Spitzen, große Pansflöten, ein mit Zeichnungen verziertes Ruder, Spinnwirtel der einfachsten Art (…) und eine Menge merkwürdiger zilinderförmiger [sic] Hölzer, die mit Ornamenten bedeckt waren und bei Festen auf dem Rücken getragen werden“ (Steinen 1894: 93).

Weniger herzlich als bei den Bakaïri war der Empfang bei den benachbarten Nahuquá, die erst einmal sämtliche jüngeren Frauen und Mädchen vor den Europäern und ihren brasilianischen Begleitern im Wald versteckten. Von den Steinen wollte gerne Masken kaufen und versprach den Nahuquá im Tausch dafür große Messer. Sie missverstanden seine gebärdenreich vorgetragene Bitte jedoch dahingehend, „dass wir einen Tanz bestellten. Die Gesellschaft geriet in grosse Aufregung und führte uns nach einigen Vorbereitungen auf den Platz hinaus", wo dann tatsächlich eine Tanzvorführung abgehalten wurde. Im Anschluss tauschten die Expeditionsmitglieder alles, was bei diesem Tanz verwendet worden war, gegen die versprochenen Messer ein (Steinen 1894: 99).

Außer für Ethnographica gab es auch Perlen für diejenigen in den besuchten Dörfern, die sich von Ehrenreich fotografieren und/oder anthropologisch vermessen ließen (Steinen 1894: 93–94, 100). Bei den Mehinaku, Auetö (Aweti), Yaulapiti, Kamayurá und Trumaí am Kulisehu sowie bei den Bororó wurde offenkundig in gleicher Weise verfahren, und die Expeditionsmitglieder erwarben im Tausch gegen die begehrten Perlen und Eisenwaren ähnliche Alltagsgegenstände und Tanzrequisiten.

Nach heutigen Wertmaßstäben mag der Tausch eines Tanzkostüms gegen ein europäisches Messer nach einer Benachteiligung der indigenen Bevölkerung klingen. In den 1880er-Jahren war es jedoch für die Herkunftsgesellschaft wesentlich einfacher, sich aus den reichlich vorhandenen Beständen Federschmuck oder neue Tanzkostüme aus Rindenbast herzustellen, als an ein Eisenmesser oder eine Eisenaxt zu kommen (vgl. Nicklisch und Lang 2018).

Die Objekte

Sämtliche von der 2. Xingú-Expedition besuchten Ethnien sind in den Objekten, die in Berlin von der „Expertenkommission" für Hildesheim ausgewählt wurden, vertreten. Von den Mehinaku, wo die Expedition eine „hübsche ethnologische Sammlung zusammenstellen konnte" (Steinen 1894: 106), gelangte ein Kamm (V 3.239) nach Hildesheim, von den Auetö ein *ulúri* (V 3.231), ein halbkreisförmiges Brett mit Muster (Flechtornament) (V 3.233), ein Wurfholz zum Schleudern von Speeren (V 3.242) sowie zwei Rohrstangen mit Harzklumpen als Knopf („Pfeil zum Wurfholz", V 3.243 und 3.244). Als von den Steinen und seine Begleiter die Hütten der Auetö betraten, „war eins der ersten Dinge, das uns in die Augen fiel und unser

Interesse in höchstem Grade fesselte, das überall vorhandene Wurfholz. (...) Offenbar diente die Waffe vorwiegend zum Tanz. Doch wurde uns angegeben, dass die Auetö und Trumaí sie im Kriegsfall gebrauchten" (1894: 109). Bei den Yaulapiti erwähnt von den Steinen, dass sich dort „ein paar hübsche Spindelscheiben" gefunden hätten, darunter sicher auch V 3.232. Von den Trumaí stammt eine Fischkeule (V 3.248).

Abb. 9 | Kamm, Brasilien, Río Kulisehu, Bakaïri, Sammler: Karl von den Steinen, Inv.-Nr. V 3.238. © RPM, Foto: Sh. Shalchi

Von den Bororó berichtet von den Steinen, sie seien im Hinblick auf ihre Tauschwünsche anspruchsvoller gewesen als die Ethnien am Kulisehu. Er schreibt: „Die guten Bororó waren derartig verwöhnt worden, dass wir mit unseren bescheidenen Tauschwaren übel ankamen. Sie waren bereits soweit Kenner, dass sie nur nordamerikanische Äxte wollten. Am meisten Anklang fanden noch unsere Perlen, allein auch hier erschienen die Frauen recht

Abb. 10 | Brustschmuck aus Krallen des Riesengürteltiers, Bororó, Brasilien, Sammler: Karl von den Steinen, Inv.-Nr. V 3.230. © RPM, Foto: Sh. Shalchi

wählerisch, und bezeichneten die, die ihnen nicht gefielen, kurzweg mit dem uns sehr betrübenden portugiesischen Ausdruck, den die Katechese allgemein eingebürgert hatte, ›porcaria‹, ›Schweinerei‹ (...)" (Steinen 1894: 452–453). Dennoch kam auch dort eine große Sammlung zusammen, aus der sechs Objekte nach Hildesheim gelangten, darunter ein Brustschmuck aus den Krallen eines Riesengürteltiers (V 3.230), wie er in ähnlicher Form bei von den Steinen (1894: 479, Abb. 135) abgebildet ist.

1 Bestand 741, Nr. 242 im Stadtarchiv Hildesheim ist eine umfangreiche Akte ausschließlich mit Dokumenten über „Tausch und Erwerbungen von Exponaten aus dem Königlichen Museum für Völkerkunde Berlin".

2 Eine zusammenfassende Beschreibung der Expeditionen Karl von den Steinens in Brasilien findet sich bei Steinen 2010.

3 Der Ethnologe Mark Münzel, geboren 1943, war von 1973 bis 1989 Kustos am Völkerkundemuseum in Frankfurt am Main und lehrte von 1990 bis zu seinem Eintritt in den Ruhestand im Jahre 2008 Ethnologie an der Universität Marburg.

4 Die Bakaïri nannten von den Steinen den „Karaiben" – „Nicht sie, sondern wir sind in ihren Augen die Karaiben, und ich, der ich bei uns von dem Karaibenstamm der Bakaïri spreche, hiess dort der ›píma kχaráiba‹, der Häuptling der Karaiben" (Steinen 1894: 54).

Asien

Indien und Indonesien

Verschiedene Sammler, darunter Riebeck und Muhlert

131 Objekte, V 4.902 – V 5.030. Vertreter unterschiedlichster Objektgruppen aus verschiedenen Teilen Indiens sowie aus Halmaheira (V 5.027 – 5.029, drei Pfeile), Süd-Celebes (heute: Sulawesi, V 5.014, Lanze) und Buru (V 5.026, Speisendeckel *tutu sadji/tûdung sâdji*). Da die Objekte 1906 alle zusammen im Rahmen einer Tauschaktion als geschlossene Zusammenstellung von Berlin nach Hildesheim kamen, werden sie hier gemeinsam behandelt. – Eine Sichtung der Bestände im ethnologischen Magazin des RPM ergab, dass die Gegenstände mit wenigen Ausnahmen noch heute dort erhalten sind.

Umstände des Transfers der Objekte nach Hildesheim

Wie bereits ausgeführt (siehe Abschnitt über Edgar Walden) wurde Walden am 24. Mai 1905, schon kurz nach Antritt seiner Stelle als interimistischer Leiter des Roemer-Museums, beim Königlichen Museum für Völkerkunde in Berlin mit der Frage vorstellig, ob dieses von seinen Dubletten dem Roemer-Museum „eine beliebige Auswahl geschenkweise oder als Leihgabe überweisen könnte“ (SAHI, Best. 741, Nr. 242, J 32/1905). Direktor Grünwedel hatte für diese Bitte ein offenes Ohr und bot Walden unter anderem Dubletten aus der ostasiatischen Sammlung gegen Tausch (ebd., Brief vom 08.06.1905, J 33/1905). Daraufhin entspann sich eine lebhafte Kommunikation, wie aus erhaltenen Schriftstücken im Stadtarchiv Hildesheim ersichtlich wird. Walden legte im Berliner Museum fünf menschliche Figuren aus der Minahassa in Nord-Celebes vor, die das Roemer-Museum von dem Arzt Dr. Muhlert (zu diesem siehe weiter unten) geschenkt bekommen hatte. Diese waren offenbar eine kostbare Seltenheit, denn Walden schreibt in seinem Führer durch die ethnologische Sammlung in Hildesheim: „Besonders stolz aber ist das Roemer-Museum auf seine von Muhlert und Stelling herrührende Celebes-Sammlung. Sie enthält eine Reihe alter menschlicher Kultfiguren aus Holz, Knochen und Stein, die mit Bestimmtheit der Minahassa zuzuweisen ist und in deutschen Museen nicht ihres gleichen hat“ (Walden 1914: 50, dort auch Abbildung dreier Figuren). Von den wertvollen Figuren sollte Berlin ursprünglich zwei erhalten und hierfür „die auf Anregung von Herrn cand. Walden ausgewählten Dubletten, ca. 75 Gegenstände (darunter 1 Panzer aus Haut von den Tenimber-In-

Abb. 11 | Currytopf, Islamabad (Chittagong, heute in Bangladesh), Sammler: möglicherweise Emil Riebeck, Inv.-Nr. V4.967. © RPM, Foto: Sh. Shalchi

Abb. 12 | Lackkästchen mit Spielmarken für das *ganjifa*-Spiel, Indien, Lucknow, Sammler: möglicherweise Emil Riebeck, Inv.-Nr. V 5.008. © RPM, Foto: Sh. Shalchi

Abb. 13 | Dose in Form einer Durian-Frucht, Java, Sammler: bislang unbekannt, Inv.-Nr. V 5.897 a. b. c. © RPM, Foto: Sh. Shalchi

seln und 1 geflochtener Kriegsgürtel von Allor)" nach Hildesheim geben.[1] Schließlich einigte man sich jedoch darauf, dass Berlin nur eine der Figuren,[2] Abgüsse der vier übrigen sowie „weitere Gegenstände im Werte von 150 M" aus Hildesheim bekommen sollte. Das Königliche Museum für Völkerkunde würde diese Abgüsse auf eigene Kosten herstellen und die hierzu gefertigten Abgussformen anschließend Hildesheim überlassen.[3] Vom 02.01.1906 datiert eine Quittung aus Berlin, amtlich vom Königlichen Museum für Völkerkunde gestempelt: „Vier Minahassa-Figürchen sind dem Königlichen Museum für Völkerkunde von dem Roemer-Museum in Hildesheim übergeben worden, zur Anfertigung von Abgüssen." Den Empfang der zum Verbleib in Berlin bestimmten Figur hatte das dortige Museum bereits am 06.12.1905 in gleicher Weise quittiert.[4]

Nicht nur die ursprünglich auf Anregung Waldens ausgewählten 75 Objekte, sondern insgesamt 131 Dubletten aus den Berliner Beständen fanden durch die Tauschaktion schließlich ihren Weg nach Hildesheim. Am 8. März 1906 erreichte das Roemer-Museum eine umfangreiche Sendung nebst einem Brief von Friedrich Wilhelm Karl „F. W. K." Müller (1863–1930), von 1906 bis 1928 Leiter der Ostasiatischen Abteilung am Königlichen Museum für Völkerkunde. Beigefügt waren laut Müllers Schreiben: eine Liste der vom Königlichen Museum an das Roemer-Museum abgegebenen 131 ethnografischen Gegenstände; diese Gegenstände selbst; die vier vom Roemer-Museum leihweise zur Anfertigung von Abgüssen überlassenen Figürchen; die Abgussformen; und ein Abguss der nach Berlin abgegebenen Figur. Müller schloss seinen Brief:

„Zur Erledigung verbleibt nun nur noch die weitere Abgabe von ethnographischen Gegenständen im Werte von 150 M von Seiten des Roemer-Museums an das Königliche Museum für Völkerkunde in Berlin, die, wie vereinbart, nach des Letzteren Wünschen geregelt werden soll. Wir werden uns erlauben, demnächst auf die Angelegenheit zurückzukommen."[5]

Das erwähnte mit „Liste der an das Roemer-Museum Hildesheim abgegebenen Gegenstände" überschriebene vierseitige Verzeichnis befindet sich ebenfalls im Hildesheimer Stadtarchiv. Es enthält die I C-Inventarnummern von der süd–südostasiatischen Sammlung des Berliner Museums und die ganz offensichtlich von Edgar Walden mit roter Tinte eingetragenen neuen Inventarnummern, die im Roemer-Museum an die 131 Objekte vergeben und dort auch ins Inventarbuch eingetragen wurden. Auf der letzten Seite unten befindet sich, ebenfalls mit roter Tinte geschrieben, der Vermerk: „V 4.902–5.030. 25. Mai 1906. Walden."

Ende März 1906 erkundigte sich Walden offensichtlich nach den Wünschen des Berliner Völkerkundemuseums bezüglich Hildesheimer Objekten in dieser Tauschaktion, denn mit Schreiben vom 9. April teilt Müller „unter Bezugnahme auf Ihr gefälliges Schreiben“ vom 28. März mit, „dass die Museums-Verwaltung im Laufe des Monats auf die Aufforderung zurückzukommen gedenkt“. Am Rand dieses Briefes ist von Waldens Hand vermerkt: „vgl. J 95/06! 150 Mark“, darunter ein großes Fragezeichen.[6] Aber es gelangten im Rahmen dieses Tauschgeschäftes nie Objekte aus der Hildesheimer ethnologischen Sammlung nach Berlin. Es ist unklar, ob diese Sammlung außer den Minahassa-Figürchen nichts aufwies, das dem Berliner Museum im Tausch attraktiv schien, oder ob andere Gründe eine Rolle spielten. Stattdessen kaufte das Königliche Museum für Völkerkunde auf Kosten des Roemer-Museums Ethnographica aus einer anderen Quelle ein, denn im Juni 1906 schrieb FWK Müller an Walden in dessen Funktion als Direktor:

„Unter Bezugnahme auf die vereinbarte Tauschangelegenheit benachrichtige ich das Roemer-Museum ergebenst, daß das Königliche Museum für Völkerkunde aus einer Sendung der Vennootschap ›Boeatan‹ Oost en West, Den Haag, Plaats 9, ethnologische Gegenstände im Gesamtwerte von 84,80 Gulden für Rechnung des Roemer-Museums ausgewählt hat. Ich darf wohl bitten, diesen Betrag der Venootschap ›Boeatan‹ zahlen zu wollen.“

Am Seitenrand ist von Walden unter dem Kürzel „W.“ vermerkt: „Sind gezahlt durch Göpfert.“[7] Unten auf der Seite befindet sich mit Bleistift eine Umrechnung des Gulden-Betrages in 143,20 Mark.[8]

Exkurs: Dr. med. Hermann Muhlert (1816–1870), der Sammler der Minahassa-Figuren

Dr. med. Ernst Heinrich Hermann Muhlert, geboren 1816 – im gleichen Jahr wie Hermann Roemer –, war der Sohn von Dr. Ferdinand Muhlert (1779–1854), der am Hildesheimer Gymnasium Andreanum Mathematiklehrer der Roemer-Brüder gewesen war und deren Interesse für die Geologie geweckt hatte (Keck 1998: 84, 85; Mönning und Stein 1998: 281). Hermann Muhlerts Bruder Franz (geb. 1814), Oberlehrer in Göttingen, war später Vorstandsmitglied im Museumsverein. Hermann Muhlert legte offenbar im Jahre 1839 sein Examen als Arzt ab.[9] Alphei (1998: 425) nennt ihn späterhin als korrespondierendes Mitglied des Museumsvereins und gibt als seine Korrespondenzadresse Batavia, das heutige Jakarta, an. Diese Angabe, „Dr. med. Muhlert, Batavia", findet sich in den *Jahresberichten des Vereins für Kunde der Natur und der Kunst*, und zwar ab der ersten Ausgabe 1845. Letztmals ist er dort unter den „Correspondierenden Mitgliedern" im Bericht 1869–1871 (BerVerNaKu 1871: 10) für den Zeitraum vom 01.08.1864 bis 01.01.1869 genannt. Anfang der 1860er-Jahre kehrte er nach Hildesheim zurück, denn ab dem Bericht vom 01.08.1860 bis 1864 erscheint er nunmehr als „Muhlert, Militärarzt in Batavia, jetzt dahier".

Muhlert war Militärarzt („Officier van Gezondheit") bei der niederländischen Armee in Indonesien. In diese muss er schon kurz nach seiner Promotion eingetreten sein, und zwar offenbar am 4. Juli 1840 (Naam- en Ranglist van het koninklige leger der Nederlanden en van Nederlandsch-Indien 1845: 266). In der gleichen Position ist er auch Mitte der 1840er-Jahre in einem Verzeichnis des ärztlichen Militärpersonals von „Niederländisch Indien" aufgeführt. Damals war er in Kedirie bei Banda[10] stationiert (Bosch et al. 1846: 306). Im „Wissenschaftlichen Jahresbericht für das Jahr 1856" der *Zeitschrift der Deutschen Morgenländischen Gesellschaft* (Gosche 1857: 295) wird erwähnt, dass ein Dr. Muhlert die Geographie der „Banda-Eilande (…) besonders besprochen habe" (es handelt sich um die Publikation Muhlert 1855).[11] Im Sommer 1855 zog Muhlert von Soerabaya (Surabaya) auf Java nach Menado auf Celebes, „einem was die Natur angeht sehr angenehmen und interessanten Platze", wo er hoffte, „recht viele ethnographische Gegenstände (…) versammeln zu können".[12] Neben Ethnographica schenkte er dem Hildesheimer Museum naturkundliche Stücke und mindestens einen Schädel („Alfuren-Schädel aus Celebes", V 11.343).[13] 1862/63 erhielt das Museum eine „werthvolle ethnographische Sammlung, welche der Dr. med. Muhlert in Celebes und Java zusammengebracht und bei seiner Heimkehr der Vaterstadt überwies" (BerVerNaKu 1864: 7).[14]

In Menado, das im Minahasa-Gebiet liegt,[15] hielt er sich noch 1862 auf, denn in diesem Jahr schenkte er der Universität Göttingen „Schlangen, Fische und Conchylien" (Anonym 1865: 33). Dort hat er zweifellos auch die Figuren gesammelt, die ans Roemer-Museum gelangten. Zwischen 1862 und 1865 muss er Menado dann verlassen haben, denn ebenfalls in den *Nachrichten von der Kgl. Gesellschaft der Wissenschaften und der Georg-Augusts-Universität aus dem Jahre 1865* ist vermerkt, dass die Universität Göttingen von „Dr. [Franz, S. L.] Muhlert, Oberlehrer hierselbst, ein vollständiges, aus der Sammlung seines Bruders, früher Arzt in Menado auf Celebes, stammendes,

Skelett eines 60 Jahre alten Mannes von den Banda Inseln" erhalten habe (Anonym 1866: 38–39, 560, Hervorhebung S. L.).

Nach seinem Ausscheiden aus dem niederländischen Militärdienst im Rang eines „officier van gezondheit 2de klasse" bezog Muhlert eine jährliche Pension von 900 Niederländischen Gulden. Er starb am 16. Januar 1870.[16] In einem kurzen Nachruf im *Bericht des Vereins für Kunde der Natur und der Kunst* (1871) für die Jahre 1869 bis 1871 heißt es über ihn und seine Vorbildfunktion bezüglich Zuwendungen für das Roemer-Museum:

„Lange Jahre als Militärarzt in den holländischen Colonien lebend, hat derselbe für das Museum seiner Vaterstadt eine große Anzahl Naturalien und eine werthvolle Sammlung ethnographischer Gegenstände zusammengebracht. Die in einem besonderen Schranke zusammengestellten ethnographischen Gegenstände werden das Andenken an den für seine Vaterstadt so bedachten Mann erhalten und hoffentlich auch in Anderen den Vorsatz erwecken, durch ähnliche Zuwendungen ihre Dankbarkeit für das, was ihnen die Vaterstadt gewährte, zu bethätigen." (BerVerNaKu 1871: 4)

Zu den Sammlern

Einige der nach Hildesheim gelangten Objekte aus Indien und dem heutigen Bangladesch (bis 1947 Teil Britisch-Indiens) sind mit Klebe-Etiketten und von Hand eingetragenen Sammlernummern versehen. Auf einem dieser Etiketten befindet sich die aufgedruckte Aufschrift „Expedition Riebeck". Es handelt sich um einen Mehltopf aus schwarzem Ton (V 4.970, Sammler-Nr. 2218), dem Hildesheimer Inventarbuch zufolge aus Islamabad. Auf dem Aufkleber ist diese Stadt unter ihrem anderen Namen Chittagong eingetragen. Identische Etiketten, jedoch ohne den Aufdruck „Expedition Riebeck", finden sich auch auf einer Reihe weiterer Gegenstände, sodass auch diese möglicherweise von Emil Riebeck (1853–1885) auf seiner im Auftrag Adolf Bastians durchgeführten Expedition im Jahre 1882 gesammelt wurden. Außer aus Chittagong – über das Riebeck eine Monografie veröffentlichte, die kurz darauf auch in einer englischen Übersetzung erschien (Riebeck 1885a, Riebeck und Keane 1885b) – stammen diese etikettierten Stücke aus Agra, von den Khond/Ruschkhondo, aus Peschaur (Peschawar), Bengalen, Madras, Trichinopoli, Hyderabad, Lucknow und Kalkutta. Inwieweit auch andere Stücke – so etwa die zahlreichen Arm-, Finger- und sonstigen Ringe – möglicherweise von Riebeck stammen, ließ sich vorerst nicht ermitteln. Es müssen am Berliner Museum Informationen zu sämtlichen Objekten existiert haben, denn außer den I C-Nummern enthält die von Walden gefertigte Liste indigene Bezeichnungen für die Mehrzahl der Gegenstände, die in Berlin sicher aus einem bestehenden Verzeichnis abgeschrieben wurden.

Im Winter 1883/84 wurde die „Sammlung Riebeck“ im Berliner Kunstgewerbemuseum ausgestellt (Kunstgewerbe-Museum zu Berlin 1883).

Indonesien und Thailand („Siam")

Verschiedene Sammler

Außer der obigen Zusammenstellung von Objekten aus Indien und Indonesien gelangten durch Vermittlung Edgar Waldens noch weitere Gegenstände aus Südostasien als Dubletten vom Königlichen Museum für Völkerkunde an das Roemer-Museum. Diese sollen hier zusammenfassend behandelt werden. Über die Sammler geben die verfügbaren Unterlagen mit Ausnahme von Alfred Maass (s. u.) keine Auskunft. Es handelt sich im Einzelnen um folgende Vorgänge:

2 Objekte, ein „Musikinstrument (Holzklavier) mit 2 Schlägeln" aus „Rarnakt, Siam" (V 5.890 a.–d.) und ein "Floßmodell mit einem Mast, zwei Segeln, sechs Rudern und einem Staken" (V 5.891 a.–h.) aus Formosa (heute: Taiwan). Eintrag im Inventarbuch: „J 352/1912. Walden, Kauf (Mus. f. Völkerkunde Berlin)". Beide Objekte sind im Magazin des RPM vorhanden, und ein Brief (J 352/1912) Waldens vom 26.09.1912 (J 352/1912) gibt über sie Aufschluss. In dessen Anlage übersendet er eine Rechnung über diese beiden Gegenstände mit der Bemerkung, dass diese dem Roemer-Museum schon vor einiger Zeit „direkt vom Museum aus zugegangen sein müssten" (SAHI, Best. 741, Nr. 204). Auch diese beiden Objekte stammen daher aus den Beständen/Dubletten des Königlichen Museums für Völkerkunde. Das Gleiche gilt – wie sich aus demselben Brief ergibt – für den Pflanzstab mit Klapper V 5.951. Wer die Gegenstände ursprünglich gesammelt hat, geht aus den Unterlagen in Hildesheim nicht hervor.

16 Objekte aus Celebes, Java, von den Molukken, Celebes und Borneo, V 5.893–5.908, V 5.951. Eintrag im Inventarbuch: (V 5.890 a.–d., V 5.891 a.–h.), „J 759/1911, E. Walden, Kauf (Slg. d. Mus. f. Völkerkunde zu Berlin)" bzw. nur „J 759/11, Walden, Kauf" (V 5.893–V 5.908), „Mus. f. Vk. Berlin, Walden, Kauf" (V 5.951); V 5.951 „Mus. f. Völkerk. Berlin, Walden, Kauf". – Mit Schreiben vom 17.07.1911 informiert FWK Müller Hauthal darüber, dass Walden aus den Beständen der indischen Abteilung des Königlichen Museums für Völkerkunde Dubletten erworben habe, die in einer Kiste auf dem Weg zum Roemer-Museum seien. Auf diesem Brief quittierte Hauthal: „Angekommen. Zu Sammlung eingereicht."[17] Dies müssen die Objekte aus dem Vorgang J 759/1911 sein. Im Inventarbuch sind zu den Objekten in wenigen Fällen Sammlernummern, meist jedoch die Berliner I C-Nummern eingetra-

gen. Die Objekte sind im ethnologischen Magazin des RPM noch in großen Teilen vorhanden.

2 Bögen aus Mantawei, V 5.793 und V 5.794. Eintrag im Inventarbuch ohne Datumsangabe: „Geschenk des Kgl. Mus. f. Vk. zu Berlin". Hier geben die Dokumente Aufschluss über den Sammler und den Weg der Gegenstände nach Berlin und anschließend nach Hildesheim. Grünwedel bot Hauthal die Bögen in einem Schreiben vom 24.06.1909 an: „In einer größeren Sammlung ethnologischer Objekte, welche Herr Dr. Maaß hier dem Museum zum Geschenk gemacht hat, befinden sich einige Bogen von den Mĕntawei-Inseln, welche für uns Dubletten sind. Herr Dr. Maaß ist damit einverstanden, daß ich sie Ihrem Museum überweise und ich erlaube mir daher, bei Ihnen anzufragen, ob Ihnen Mĕntawei-Bogen willkommen sind" (SAHI, Best. 741, Nr. 204, J 588/09). Mit Bleistift verfügte Hauthal unten auf diesem Brief: „Mit Dank annehmen." Daher sind die Bögen wohl bald nach Juni 1909 aus Berlin nach Hildesheim gelangt.

Exkurs: Alfred Maass

Bei Dr. Maaß handelt es sich um Alfred Maass (1863–1946), der für seine Forschungen in Sumatra (Maass 1910) bekannt ist. Die Mentawei- bzw. Mantawei-Inseln gehören zu Sumatra, vor dessen zentraler Westküste sie liegen. Diese bereiste Maas 1897 auf seiner Forschungsreise, die vor allem Java und Sumatra galt, und veröffentlichte eine Publikation über sie (Maass 1902). Die Anregung zu einem Abstecher nach den Mantawei-Inseln hatte Maass, wie er schreibt (1902: Vorwort o. S.), von Grünwedel erhalten. Im Vorwort zu Maass' Buch erfahren wir auch, dass er ursprünglich Landwirt von Beruf gewesen war, dann aber die „heimatliche Scholle wegen der immer ernsteren Lage der Landwirtschaft mit dem Wanderstab" vertauscht hatte, „um die alte Sehnsucht nach den Tropen wieder zu beleben". Gefördert wurde seine Reise durch die „Gesellschaft für Erdkunde", deren Mitglieder ihn auch mit Empfehlungsschreiben versahen. Dankend erwähnt er außerdem Felix von Luschan, der ihm sozusagen ein Briefing in ethnografischer Feldforschung gab: Er unterwies ihn in „die Praxis im anthropologischen Aufnehmen und Photographieren" sowie „der Bearbeitung wissenschaftlicher Sammlungen und gab mir manchen zu beherzigenden Wink aus dem Schatz seiner Reiseerfahrungen" (Maass 1902: o. S.). Der Zweck der Expedition lag nach seinen Worten „in der Anlage einer möglichst kompletten, ethnographischen Sammlung nebst wissenschaftlichen Notizen zur Kenntnis der Mentawai-Insulaner" (Maass 1902: 7). Nebenbei und äußerst erfolgreich widmete er sich insbesondere dem Sammeln von Schmetterlingen für einen der Förderer seiner Reise. Weniger zufrieden war er mit der anthropologischen Ausbeute seiner Reise.[18] Dennoch pries sich Maas über das „Erlangen von Schädeln" glücklich, „deren 12 Stück ich meinem hochverehrten Lehrer Herrn Professor Dr. von Luschan mitbringen konnte" (Maass 1902: 7).

Sein Reisebericht über die Mantawei-Inseln, die er zusammen mit dem Arzt Max Morris (1859–1918)[19] besuchte, ermöglicht Rückschlüsse darüber, auf welche Weise die von ihm gesammelten Ethnographica in seinen Besitz gelangten, nämlich per Tauschhandel. Er beschreibt, wie er und Morris in der holländischen Station an der Bucht von ši Oban Unterkunft nahmen und „morgens regelmäßig in hellem Haufen die Insulaner ankamen, um von den weissen Männern zu hören, was diese eigentlich wollten. Ein flotter Tauschhandel mit den notwendigen Aufzeichnungen belebte dann die Vormittagsstunden (...)" (Maass 1902: 6). Nachmittags wanderten die beiden Männer dann am Strand entlang, um dort zoologische Sammlungen anzulegen. Auf einer Flussreise ins Landesinnere „begleiteten uns die Tagebücher und Bleistifte, sowie Geschenke für die Eingeborenen" (Maass 1902: 12). Wurde ihm der Erwerb eines von ihm begehrten Objektes verwehrt, so gab er sich damit zufrieden. Im Haus eines Dorfoberhaupts sah er beispielsweise bei einer Gelegenheit „die eigenartigen aus bunten Stoffen verfertigten Tanzschürzchen, welcher sich die Tänzer bei Aufführung eines Tanzes bedienen. Mein Sammelherz wollte natürlich diese gleich erwerben, aber sie waren ta–kä-käi–käi (d.h. mit diesem Wort bezeichnen sie den Inbegriff aller sittlichen Gebote) und konnte ich ihn nicht zum Tauschhandel bewegen" (Maass 1902: 19–20).

Was er auf Anraten eines seit Jahren auf Mantawei ansässigen chinesischen Händlers an Tauschwaren mitführte, spezifiziert Maaß auf Seite 156 seines Buches: Zeug (Stoffe) in unterschiedlichen Farben, Messingdraht in unterschiedlicher Dicke (zur Herstellung von Nadeln und Armbändern), Blechspiegel, Schellen, hemdartige Jacken, Hosen, eiserne Werkzeuge und Lanzenspitzen, Glasperlen, Streichhölzer, Lichte (Kerzen), „laufende Elefanten (Spielzeug)", „diverse Perlketten", Brillen, Mundharmonikas, Garnknäule, Suppenterrinen aus Steingut sowie chinesische Gongs.

Weniger feinfühlig als beim Tauschhandel gegen Objekte war er – wie auch andere Forscher seiner Zeit –, wenn es darum ging, an die von Felix von Luschan so begehrten Schädel zu kommen. Nachdem er und Morris bei dem Versuch gescheitert waren, trotz strengsten Verbots einen Friedhof der indigenen Bevölkerung zu betreten, ›besorgte‹ ihnen ihr einheimischer Dolmetscher (den ihm der oben erwähnte chinesische Händler ›ausgeliehen‹ hatte, Maass 1902: 156) des Nachts eine „Sendung Köpfe". Klammheimlich reinigten die beiden Forscher die Schädel und verstauten sie in einer Kiste. Maas war offenbar fest davon überzeugt, dass sie in einer deutschen anthropologischen Sammlung ein sinnvolleres Dasein fristen würden als auf dem Friedhof in ihrem heimischen Mantawei, denn er schreibt, es habe ihn beim Reinigen der Schädel ein „wohlthuendes Gefühl" überkommen, „wie sie ihre grossen, dunklen Augenhöhlen auf mich richteten, als wollten sie sagen, wir bekommen jetzt einen besseren Platz für die Zukunft" (Maass 1910: 21). Von Luschan nahm sich dieses Geschenkes auch mit Freuden an, denn Maass' Buch enthält auf den Seiten 171 bis 187 eine Abhandlung von Luschans über „Zwölf Schädel von den Mentawei-Inseln".

Zu den Mantawei-Bögen, von denen zwei aus Berlin nach Hildesheim gelangten und die vor allem zur Jagd verwendet wurden, schreibt Maas:

„Als Waffen benutzen die Eingeborenen Bogen, Pfeile, Dolche, Lanzen und Schilde (...). Der Bogen rau–rau hat eine durchschnittliche Grösse von 1,50 m und ist die Sehne taro aus der Rinde des baiko d.h. Brotfruchtbaumes, aus der sie auch den männlichen Hüftschurz fertigen, gemacht. Den Bogen selbst stellen sie aus einem Holze batara (lako) her. Dies Holz wird mit importierten Haumessern bearbeitet, dann mit kleineren Messern geschabt und geglättet; hierauf werden die Enden für Aufnahme der Sehne vorbereitet und enthalten dieselben oft kleine Kerbschnitzmuster. (...) Der soweit hergerichtete Bogen erhält dann die frisch gedrehte Sehne und ist zum Spannen schussfertig." (Maass 1902: 140–141)[20]

1 Brief gezeichnet Dr. Richter vom Königlichen Museum für Völkerkunde vom 18.09.1905, SAHI, Best. 741, Nr. 242, J 127/1905.

2 Ausweislich des Hildesheimer Inventarbuches V 3.625: „Gypsabguss eines menschlichen Figürchens (Original aus Stein geschnitten, laut J 195/05 in Tausch an das Museum f. Völkerkunde zu Berlin übergeben)."

3 Brief gezeichnet Dr. Richter vom 06.12.1905, SAHI, Best. 741, Nr. 242, J 195/1905.

4 SAHI, Best. 741, Nr. 242, Quittungen zu J 189/1905.

5 SAHI, Best. 741, Nr. 242, Brief vom 8. März 1906.

6 SAHI, Best. 741, Nr. 242, Brief von FWK Müller an die Direktion des Roemer-Museums vom 8. März 1906.

7 Hermann Göpfert war Rechnungsführer für das Roemer-Museum (SAHI, Best. 741, Nr. 390; erwähnt außerdem in NLA HA Hann. 180 Hildesheim Nr. 02802, „Disziplinaruntersuchung gegen den Meldebeamten Herrmann Göpfert wegen eines Fehlbetrages in der Kasse des Roemermuseums in Hildesheim, 1909–1910".

8 SAHI, Best. 741, Nr. 242, Brief von FWK Müller an das Roemer-Museum vom 01.06.1906, J 179/1906.

9 Niedersächsisches Landesarchiv Hannover (NLA HA Hann) 134, Ärztliche Prüfungsbehörde, Nr. 651, Dr. Ernst Heinrich Hermann Muhlert aus Hildesheim, 1839.

10 Die Banda-Inseln sind eine Inselgruppe in Indonesien im Molukken-Archipel.

11 In *Petermanns Mitteilungen* (Anonym 1856: 306) ist erwähnt, dass diese „geographische Abhandlung" in der Einladung zur öffentlichen Prüfung der Zöglinge des Gymnasiums zu Göttingen 1855 enthalten gewesen sei und „Geschichte, Lage der einzelnen Inseln und ihre geographischen Verhältnisse, Sitten und Gebräuche, Lebensweise, Religion, Schulunterricht, Regierung, Produkte, Handel und Klima" behandele.

12 Brief Muhlert an Hermann Roemer vom 30.06.1855, SAHI, Best. 254, Nr. 208 (ehemals Best. 52, Nr. 424 V 95). Die Verfasserinnen danken Frau Dr. Helga Stein für den Hinweis auf diese Korrespondenz.

13 Zu diesem Schädel als Geschenk Muhlerts siehe Meyer 1881: 15 über den „künstlich deformirten Schädel no. 2 des Hildesheimer Museums (Die Anthr. Samml. etc. 11, 92)", der „die Bezeichnung ›Alfure von Celebes‹ trägt", wobei „die Sitte der künstlichen Schädeldeformation auf Celebes weit verbreitet" sei.

14 Bei der Aufzählung der vom Museum erhaltenen Geschenke im selben Bericht (S. 19) ist von Büchern und einer „großen Sammlung ethnographischer und naturhistorischer Sachen aus Celebes und N. Guinea" die Rede, die das Museum von Dr. med. Muhlert 1862/1863 erhalten habe. Allerdings ließ sich im Rahmen des vorliegenden Projektes nicht ermitteln, dass Muhlert Neuguinea jemals bereist hat.

15 Minahasa/Minahassa ist zugleich der Name der ethnischen Gruppe, die in dieser Region – einer Halbinsel im Norden von Celebes – lebt.

16 Die Höhe der Pension, C. H. H. Muhlerts Rang und sein Sterbedatum ergeben sich aus einer Drucksache „Militaire Pensioenen en Gagementen", Bijlage II van den uitgewerten en toelichtenden staat van hoofsdruck I der uitgaven, Bijblad van de Nederlandsche Staats–courant, 1870–1871, ohne Seitenzahlen; Muhlert ist in der dortigen Liste die Nr. 402. Online zugänglich unter http://resolver.kb.nl/resolve?urn=s-gd:mpeg21:18701871:0001414&role=PDF (letzter Zugriff am 10.09.2020).

17 SAHI, Best. 741, Nr. 204, Brief vom 17.07.1911, J 492/11.

18 Vor Maass war 1894 ein italienischer Forscher, Modigliani, in der Bucht von ši Oban gewesen und hatte offenbar gewaltsam versucht, die Inselbewohner anthropologisch zu vermessen, Gipsformen von ihren Gesichtern abzunehmen und an Schädel zu gelangen. Für eine in einem Dorf danach auftretende

Fieberepidemie, die viele Todesopfer forderte, machten die Einwohner diesen Umstand verantwortlich. Entsprechend misstrauisch empfing man Maass (Maass 1902: 7). Auch er handelte sich bei einer Gelegenheit Ärger ein, als er eine Gruppe Frauen fotografiert hatte und die Bewohner des betreffenden Dorfes die Herausgabe der Fotoplatte verlangten, weil die Frauen sonst sterben oder Fieber bekommen könnten (Maass 1902: 27–28).

19 Morris hatte vielseitige Interessen, war finanziell unabhängig und machte sich vor allem als Goethe-Forscher einen Namen. Die Reise mit Maass zu den Mantawei-Inseln nutzte er für linguistische Studien, über die er 1910 auch eine Publikation veröffentlichte (Ellermann 2010: 183, 184–187).

20 Maass' Buch enthält auf Seite 144 ein Foto eines jungen Mannes, „den Bogen zum Schuss bereit haltend".

Die Objekte und Sammler

Westafrika

Togo

Leopold Conradt (Lebensdaten nicht bekannt)

1 Objekt, ein „Durchschlag" (Sieb) aus Adeli, das gewünscht, aber nicht geliefert wurde. Laut dem *Verzeichnis der abgebbaren Dubletten* 1897 (Seite 11, handschriftlicher Vermerk am Seitenrand des Exemplars in der Berliner Dublettenakte: „Roem. Mus. Hildesh.") und Korrespondenz hat das Roemer-Museum aus diesem Verzeichnis u.a. einen „Durchschlag" aus der Sammlung Conradt (Nr. 9, Herkunft: Adeli in Togo) bestellt, der aber im Inventarbuch des Museums nicht auftaucht. Bei den angebotenen, von Conradt aus Togo eingesandten Objekten handelte es sich sämtlich um Alltagsgegenstände. In einem Schreiben vom 8. Juni 1899 an das Berliner Museum weist Direktor Andreae darauf hin, dass die Sendung mit Dubletten, die Hildesheim erhalten hatte, den Durchschlag nicht enthalten habe. Er erkundigt sich, ob das Objekt in Berlin möglicherweise beim Einpacken vergessen worden sei.[1] Felix von Luschan entgegnete daraufhin, über den Durchschlag habe „anders verfügt" werden müssen, er sei „nur aus Versehen in unserem Schreiben mit angeführt" gewesen.[2]

Begibt man sich ungeachtet dieser nicht zustande gekommenen Transaktion mittels einer Internetrecherche auf die Suche nach Leopold Conradt, so stellt sich heraus, dass sein Interesse und seine Sammelleidenschaft vor allem auf dem Gebiet der Zoologie lagen, wobei er offenbar vor allem als Insektenkundler fachliches Ansehen genoss. In den 1890er-Jahren sammelte er in Usambara, über dessen Schnecken er eine wissenschaftliche Arbeit verfasste. 1889 nahm er an der Usambara-Expedition des Afrikaforschers Hans Meyer[3] teil, später hielt er sich in Togo und Kamerun auf, und 1910 soll er sich einer Quelle zufolge als Sammler in Mexiko betätigt haben (Beolens et al. 2011).[4] In einem Fachaufsatz des Entomologen Hermann Julius Kolbe, der von 1890 bis 1921 als Kurator am Museum für Naturkunde in Berlin wirkte,[5] erscheint Conradt an vielen Stellen als Einsender von Käfern aus der Gruppe der Oxopisthinen, die er in Lolodorf (Kamerun) und Bismarckburg (Togo) 1892 und 1895 gesammelt hatte (Kolbe 1899: 25–26). Dort wird als Zusatzinformation über Sammlung und Sammler vermerkt: „Die Mehrzahl der Arten, welche sich im Berliner Königl. Museum für Naturkunde befinden, wurden von dem Stationsleiter Herrn Leopold Conradt bei den Stationen Johann-Albrechtshöhe und Lolodorf in Kamerun und bei der Station Bismarckburg im Hinterlande von Togo (Ober-Guinea) sowie von dem ehemaligen Stationsleiter Herrn G. Zenker bei der Yaundestation und Bipindi in Kamerun geasammelt“ (Kolbe 1899: 28). Der gleichen Publikation ist zu entnehmen, dass mehrere Käferarten nach Conradt benannt wurden. Im Bundesarchiv existieren mehrere Dokumente, die sich auf von ihm eingesandte Sammlungen beziehen – ebenfalls aus dem Bereich der Naturkunde, nicht der Ethnologie. Am 10.10.1890 schrieb der Legationsrat Dr. Kayser an die Direktion des Museums für Völkerkunde z. Hd. Felix von Luschan: „Per Dampfer sind 5 Kisten mit zoologischen Sammlungen des Stationsleiters Conradt verschifft worden, wobei 2,90 Mark seitens der Legations-Kasse für die See-Versicherung verauslagt wurden.“[6] „Das Kultus-Ministerium macht Mitteilung von dem Eintreffen einer wissenschaftlichen Sendung des Hrn. Conradt aus Kamerun“, heißt es in einem Vermerk aus dem Juni 1896. In Hafeneders Dissertation über deutsche Kolonialgeografie erfährt man, dass die wissenschaftliche Station Bismarckburg nach dem Tod des Stabsarztes Wolf (1889) bis zu ihrer Auflösung unter anderem von dem „Landwirt und zoologischen Sammler L. Conradt (1892)“ geführt wurde (Hafeneder 2008: 46). Bismarckburg lag im Adeli-Gebiet, aus dem der Durschlag stammt.

Obwohl Conradts Hauptaugenmerk auf entomologischem Sammeln lag, stand er auch mit dem Königlichen Museum für Völkerkunde in Verbindung, wie sich aus dortigen Aktenvorgängen ergibt.[7] 1892 wandte sich Felix von Luschan mit Fragen an ihn,[8] 1897 sandte Conradt einen Bericht über Musikinstrumente.[9] Außerdem veröffentlichte er ethnografische Informationen. Adolf Bastian bezieht sich in seinen *Ethnischen Elementargedanken in der Lehre vom Menschen* (Bastian 1895: 43) auf Angaben Conradts über Adeli, allerdings ohne Quellenangabe. An den Bewohnern Adelis nahm er zudem anthropologische „Aufnahmen“ (wahrscheinlich Vermessungen) vor (Conradt 1894). Für 1897 verzeichnen die Akten des Königlichen Museums für Völkerkunde von ihm eine Schenkung ethnografischer Objekte aus Kamerun (Ngumba, Yaunde und Bali) nebst einer entsprechenden Objektliste.[10] Einige Gegenstände aus seiner Sammlung sind bei SMB-digital auch abgebildet.[11] Aus dieser Sendung stammt zweifellos der von Achilles Andreae bestellte, aber nie in Hildesheim angekommene Durchschlag.

Dr. med. Hermann Kersting (1863–1937)

12 Objekte, V 1.857 („Lanzenartiges Eisen. Beim großen Tanzfest vor dem Regen gebraucht"). Eintrag im Inventarbuch: „Ost Kabure/Lama. 1899. Dr. Kersting, Berl. Mus. Gesch.[enk]"; V 2.341 („Penisfutteral, geflochten"), Eintrag im Inventarbuch: „Nördl. Togo, Tamberma, 1902. Berl. Mus. f. Vk. Gesch." V 2.342–2.350 (Steinbeilklingen), Eintrag im Inventarbuch: „dgl. [=1902. Berl. Mus. f. Vk. Gesch.]". Herkunftsorte der Klingen laut Inventarbuch: Sudu (1), Kumoniade (3), Tschaudjo (1), Aledyo Kadara (1), Bafilo (1), Pangala (1), Togorode (1).

Sämtliche Objekte sind im ethnologischen Magazin des RPM noch vorhanden.

Umstände des Transfers der Objekte nach Hildesheim

Sämtliche Objekte wurden vom Hildesheimer Direktor Andreae aus Berliner Dublettenverzeichnissen bestellt. Das lanzenartige Eisen stammt aus dem 4. Dublettenverzeichnis 1899 (Sammlung Kersting, Nr. 4), das Penisfutteral und die Steinbeilklingen aus dem Verzeichnis 1901 (Togo, Sammlung Kersting, Nrn. 11, 25–29). 1898 hatte Kersting 99 „Nummern" (Gegenstände) eingesandt, die in Berlin verblieben. Eine kleine Anzahl weiterer Objekte, darunter das lanzenartige Eisen, wurde über das Dublettenverzeichnis vertrieben, sämtlich aus Kabure-Lama und Kabure-Lóso. Im 5. *Verzeichnis der abgebbaren Dubletten* für 1901 (S. 9) ist vermerkt, dass Kersting eine sehr umfangreiche Sammlung aus dem nördlichen Togo geschickt hatte: 525 Nummern behielt das Königliche Museum für Völkerkunde, über hundert weitere wurden in dem Verzeichnis angeboten, darunter drei Penisfutterale von den Tamberma und insgesamt 83 „Steinwerkzeuge" unterschiedlicher Herkunft.

Die Steinbeilklingen und das Penisfutteral hatte Kersting zusammen mit dem Rest der erwähnten großen Sammlung bereits Ende 1899 nach Berlin

Abb. 14 | Penisfutteral, Westafrika, Togo, Tamberma, Sammler: Hermann Kersting, Inv.-Nr. V 2.341. © RPM, Foto: Sh. Shalchi

versandt, wo im Archiv des EM sein dazugehöriges Anschreiben vom 21.11. jenes Jahres erhalten ist (SMP-PK, EM, E 1354/1899, I B Afrika).[12] Er schreibt: „Ich übersende beifolgend dem Museum noch eine ethnographische Sammlung aus meinem Verwaltungsgebiet. Es ist einiges Neue dabei. Auch unter den Steinäxten sind einige Formen, die hier bisher nicht gefunden wurden." Wie andere Stationsleiter sammelte Kersting nicht nur Ethnographica; so teilt er mit, dass drei der von ihm versandten 13 Lasten zoologische Sammlungen enthalten. In seinem Brief folgen einige ethnografische Beobachtungen über die „neuerschlossenen Landschaften von Kabure, Lóso etc." Diese seien „sehr reich bevölkert und so unbeeinflusst, dass sie eine eingehende wissenschaftliche Bearbeitung verdient hätten, was mir bei meinen vielen anderen Aufgaben nur sehr oberflächlich möglich war". Worin seine „anderen Aufgaben" bestanden – nämlich u. a. in der gewaltsamen Unterwerfung des genannten Landstrichs – wird weiter unten noch zu erläutern sein, da es Aufschluss über das Zustandekommen seiner Sammlungen gibt. Aus seinem Brief wird außerdem ersichtlich, dass er von Luschan mit menschlichen Gebeinen belieferte, denn er schreibt:

„Ich bitte Professor von Luschan einen verbindlichen Gruß zu sagen. Für ihn liegen ein paar zuverlässige Schädel von Westbasarileuten bei. Einige Verstorbene aus Kabure und Loso, die ich für ihn hatte eingraben lassen, haben die leidigen Hyänen inspicirt. Ich glaube, es wird nicht viel übrig sein."

In seinem Brief nimmt er weiterhin Bezug auf den Herkunftsort einiger der von ihm eingesandten Ethnographica, das „kürzlich zum ersten Mal bereiste Soma od(er) Tamberma", und erwähnt unter anderem die zweistöckigen „kleinen Festungen", für die Tamberma noch heute berühmt ist und von denen sein Brief auch eine Zeichnung enthält.

Andreaes Bestellung vom 04.04.1899 (SMB-PK, EM, E 366/1899) aus dem 4. Dublettenverzeichnis 1899 enthielt unter anderem das lanzenartige Eisen VII A 626, dessen Empfang – zusammen mit den übrigen Stücken seiner Wunschliste – er am 12.05.1899 auf der entsprechenden Aufstellungsliste quittierte, die er daraufhin nach Berlin zurückschickte (SMB-PK, EM, E 318/1899).[13] Das Eisen hatte Kersting als Teil einer ethnografischen Sammlung 1898 nach Berlin geschickt.[14]

In seiner Bestellung vom 30.01.1902 aus dem 5. Dublettenverzeichnis wünschte sich Direktor Andreae neben diversen Objekten aus Ostafrika, die dann ebenfalls nach Hildesheim gelangten, aus der togoischen „Coll. Kersting" eher vage „irgendetwas von den Steinwerkzeugen" und erhielt daraufhin die Steinbeilklingen. Ebenfalls erwünscht waren ihm „Moba Penisfutterale" aus der Sammlung des Grafen Zech „oder solche der Tamberma" (SMB-PK, EM, E 135/1902). Seine Wünsche begründete er damit, dass diese Sachen in der „schönen Colonial-Sammlung" des Roemer-Museums „noch gänzlich" fehlen würden. In der gleichen Akte im EM Berlin befindet sich hinter Andreaes Brief eine in Berlin gefertigte Auflistung – mit Berliner VII A-Nummern – der Objekte, die wunschgemäß nach Hildesheim gehen sollten (siehe hierzu unten im Abschnitt über Ozeanien die Abb. 33 und 34).[15]

Zur Person des Sammlers und zu den Hintergründen der Sammlung

Der am 11. Februar 1863 in Riga geborene Hermann Kersting studierte Medizin, Nationalökonomie und Landwirtschaft und wurde 1893 zum Doktor der Medizin promoviert (Baumann et al. 2002: 183).[16] Hermann Kerstings Vater Richard, einer von drei Söhnen des bekannten Malers Georg Friedrich Kersting, war Chemiker in Riga.[17]

1893/1894 unternahm Kersting zusammen mit Gustav Adolf von Götzen und Georg von Prittwitz und Gaffron eine Reise von Ostafrika zur Kongomündung. 1896 war er Teilnehmer an einer vom Auswärtigen Amt beauftragten Expedition zur Erforschung des Hinterlandes von Neuguinea unter Karl Lauterbach. Von Interesse im vorliegenden Zusammenhang ist jedoch seine Tätigkeit in Togo, wo er im Mai 1897 in den Kolonialdienst trat und im Norden zuerst die Station Misahöhe, danach ab August 1897 zwölf Jahre lang bis 1910 den Bezirk Sokode-Bassari leitete (Sebald 2013: 61). Sebald charakterisiert Kersting als einen „scharfsinnigen, aber die Militärmacht rücksichtlos gebrauchenden Kolonialbeamten" (Sebald 2013: 59–60): Er sei „ein kalt berechneter Kolonialist" gewesen, „der stets sofort mit militärischer Gewalt eingriff" (Sebald 1988: 218). Erbar wiederum schildert ihn als Autokraten, der „›in seinem persönlichen Kolonialreich‹ über bis zu 300.000 Menschen (Sokode-Bassari) nahezu uneingeschränkt herrschte" und sich „die Station Sokode mit den Ausmaßen eines kurländischen Adelssitzes" bauen ließ (Erbar 1991: 50).

In die Anfangsjahre von Kerstings Tätigkeit in Nordtogo fallen diverse kriegerische Auseinandersetzungen, die mit der Unterwerfung der Bevölkerung des von ihm verwalteten Bezirks zusammenhängen und Licht auf zumindest Teile seiner ethnografischen Sammlungen werfen. Dabei arbeitete er teils mit Valentin von Massow und Gaston Thierry zusammen (siehe die Abschnitte über diese beiden Sammler). Bei seinen militärischen Aktionen setzte Kersting auf den Überraschungseffekt und erschien einem Zeitzeugen zufolge immer, „ehe die Eingeborenen Zeit hatten, einen Widerstand zu organisieren" (Sebald 1988: 219). Sebald kommentiert hierzu, dass „diese Vielzahl von Militäraktionen auch in der Person des Bezirkschefs zu suchen" seien, „der auf bloße Nachrichten hin präventiv eingriff". Die Zahl der Toten auf Seiten der indigenen Gruppen war dabei beträchtlich (ebd.). Julius Smend (siehe unten), ein anderer deutscher Kolonialbeamter in Togo, vermerkte, dass Kersting zwischen 1897 und 1906 von allen Stationsleitern am meisten „zu Felde gezogen" sei. Wie häufig er dies genau tat, ist ab 1902 nicht mehr genau zu ermitteln, denn seit jenem Jahr wurden solche ›Strafexpeditionen‹ der Zentrale nicht mehr gemeldet (Sebald 1988: 220).

Sebald vermerkt, dass Kerstings Verwaltung seines Bezirks als vorbildlich gegolten habe. Selbst 1913, nachdem er Togo bereits verlassen hatte, habe er (vermutlich aufgrund seines „kalt berechnenden Einsatzes militärischer Gewalt", Sebald 1988: 448) bei den Kolonialdeutschen in dem Ruf gestanden, er sei in Sokode „dem Beispiel von Cortez in Mexiko gefolgt" (Sebald 1988: 218).

Wie andere deutsche Kolonialbeamte wurde auch Kersting Anfang des 20. Jahrhunderts im Rahmen eines großen Kolonialskandals verschiedener Vergehen gegen die einheimische Bevölkerung bezichtigt. So soll er Schädel wie Trophäen in seinem Haus ausgestellt und den Schädel eines einheimischen Kochs, der „angeblich eines natürlichen Todes gestorben", tatsächlich aber offenbar von Kersting umgebracht worden war, präpariert und nach Berlin geschickt haben (Habermas 2017: 156 sowie Fußnote 49 auf S. 323). In Zusammenhang mit dem bereits erwähnten Kolonialskandal von 1905 (siehe unten, Sammlerbiografie Smend) wurde auch Kersting der Vergewaltigung minderjähriger Afrikanerinnen beschuldigt. Ungeachtet der Tatsache, dass wenigstens eine Vergewaltigung von einem Stationsassistenten bestätigt wurde, nahmen Kerstings Vorgesetzte ihn in Schutz, sodass die Anschuldigung für ihn – anders als für andere Beschuldigte – folgenlos blieb (Zurstrassen 2008: 216–217; s.a. Morlang 2010b). Um derartige sexuelle Übergriffe geht es zweifellos auch in einem in Sebald (1988) abgedruckten Schreiben des „Königlichen Konsulats für Togo" in Kofrodua-Oyokoe, Gold Coast, aus dem September 1913 an die Kolonial-Abteilung des Auswärtigen Amtes in Berlin, wo ein aus 17 Paragrafen bestehender Beschwerdekatalog unter anderem unter § 10 fordert: „Abnormitäts-Beamten aus dem Schutzgebiet zurückrufen". Unter den genannten Namen befindet sich auch derjenige Kerstings (Sebald 1988: 651), obwohl dieser damals gar nicht mehr in Togo tätig war.

1910 wurde Kersting aus Togo abberufen und trat einen neuen Posten als Vizegouverneur der Karolinen, Marianen und Marshallinseln an. 1911 war er Bezirksamtmann auf Ponape und in dieser Funktion an der Niederschlagung einer Erhebung der Sokeh gegen die deutschen Kolonialherren beteiligt. Auslöser war – wie auch im Maji-Maji-Krieg in Ostafrika – ein eher unbedeutend anmutender Zwischenfall, der bei der einheimischen Bevölkerung jedoch das Fass zum Überlaufen brachte. Am 17. Oktober 1910 widersetzte sich auf Dschokadsch, einer kleinen Insel unmittelbar vor Ponape, ein zu Bauarbeiten eingeteilter junger Sokeh-Mann den Anweisungen des deutschen Aufsehers. Der damalige Bezirksamtmann Gustav Boeder verurteilte ihn daraufhin zu zehn Stockhieben, die von zwei Soldaten aus Deutsch-Neuguinea vollstreckt wurden – „eine zusätzliche Demütigung, da Melanesier von den Insulanern als inferior betrachtet wurden. (...) Noch am selben Abend entschieden sich die Sokehs zum Krieg gegen die Deutschen" (Morlang 2010b). Nachdem Boeder und einige andere Deutsche getötet worden waren, trat Kersting als Nachfolger Boeders auf den Plan, unterstützt von mehreren Kriegsschiffen. Nachdem dieses militärische Vorgehen jedoch nicht den gewünschten Erfolg zeigte, verlegte man sich (wie gleichfalls zuvor im Maji-Maji-Krieg sowie im Nama- und Herero-Krieg) auf eine Strategie der verbrannten Erde. Vom Hunger geschwächt gaben die Sokeh schließlich auf. Am 17. Februar 1911 wurden 15 „Rebellen", darunter ihr Anführer Soumadau en Sokehs, öffentlich hingerichtet und in einem Massengrab verscharrt, das heute in Kolonia, der Hauptstadt des mikronesischen Bundesstaates Pohnpei (der heutige Name Ponapes), eine nationale Gedenkstätte ist. Die übrigen Sokeh wurden nach Palau deportiert, wo die Männer in den Phosphatminen arbeiten mussten. Nachdem im Ersten Weltkrieg Japan alle unter deutscher Kolonialherrschaft stehenden Inseln in Mikronesien besetzt hatte und das deutsche Kolonialreich im Pazifik zu Ende war, konnten die Sokeh ab 1917 wieder in ihre Heimat zurückkehren (Morlang 2010b).[18]

Im Mai 1914 bereiste Kersting auf einer Studienreise China und Japan, wo er bei Ausbruch des Ersten Weltkrieges kurz in Kriegsgefangenschaft geriet. Im gleichen Jahr kehrte er jedoch bereits wieder nach Deutschland zurück. 1915 war er für die Deutsche Landwirtschafts-Gesellschaft tätig, 1916 und 1917 für das türkische Kriegsministerium. 1917 bis 1920 war er beim Reichs-Kolonialamt Referent für Land- und Forstwirtschaft (Baumann et al. 2002: 184). Kersting starb 74-jährig am 28. August 1937.

Erwerbungsumstände der Sammlung durch den Sammler

Lassen sich die von Kersting gesammelten nach Hildesheim gelangten Objekte mit seinen militärischen Aktionen in den Jahren unmittelbar nach Gründung der Station Sokode im Sommer 1897 in Verbindung bringen? Mangels Zugang (im Projektzeitraum 2017/18) zu im Archiv des Ethnologischen Museums Berlin vorhandenen Schriftstücken, die über diese Frage möglicherweise Aufschluss geben, können hier nur erste Vermutungen angestellt werden, und zwar durch einen Abgleich der Orte, aus denen die von Kersting eingesandten Objekte stammten, mit nachweislich durchgeführten Militärexpeditionen.[19] Der von Kersting verwaltete Bezirk Sokode umfasste Tschaudjo (Tschautscho), Bassari mit Konkomba, Kabure, Loso und Difale (Fitzner 2012 [1901]: 49–50). Sudu ist eine Ortschaft, die auf der Sudu-Dako-Hochfläche in Kerstings Verwaltungsbezirk Sokode lag. Sie stand, wie Bafilo und andere Orte in der Gegend auch, unter dem Einfluss des Königs von Tschaudjo, das ebenfalls zum Bezirk Sokode gehörte (*Deutsches Kolonial-Lexikon* Bd. 3: 437, 552). Aledjo Kadara liegt südlich von Bafilo. Kumoniade (Koumoniadé) ist heute ein Teil der Großstadt Sokodé (Barbier und Klein 1995: 129). Pangala ist eine Hochebene nördlich von Bassari in Richtung Sansanne-Mango (Le Cocq 1986: 97, Landkarte Fig. 8). Die zu den Ewe gehörenden Tamberma (Somba) leben in Ghana, Benin und Togo, dort vor allem in der Umgebung von Sansanne-Mango (Olson 1996: 530).

In der Online-Datenbank der SMB-PK findet sich die Angabe, Valentin von Massow habe 1899 über eine „hauptsächlich aus Kriegsbeute bestehende Sammlung berichtet", „diese gesammelt zur selben Zeit wie Dr. Kersting in Kabure".[20] Von August 1897 bis April 1902 führte Kersting 17 Feldzüge durch. In den hier relevanten Zeitraum vor Einsendung seiner Sammlungen nach Berlin fallen mehrere Militäraktionen. Eine „Expedition" nach Sansanne-Mango fand im Spätherbst 1897 statt. Anfang Januar 1898 unternahm Kersting mit afrikanischen Söldnern, Reitern und Hilfstruppen eine Militärexpedition, „stürmte die Felsendörfer von Lama und zog durch Losso nordwärts" (Sebald 1988: 199). Im Mai 1898 zog er gegen Kabure-Lóso, im September 1898 gegen Bafilo, im Februar/März 1899 gegen Lamba (Namba, Lama) in Ost-Kabure, im April 1899 gegen die Tschaudjo-Stadt Tschawade, im August desselben Jahres gegen Lama und Aisi in Südkabure sowie im Oktober unter anderem gegen die Bassari-Region (Sebald 1988: 218–219). Im Sommer 1899 erfolgte eine Expedition nach Kabure, Busale, Tamberma, Disale und Anima. Die zeitliche Nähe der Aktionen zur Einsendung der Ethnographica ist auffällig, ebenso der oben erwähnte Hinweis auf das „Sammeln" von Kriegsbeute offenbar nicht nur durch von Massow, sondern auch durch Kersting. Nicht auszuschließen ist trotz alledem aber, dass er die Objekte oder Teile davon durch Tauschhandel erworben hat.

Heinrich Klose (Lebensdaten nicht bekannt)

1 Objekt, V 1.912, „Sieb, geflochten, Haussa, Togo, Klose, Mus. Berl. 1897." Das Sieb wurde zusammen mit anderen von Klose gesammelten Objekten im *Verzeichnis der abgebbaren Dubletten* 1897 angeboten, Seite 12, „Togo. Sammlung Klose", Nr. 28, „Hausa, Sieb", daneben im Exemplar in der Berliner Dublettenakte der handschriftliche Vermerk „Röm. Mus. Hildesh." Dem Verzeichnis ist zu entnehmen, dass er Objekte aus vielen Teilen Togos eingesandt hatte, so etwa auch aus Bassari, Kete, Sugu, von den Mossi sowie von der „Sklavenküste". Es handelt sich durchgehend um Alltagsgegenstände verschiedenster Art.

Dokumente zu der von Klose eingesandten Sammlung finden sich im Archiv des EM Berlin unter SMB-PK, EM, E 1362/1895 I B 15 Afrika, Erwerbung: I/150/1895, III C 6160–6218, VIII A 271–290, vom Leutnant der Reserve Klose geschenkte Ethnographica. Der Vorgang enthält Frachtbriefe und eine Objektliste, darin aufgeführt auch Nr. 28 „Sieb, Haussa" VII. A. 279). Ebenfalls enthalten ist ein Hinweis von Felix von Luschan, dass es sich bei Klose um einen ehemaligen Zuhörer seiner Veranstaltungen handle.

Heinrich Klose hat seine Erlebnisse und Beobachtungen in Togo – auch ethnografischer Natur, siehe beispielsweise unten unter dem Eintrag zu Julius Smend seine Schilderung des Gebrauchs von Kriegstrommeln mit Schädeln bei den Ewe – ausführlich in dem Buch *Togo unter deutscher Flagge* festgehalten (Klose 1899). Auch die Stationen seines Aufenthaltes sind darin verzeichnet. Er kam im Mai 1894 nach Togo und trat dort zunächst als Landwirt eine Assistentenstelle auf der Forschungsstation Misahöhe an. Im gleichen Jahr begleitete er Hans Gruner auf dessen Nordexpedition. Im Dezember 1894 übernahm er als Leutnant der Reserve bis zum Eintreffen Hans-Georg von Doerings die Polizeitruppe in Kratschi. Anschließend war er als Assistent von Doering tätig. Nach eigenen Angaben war er auf diesen Aufenthalt zwei Jahre lang „in den Museen von Berlin, auf dem orientalischen Seminar, auf der Seewarte zu Hamburg auf dem geodätischen Institut zu Potsdam" vorbereitet worden (Klose 1899: o. S.).

1896 kehrte er in seine Heimatstadt Posen zurück, und zwar unter Mitnahme seines jugendlichen Ewe-Dieners Meppo, den er weiterhin in der deutschen Sprache unterrichten und in der Franziskanerkirche zu Posen auf den Namen Karl Wilhelm taufen ließ, bevor Meppo nach einem halben Jahr wieder nach Togo zurückkehrte (Klose 1899: 296). Auch seine Begegnungen mit Hausa in Kratschi hielt Klose fest. Zu ihnen hatte er nach eigenen Angaben ein sehr gutes Verhältnis und berichtet von abendlichem gemütlichem Beisammensein sowie von Geschenken, die er von den Hausa erhielt – allerdings ist dabei nicht von Ethnographica die Rede, sondern von Schafen, Ziegen und Yams. Auch Reiteraufführungen hielten sie für ihn ab (ebd.: 353). Ethnografisch interessantes Material gab es aber neben Stoffen und anderen Waren offenbar in Geschäften zu kaufen, die von den Einheimischen in Kratschi betrieben wurden, so etwa „Haussa-Schwerter mit schönen gepressten ledernen Scheiden, bunte Wehrgehänge mit roten Quasten, Speere, Griffmesser, sowie Armbänder aus Holz, Eisen und Messing“ (ebd.: 329). Auch wenn Klose es nicht ausdrücklich erwähnt, ist es möglich, dass er das Sieb sowie die übrigen nach Berlin gesandten Hausa-Objekte dort eingekauft hat.

Valentin von Massow (1864–1899)

16 Objekte, V 1.870–V 1.885. Bögen sowie Köcher mit Pfeilen. Eintrag im Inventarbuch: „Oberl. v. Massow bzw. Fr. v. Kuylenstjerna, 1900, Geschenk.“ Wie sich aus einem Brief im Stadtarchiv Hildesheim ergibt, gelangten die Waffen durch Vermittlung des Königlichen Museums für Völkerkunde Berlin nach Hildesheim und wurden daher in das vorliegende Projekt mit aufgenommen. Einer der Bögen wurde 1914 verkauft.[21] Von den übrigen Objekten fanden sich im ethnologischen Magazin des RPM noch drei Köcher mit Pfeilen (V 1.871 a.–q.; V 1.872 a.–g., V 1.874 a.–af.) und zwei Bögen (V 1.884, V 1.885). Sieben Pfeile (V 1875–V 1881) wurden in Hildesheim einzeln inventarisiert; den Inventarnummern zufolge handelt es sich dabei nicht um den Inhalt eines der Köcher.

Umstände des Transfers der Objekte nach Hildesheim

Valentin von Massow, seit 1896 Chef der Polizeitruppe in Togo, starb dort am 23. Juli 1899 am Schwarzwasserfieber. Zu Lebzeiten hatte er, wie unten noch darzulegen sein wird, mehrfach Sendungen mit Ethnographica nach

Abb. 15 | Köcher mit Pfeilen, Westafrika, Togo, Kabure oder Bassari, Sammler: Valentin von Massow, Inv.-Nr. V 1.874 a.–af. © RPM, Foto: Sh. Shalchi

Berlin geschickt. Es befanden sich jedoch außerdem ethnografische Objekte in seinem Privatbesitz und gelangten – ob vor oder erst nach seinem Tod ließ sich nicht ermitteln – in den Besitz seiner Mutter. Nach dem frühen Tod ihres Mannes Valentin von Massow senior hatte diese 1884 erneut geheiratet und trug daher nunmehr Namen und Titel einer Gräfin von Kuylenstjerna. Sie schenkte die Ethnographica aus dem Besitz ihres Sohnes dem Königlichen Museum für Völkerkunde, das eine kleine Auswahl davon im Namen Frau von Kuylenstjernas wiederum dem Roemer-Museum zum Geschenk machte. Am 9. März 1900 schrieb von Luschan an dessen damaligen Direktor Achilles Andreae:

„Aus dem Nachlasse des verstorbenen Oberleutnants von Massow und als Geschenk von seiner Mutter, Frau von Kuylenstjerna übersende ich gleichzeitig ein Postpaket mit 4 Bogen und 6 Köchern[22] mit vergifteten Pfeilen aus Togo.

Eine ganz genaue nähere Angabe über die Herkunft vermag ich nicht zu geben; zweifellos stammen die Stücke aber entweder von den Kabure und Bassari [unterstrichen im Original, S. L.] selbst, oder von unmittelbaren Nachbarn derselben. Jedenfalls sind Bogen und Pfeile von einer Art, die bisher noch in keiner europäischen Sammlung vertreten gewesen sein dürften.

Ein Dankschreiben für diese, wie ich annehme Ihnen erwünschte Zusendung, bitte ich an Frau von Kuylenstjerna, Steinhöfel bei Fürstenwalde richten zu wollen.“ (SAHI, Best. 741, Nr. 242)

Zur Person des Sammlers und zu den Hintergründen der Sammlung

Peter Sebald hat den von ihm herausgegebenen Tagebüchern und Briefen von Massows ein Vorwort mit biografischen Informationen vorangestellt (Sebald 2014b), aus dem die nachfolgenden Angaben entnommen sind. Valentin von Massow kam am 3. November 1864 zur Welt. Seine Eltern waren der preußische Oberst Valentin von Massow sen. und dessen Frau Adelheid geborene Freiin von der Asseburg. Das Paar hatte zwei Kinder, Valentin und dessen 1868 geborene Schwester Margarete „Grete“, zu der er ein inniges Verhältnis hatte. Nach dem frühen Tod des Vaters heiratete die Mutter, wie oben bereits erwähnt, 1884 erneut. Valentin von Massow wurde zunächst von einem Hauslehrer unterrichtet, wechselte dann an das französische Gymnasium in Berlin und schließlich an die Klosterschule in Rosleben, wo er 1884 das Abitur ablegte. Anschließend trat er in das Königliche Husarenregiment (1. Rheinisches) Nr. 7 ein. Sein Vorhaben, anschließend ein Universitätsstudium aufzunehmen, setzte er nicht in die Tat um. Stattdessen schlug er 1886 eine militärische Laufbahn ein und trat in das Regiment ein, dem sein verstorbener Vater angehört hatte. 1890/91 ließ er sich aus gesundheitlichen Gründen beurlauben und wurde anschließend in Münster Angehöriger des Kürassier-Regiments von Deisen.

Offenbar wegen einer unglücklichen Liebe verlief sein Leben danach zunächst etwas planlos. Er selbst berichtet, er habe „sein Leben verpfuscht und sein Vermögen vergeudet" (zitiert in Sebald 2014b: 13). Valentin von Massow trat 1894 aus dem aktiven Militärdienst aus, blieb aber Reserveoffizier und wurde als solcher 1896 zum Oberleutnant befördert. 1894 ließ er sich erneut beurlauben und reiste nach Indien, von wo er erst Anfang 1896 wieder zurückkehrte. „Was er dort im Einzelnen (...) getrieben hat", schreibt Sebald (Sebald 2014b: 12–13), „das hat er rückblickend nicht zusammenfassend beschrieben", aber „das Leben in der britischen kolonialen Oberschicht, einschließlich der Jagden im Dschungel, sagte dem auf Abenteuer bedachten, dem Reit- und Jagdsport verschriebenen preußischen Adligen zu". Die Bekanntschaften, die er in Indien mit Angehörigen der britischen Kolonialmacht machte, zahlten sich, wie aus seinen Tagebüchern deutlich wird, später aus, als er in Togo mit Offizieren der benachbarten Briten zu tun hatte.

Offenbar erwog er nach seiner Rückkehr nach Deutschland erst eine diplomatische Karriere und wurde hierfür beim Auswärtigen Amt in Berlin vorstellig. Schließlich bewarb er sich aber auf die kürzlich frei gewordene Stelle als Chef der „Polizeitruppe" in Togo, die an die Zivilverwaltung in Togo angegliedert war. Dort gab es im Gegensatz zu den anderen afrikanischen Kolonien keine Schutztruppe, sondern lediglich eine sogenannte Polizeitruppe, die auch militärische Aufgaben wahrnahm. Unter von Massows Kommando standen etwa hundert einheimische Söldner und ein deutscher Unteroffizier.

Am 11. April 1896 machte sich Valentin von Massow zusammen mit anderen Deutschen „mit dem allmonatlich von Hamburg nach Westafrika abgehenden Dampfer der Woermann-Linie" (Sebald 2014b: 17) auf den Weg nach Togo und kam am 4. Mai in Klein Popo,[23] dem Hauptort der Kolonie, an. Zu jenem Zeitpunkt lebten dort gerade einmal 36 Deutsche, und die Präsenz der Kolonialmacht beschränkte sich vornehmlich auf die beiden wichtigsten Handelsorte an der togoischen Küste, Klein Popo und Lomé. Im Landesinneren existierten lediglich einige Forschungsstationen (bis 1894

Bismarckburg, seit 1890 Misahöhe und seit Dezember 1894 Kete-Kratschi) als Basis für Expeditionen, die vordergründig wissenschaftlichen Zwecken dienten, tatsächlich aber einer weiteren Kolonialisierung den Weg bereiten sollten (Sebald 2014b: 22). Valentin von Massows Aufgaben in diesem Zusammenhang beliefen sich zum einen darauf, die Bevölkerung im südlichen Teil Togos durch militärische Aktionen und/oder deren Androhung zu unterwerfen. Zum anderen sollte die koloniale Präsenz nach Norden ausgedehnt werden. Auch vor dem Hintergrund zunehmender Rivalität zwischen den europäischen Kolonialmächten sollten nicht nur Verträge mit afrikanischen Herrschern abgeschlossen, sondern auch Stationen und Militärposten in den Hauptstädten „als Zeichen effektiver Besetzung" etabliert werden; dies schloss auch kriegerische Aktionen gegen einheimische Herrscher ein, die sich den deutschen Kolonialherren gegenüber feindselig zeigten und/oder mit den Engländern oder Franzosen sympathisierten (Sebald 2014b: 23). Und schließlich wollte man nunmehr das Innere Westafrikas endgültig unter den Kolonialmächten aufteilen, wozu von Massow schließlich Mitglied einer deutsch–französischen Grenzkommission wurde. Im Anschluss war das Landesinnere „in Verwaltungsbezirke aufzuteilen und die direkte, flächendeckende Herrschaft zu errichten. Als Stationsleiter in Bassari unterwarf auch von Massow mit militärischer Gewalt die Völkerschaften in diesem Bezirk" (Sebald 2014b: 24).

Im Dezember 1896 wurde eine Expedition unter Leitung von Massows zur Eroberung Nordtogos entsandt. Diese sowie seine späteren militärischen Unternehmungen bis kurz vor seinem Tod 1899 hat er ausführlich in Tagebüchern und Briefen beschrieben (Massow 2014), und auch Sebald (1988) geht ausführlich darauf ein. Bereits auf dem Weg zur Hauptstadt des Dagomba-Reiches, Jendi, brannte die Expedition Dörfer nieder und brachte dadurch die Dagomba gegen sich auf, deren große Streitmacht aber durch von Massows vergleichsweise kleinen Trupp mit modernen Gewehren ausgerüsteter afrikanischer Söldner geschlagen wurde. Unterwerfen ließ sich der König der Dagomba indessen nicht, woraufhin von Massows Expedition die Hauptstadt niederbrannte und sich auf den Weiterweg nach Sansanne Mango machte (Sebald 2013: 54). Als „Kriegsbeute" nahm von Massow auch Gegenstände unter anderem aus dem Besitz des Königs von Jendi mit, wie sich aus seinem Tagebucheintrag vom 16.12.1896 ergibt:

„Heute Morgen ordnete ich meine sogenannte Kriegsbeute, die recht mager ausgefallen war, da entweder die Besitzer schon vorher, ehe wir kamen, alles ausgeräumt hatten, oder wir nur so blutwenig Zeit hatten, uns danach umzutun. Von Adibo ging es im Sturmschritt nach Yendi, und warum ich Yendi nicht plündern konnte, das habe ich bereits angegeben. Aber trotzdem habe ich ein paar ganz interessante Sachen, von denen ich vor allem die Yendi-Fahne oder -Flagge, die Sitzkissen des Königs von Yendi, den Koffer des Königs von Adibo und eine Mütze, die dem Serkin Bindiga duká kasan Dagomba gehört haben soll, am höchsten schätze.“ (Massow 2014: 213)

Während er andere „Kriegsbeute“ nach Berlin schickte, behielt er die Standarte bis zu seinem Tod. Erst im Jahre 1900 gelangte sie über die Kolonialabteilung des Auswärtigen Amtes an das Königliche Museum für Völkerkunde.[24] Wie weiter unten in der Sammlerbiografie Gaston Thierrys deutlich wird, fand von Massow seine Ausbeute an Ethnographica generell ›mager‹ und beneidete Thierry um dessen umfangreiche und teils kostbare Sammlung. Er führte dies darauf zurück, dass Thierry als Stationsleiter Zeit und Gelegenheit fand, mit der lokalen Bevölkerung entsprechenden Tauschhandel zu treiben, was ihm selbst, der ständig auf Expeditionen unterwegs war, nicht gelang.

Nach seinem zweiten kurzen Aufenthalt als Stationsleiter von Bassari kehrte von Massow nach Lomé zurück. Im Mai 1898 hätte er eigentlich, wie üblich, nach zwei Jahren Dienstzeit in der Kolonie einen mehrmonatigen Heimaturlaub antreten sollen. Stattdessen entschied er sich jedoch, die Leitung der deutschen Abteilung in der Deutsch-Französischen Kommission zu übernehmen. Deren Aufgabe war es, vor Ort die im Juli 1897 in Paris vereinbarte Ost- und Nordgrenze Togos festzulegen (Sebald 2014b: 17). Während dieser Tätigkeit starb Valentin von Massow am 23. Juli 1899 in der Ortschaft Kirikiri (das heutige Kri-Kri bzw. Adjéide) an der Grenze zu Französisch-Dahomey an Schwarzwasserfieber. Der dortige Stationsleiter Preil versuchte noch, Hermann Kersting – den einzigen deutschen Arzt in Togo – herbeizuholen, dieser war aber nicht abkömmlich (Sebald 2014a: 820). Preil schob von Massows Tod auf den nicht angetretenen Heimaturlaub: „v. M. war zu lange in den Tropen. Sein Körper war infolgedessen nicht mehr widerstandsfähig“ (Sebald 2014a: 822). In Kirikiri wurde er zunächst auch am 25. Juli 1899 feierlich begraben, im Jahre 1900 aber exhumiert, nach Deutschland überführt und auf der Familiengrabstätte in Steinhöfel beigesetzt (Sebald 2014b: 18).

Für die vorliegende Untersuchung von Interesse sind insbesondere seine Aufenthalte in Bassari, wo er zweimal vorübergehend als Stationsleiter eingesetzt war, und sein von dort aus vom 3. Januar bis 3. Februar 1898 unternommener „Feldzug ins Kabure-Land“ (Massow 2014: Kapitel 14). Da die von seiner Mutter nach Berlin gesandten Objekte, von denen einige anschließend nach Hildesheim gelangten, nach von Luschans Informationen von den Kabure, Bassari oder deren unmittelbaren Nachbarn stammen sollen, lohnt sich zu einer möglichen Klärung der Sammlungsumstände ein Blick in von Massows Tagebücher.

Erwerbungsumstände der Sammlung durch den Sammler

Valentin von Massow war 1897 bis 1898 für insgesamt fast acht Monate Leiter der Station Bassari (Massow 2014: 620). Im September 1897 traf mit ihm die gesamte Polizeitruppe von der Küste Togos dort ein. Nahm man die Truppen von Sansanne-Mango und Sokode hinzu, so hatte er etwa 500 afrikanische Söldner und neun Deutsche zur Verfügung – und erstmals ein Maschinengewehr (Sebald 2013: 59). Gegen die modernen Waffen konnte die einheimische Bevölkerung wenig ausrichten. In Bassari selbst scheint es, folgt man seinen Tagebucheinträgen, während seiner Aufenthalte keine größeren kriegerischen Auseinandersetzungen gegeben zu haben. Zunächst wurden jedoch die Konkomba unterworfen, dann unternahmen von Massow, Hermann Kersting (Leiter der Station Sokode) und Gaston Thierry (Leiter der Station Sansanne-Mango) aus drei Himmelsrichtungen eine Expedition gegen die Kabye (Kabure; Massow 2014, Kapitel 14). Es folgten bis 1902 insgesamt 40 offiziell gemeldete weitere „Feldzüge“ in den Bezirken Sokode und Sansanne-Mango (Sebald 2013: 60).

Die Afrikaner, die in Nordtogo gegen von Massow und seine Söldner kämpften, waren mit Vorderladern, Speeren, Pfeilen (häufig vergiftet, siehe z. B. Massow 2014: 538) und Bögen bewaffnet. Von seinem Kabure-„Feldzug“ berichtet er an einer Stelle: „Die Kriegsbeute an Waffen und Kuriositäten war sehr reichlich“ (Massow 2014: 541) und gleich danach, dass im Ort Búfale eine „reiche Ausbeute an Fetisch-Kram, Waffen, Korn, Hühnern, Schafen“ gemacht worden sei (Massow 2014: 541). Kriegsbeute aus dieser militärischen Unternehmung schickte er 1899 nach Berlin.[25] Das *Verzeichnis der abgebbaren Dubletten* für 1901 (S. 11) enthält aus dem „nördlichen Togo“ 60 Nummern, die er eingesandt hatte und die in Berlin verblieben, sowie 16 Nummern Dubletten. Waffen, wie sie nach Hildesheim gelangten, waren nicht darunter. Sollten die Hildesheim geschenkten Stücke von den Kabure oder Konkomba stammen, so ist es sehr wahrscheinlich, dass auch sie als Kriegsbeute in von Massows Besitz kamen.[26] Stammen sie aus der Gegend von Bassari, so lässt sich über die Sammlungsumstände schwieriger eine Aussage treffen. Die Station Bassari war erst im Mai 1897 von Hans Gruner gegründet worden. Vorangegangen war ein Feldzug gegen die umliegenden Ortschaften, der dort etwa hundert Tote forderte (Sebald 1988: 190). Dass auch dort Kriegsbeute gemacht wurde, ist mehr als wahrscheinlich. Falls die Hildesheimer Objekte oder Teile davon von den Bassari stammen, könnte von Massow sie von Gruner als Geschenk bekommen haben. Derlei Geschenke waren offenbar durchaus üblich, denn von Massow berichtet in einem Brief an seine Schwester, wie er 1897 in einem Lager während des zweiten Feldzuges gegen die Konkomba mit anderen Kolonialbeamten Weihnachten feierte: „Unter den Baum hatte ich auf der Decke Geschenke ausgebreitet für die drei Weißen meiner Expedition: Waffen und Kuriositäten, die ich während des Feldzuges erobert hatte“ (Massow 2014: 510).

Adolf Mellin (gestorben 1910)

1 Objekt, V 2.339. Beschreibung im Inventarbuch: „Halskette aus Schlangenwirbeln mit vier kleinen Glasperlen. Nördl. Togo. Mellin (1901), Mus. Vk. Berl. Geschenk 1904.“ Die Halskette ist im ethnologischen Magazin des RPM noch vorhanden.

Umstände des Transfers des Objektes nach Hildesheim

Am 27. April 1901 kündigte Waldemar Horn, seit 1900 stellvertretender Gouverneur von Togo, der Kolonial-Abteilung in Berlin eine Sendung an:

„Der Oberleutnant Mellin hat eine Anzahl wissenschaftlicher Sammlungsgegenstände hier vorgelegt, welche als zwei Frachtstücke (…) durch Vermittlung der Woermann-Linie (…) in Hamburg mit dem Dampfer ›Carl Woermann‹ an das Königliche Museum für Völkerkunde Kolonial-Abteilung Berlin Königgrätzer Straße Nr. 40 zur Absendung gelangen. Die Auslieferungsaufgabe sowie Konnossement beehre ich mich anliegend zu überweisen.“ (SMB-PK, EM E 630, I B 24 Afrika)

Derselbe Vorgang in der Akte im EM Berlin enthält auch sich die Frachtrechnung der Woermann-Linie an das Königliche Museum für Völkerkunde Berlin über 21,70 Mark mit dem Vermerk: „Wir ließen Ihnen die Sendung im Auftrage des Kaiserlichen Gouvernements in Lome zugehen.“ Bei der

Sendung handelte es sich ausweislich der Rechnung, die per Nachnahme zu bezahlen war, um „2 Colli ethnogr. Gegenstände“ (SMB-PK, EM 617/1901, I B 24 Afrika). Ebenfalls in dem Vorgang enthalten ist ein Schreiben des Auswärtigen Amtes, Kolonialabteilung, vom 21. Juni 1901, in dem das Museum für Völkerkunde gebeten wird, eine Eingangsbestätigung zu schicken, sobald die Sendung dort eingetroffen ist, und die Kosten des Transports der Sendung durch einen Lastwagen zu begleichen. Unten auf der Seite befindet sich der handschriftliche Vermerk vom 28.06.1901, dass die Sendung beim Königlichen Museum für Völkerkunde eingegangen sei. Interessanter ist ein weiterer handschriftlicher Eintrag mit dem Vermerk I. 64. 01 und gezeichnet mit „Graebner“[27] ebenfalls unten auf dem Blatt, denn dort ist vermerkt, welche Objekte im Museum verbleiben sollten – nämlich die 133 Gegenstände III. C. 1261–12883 sowie 13133–13134 – und welche als Dubletten fortgegeben werden sollten (VII. A. 1258–1345). Dies passt zu den Angaben im *6. Verzeichnis der aus den deutschen Schutzgebieten eingegangenen wissenschaftlichen Sendungen* 1903, wo von „133 Nummern aus dem nördlichen Togo“ die Rede ist, die Oberleutnant Mellin eingesandt hat, und 88 weitere Stücke aus dieser Sammlung als Dubletten angeboten werden. Unter Nr. 34 (S. 7) finden sich sieben „Halsketten aus Schlangenwirbeln, Fruchtperlen, Glasperlen etc.“ aus dem „nördlichen Togo“. Zur Bestellung einer der Ketten durch Direktor Andreae und dem Schriftverkehr mit von Luschan sei auf die Ausführungen zu der Kriegstrommel mit Schädeln von Smend verwiesen, die im selben Dublettenverzeichnis angeboten wurde.

Von Luschan bedankte sich bei Mellin persönlich für die Sendung und hielt ihn zu weiterem Sammeln an. Er schrieb am 4. Dezember 1901 an den „Herrn Oberlt. Mellin, Hochw, Lome, Togo“ :

„Ew. Hochw. haben die Güte gehabt, dem Kgl. Museum eine große Sammlung sehr interessanter ethnographischer Gegenstände aus dem westlichen Sudan als Geschenk zu überweisen. Indem ich Ew. Hochw. für diese sehr erwünschte und wertvolle Bereicherung unserer Sammlung bestens danke, bitte ich Sie, unsere Bestrebungen auch in Zukunft in gleicher Weise fördern zu wollen.“ (SMB-PK, EM, E 630 I B 24 Afrika)

Der Vorgang in den Archivalien des EM (SMB-PK, EM, E 630 I B 24 Afrika) enthält zudem eine undatierte zweiseitige handschriftliche Liste mit Objekten aus Jendi, Tamberma und Kabure, die offenbar von Mellin erstellt wurde, jedoch unvollständig ist und die Schlangenwirbel-Ketten nicht enthält.

Zur Person des Sammlers und zu den Hintergründen der Sammlung

Adolf Mellin kam 1899 in die Kolonie Togo und leitete von September bis Dezember 1899 und danach noch einmal von Januar bis November 1901 stellvertretend die Station Sokode, der eigentlich seit April 1898 Hermann Kersting vorstand (Barbier und Klein 1995: 126). Mellin folgte Friedrich Rigler als Leiter von Sansanne-Mango (auch: Mangu), der Station im nördlichsten Bezirk der Kolonie Togo. Diesen Posten behielt er bis zu seinem Tod im Januar 1910 (Sebald 2013: 61), wie es überhaupt üblich war, dass Stationsleiter „bis 1914 bzw. bis zu ihrem Ausscheiden aus dem Kolonialdienst" über viele Jahre am gleichen Ort im Amt blieben (Sebald 1988: 270). Sebald merkt an, dass Mellin in Mango „die gleiche autoritäre Position" eingenommen habe wie Kersting in Sokode. 1902 ließ er in Mango und Umgebung durch „zwangsweise angesiedelte ehemalige Ackerbauschüler" Baumwollfelder anlegen, deren Ertrag jedoch alles andere als befriedigend war (Sebald 1988: 456).

Im Januar 1910 starb Mellin offenbar am Schwarzwasserfieber, wie viele andere Kolonialbeamte in Togo auch (Sebald 2013: 83). Er befand sich zum Zeitpunkt seines Todes schwer krank auf dem Wege von Mango nach Jendi, von wo aus er sich auf die Weiterreise zur Küste begeben wollte (Trotha 1994: 178). Die Gesundheitsversorgung für die Kolonialbeamten in Togo war nämlich mit Ausnahme der an der Küste für Europäer eingerichteten Krankenhäuser äußerst mangelhaft (Sebald 1988: 508). In Jendi ist Mellin auch begraben. Der Arzt Dr. Rudolf Fisch von der Basler Mission besuchte das Grab kurz nach Mellins Tod auf einer Inspektionsreise im Jahre 1910 und fotografierte es.[28] Nachdem er sich über das unangenehme Klima in der Station geäußert hat, schreibt er:

„Links davon [von der Wohnung des Stationsleiters, S. L.] ragen zwei einsame Fächerpalmen empor. An ihrem Fuß liegen die Gräber von dem im Januar dieses Jahres gestorbenen Bezirksleiter Hauptmann Mellin und eines vor zwölf Jahren hier gestorbenen Stationsassistenten. Es war für uns ein tiefer Schmerz, am Grabe Hauptmann Mellins stehen zu müssen, den wir so sehr hofften in Mangu noch zu sehen. (...) Wir besuchten mit ihm [dem Stationsleiter von Jendi, S.L.] Hauptmann Mellins Grab und hielten eine kurze, von Herzen kommende Andacht, in welcher wir mit Wehmut des vortrefflichen Mannes gedachten, der so viel für die Kolonie geleistet hat, und der durch sein warmes Herz und seine Gerechtigkeit und Milde das Vertrauen und die Liebe der Völkerschaften des Mangubezirks in seltenem Maße gewonnen hatte. Einen Beweis von der Achtung, in welcher

Hauptmann Mellin stand, erhielten wir in jenen Tagen. Es kam eine Abordnung des Häuptlings von Santile, fünf gewehrtragende Soldaten und ihr Anführer, und schossen zu Ehren und zum Gedächtnis des Hauptmanns ihre Gewehre dreimal über seinem Grabe ab. Das Grab liegt am Fuß einer männlichen und einer weiblichen Fächerpalme. Letztere war mit gewaltigen Trauben der dunkelgelben, kopfgroßen Früchte beladen, ein Sinnbild des treuen und vortrefflichen Mannes, dessen Arbeit Früchte tragen wird bis in ferne Zeiten." (Fisch 1911: 55–56)

Nicht nur bei Fisch wird Mellin romantisch verklärt, sondern auch in den Memoiren des Kolonialoffiziers Werner von Rentzell.[29] Trutz von Trothas Bemerkung zu einer Episode bei Rentzell, in der Mellin vorkommt, lässt sich auf Fischs Bericht über die Ehrerbietung übertragen, die dem Stationsleiter von den Einheimischen entgegengebracht worden sei:

„Im Fall des hilflosen Fieberkranken ist es der Unterworfene, in dessen Hand das Wohl und Wehe des Eroberers liegt. Aber selbst in dieser Umkehrung steckt eine Bestätigung und Festigung der Herrschaft des Eroberers. Sie lässt sich in der Erzählung erkennen, die Werner von Rentzell (…) in einem der schwülstigsten Teile seiner schwül–sentimentalen Kolonialprahlerei zum besten gibt. Rentzell gibt Kunde von ›Hauptmann Fellins [= Mellins, S. L.] Ende‹ (…). In Rentzells (…) ›glutvollen‹ Worten heißt es über diesen Transport: ›Als die bestellten Träger zugreifen wollten, da gab es einen überraschenden Zwischenfall. Die Soldaten bestürmten mich, ›ihren‹ Hauptmann keinesfalls durch die verachteten ›Buschleute‹ tragen zu lassen. Sie verlangten von mir, ich solle das ihnen überlassen. Der leidenschaftlichen Forderung stimmte ich nur allzu freudig bei.‹ Rentzell erzählt den Mythos der Kolonialherrschaft, der der Mythos jeder Herrschaft ist: die Ergebenheit des Unterworfenen für ›seinen‹ Eroberer, die Liebe des Geknechteten für ›seinen‹ Herrn." (Trotha 1994: 178)

Solche neueren Ansätze zur deutschen Kolonialherrschaft, in denen diese kritischer beleuchtet wird, zeichnen ein weniger von „Gerechtigkeit und Milde" geprägtes Bild Mellins. In Sebalds umfassendem Buch begegnet er uns erstmals im Frühjahr 1900. Damals unternahm Mellin – Leutnant, frisch in der Kolonie angekommen und stellvertretender Bezirksleiter von Sokode – zusammen mit Dr. Friedrich Rigler, dem Stationschef von Sansanne-Mango, einen Feldzug gegen Jendi, die Hauptstadt des Dagomba-Reiches, wobei unter anderem der älteste Sohn des kürzlich verstorbenen Königs, Serkin (Häuptling) Togo, getötet wurde (Sebald 1988: 202–203). Rigler setzte einen neuen König ein und gründete in Jendi eine Nebenstation von Mango (Sebald 2013: 61).

Im Mai 1900 führte Mellin, immer noch als stellvertretender Stationsleiter von Sokode unter Hermann Kersting, einen „Strafzug" „gegen die Kabrelandschaft Tschätschau [Tschaudjo, S. L.] (50 Tote) und Lama-Tessi (100 Tote)" durch (Sebald 1988: 219). In einem Artikel in der bereits erwähnten Wochenzeitung *The Gold Coast Leader* vom 13. Juni 1914 wird Mellin bezichtigt, er habe im Jahre 1903 tausende Pfund (gemeint ist die Währung) von den Bewohnern des Mango-Bezirks „gestohlen" und diese angesichts einer bevorstehenden Inspektion durch Gouverneur Horn mithilfe einiger Mitarbeiter versteckt (zitiert in Sebald 1988: 679).

1908 war Mellin Leo Frobenius auf dessen Expedition in Nord-Togo behilflich. In seinem Reisebericht lobt Frobenius die freundliche Aufnahme, die ihm Mellin, inzwischen Hauptmann, zuteilwerden ließ.[30] Als Frobenius auf seiner Reise vom französischen Kongo kommend in Togo eingetroffen war,

„meldeten sich ein Gefreiter und zwei Mann mit einem Schreiben vom Hauptmann Mellin, um sich, im Falle ich Frobenius wäre, zu meiner Verfügung zu halten. Wie ich aus dem Schreiben des Bezirkshauptmannes ersah, hatten die Eingeborenen uns für Franzosen gehalten und noch in der Nacht ihm, dem Hauptmann Mellin, der gerade an der Westgrenze seines Bezirkes weilte, gemeldet, eine französische Kolonne mit drei Europäern an der Spitze, mit Soldaten und einer Unzahl von Trägern sei über die Grenze gekommen. Hauptmann Mellin, der durch Befehle des Kaiserlichen Gouvernements und durch eine meinerseits von Wagadugu aus erfolgte Anknüpfung auf unser Eintreffen vorbereitet war, erkannte den Irrtum seiner Leute, bewies aber gleich im ersten Augenblick seine unendliche Liebenswürdigkeit, indem er noch nachts die Soldaten an uns absandte." (Frobenius 1911: 333)

In der Ortschaft Dapaong fanden Frobenius und seine Begleiter „von Mellin in einem prächtigen Rasthause alles vorbereitet. (...) Auf seine Veranlassung hatten die Eingeborenen sogar ihr imposantes Winterfest verschoben, so dass wir Gelegenheit erhielten, dessen Veranstaltungen beizuwohnen (...)" (Frobenius 1911: 338). Am 23. Dezember 1908 reisten die Expeditionsmitglieder dann weiter nach Sansanne-Mango, wo Frobenius das Weihnachtsfest mit Mellin verbrachte. Am 31. Dezember 1908 verließ er „Sansanne-Mango in Begleitung des gesamten Expeditionstrupps (mit neuen, von Mellin gestellten Trägern) und auch von Mellin selbst, der in Richtung Yendi unterwegs war" (Hahn 1995: 261). Als Frobenius sich im Februar 1909 in Bassari aufhielt, wo er sein dortiges Domizil auf den Namen „Sinnhof" getauft hatte, erhielt er unter anderem Besuch von Mellin, der damals schon von Krankheit gezeichnet war: „Manchen lieben und hochgeschätzten Besuch habe ich auf dem

›Sinnhofe‹ begrüßen können. Zuerst sprach Hauptmann Mellin mit seinen Truppen am 28. Februar, auf dem Durchmarsche zum Bezirkstage,[31] vor. Wie ein alter Freund erschien er mir, aber sein schlimmes Aussehen ließ mich damals schon Schlimmes ahnen" (Frobenius 1911: 378).

Über das Wirken Mellins in Sansanne-Mango erwähnt Frobenius an anderer Stelle, dass dieser – wie auch Kersting in Sokode – die Verlobung von Mädchen im Kindesalter und die „Erarbeitung" der Braut durch den künftigen Bräutigam verboten hatte. Frobenius hätte gerne ethnologische Informationen zu diesem Brauch gesammelt, stellte aber zu seinem Leidwesen fest,

„dass die Deutsche Regierung entsprechend den Erfahrungen der Bezirksleiter das Erarbeiten der als Kind angelobten Braut hinfällig gemacht hat. Ein Mädchen braucht gegen seine Neigung dem aufgezwungenen Manne nicht zu folgen, wenn es auch bei seiner Gattenwahl den Rat der Eltern berücksichtigen muss. Diese Anordnung, die von Regierungsrat Kersting und Hauptmann Mellin bei allen Streitschlichtungen aufrecht erhalten wurde, hat naturgemäß zur Folge, dass nun alles, was mit der Kinderverlobung, Brauterarbeitung und dergleichen zusammenhängt, mühsam verborgen wurde (...) und dass es dem Völkerkundler immer schwerer werden wird, auf diesem Gebiete Material über diese archaistischen Ehegesittungsformen zu sammeln." (Frobenius 1924: 16)

Auch ethnologische Beobachtungen Mellins flossen in Frobenius' Schriften über diese Region ein, so etwa über eine traditionelle Form von Liebschaften zwischen jungen Konkomba-Männern und -Frauen (Frobenius 1924: 15).

Erwerbungsumstände der Sammlung durch den Sammler

Es ist sehr wahrscheinlich, dass Objekte aus der Sammlung Mellin, die im *Verzeichnis der abgebbaren Dubletten* 1903 angeboten wurden und 1901 nach Berlin geschickt worden waren, in Zusammenhang mit seinen oben erwähnten militärischen Aktionen in der Anfangszeit seines Aufenthaltes in Togo in seinen Besitz gelangten. Die im Dublettenverzeichnis angebotenen Stücke stammen aus der Region um Sokode-Bassari, wo Mellin Kersting vertrat: Sudu (in der Nähe von Bafilo), West-Bassari, von den Kabure, Tamberma (Nachbarn der Kabure) und den Dagomba. Die handschriftliche, von Mellin stammende Liste im Vorgang SMB-PK, EM, E 630 I B 24 Afrika enthält Gegenstände, die nach „Kriegsbeute" klingen, u. a. den „Königsmantel des Serkin Yendi" sowie dessen Sandalen (Nrn. 40, 42), eine „Kappe eines Dagomba" (Nr. 41) sowie

„Schmuckstücke des Fetischpriesters" (Nr. 13, wahrscheinlich der im *Verzeichnis der abgebbaren Dubletten* 1903, S. 6., aus seiner Sammlung als Nrn. 9 und 10 angebotene „Halsschmuck des Fetischpriesters" sowie die „Armbänder des Fetischpriesters" aus West-Bassari). Gerade die Objekte des „Fetischpriesters" dürfte er wohl nicht freiwillig bekommen haben; Valentin von Massow berichtet in seinem Journal von einer ähnlichen Situation, in der er und seine einheimischen Söldner im November 1898 in dem Kabure-Dorf Búfale „eine reiche Ausbeute an Fetischkram, Waffen, Korn, Hühnern, Schafen" (Massow 2014: 541) stahlen. Bei den letzten fünf Nummern der Sammlung Mellin, aus denen das Hildesheimer Objekt stammt, ist ohne genauere Angaben „nördliches Togo" als Herkunftsort angegeben. Im Gegensatz zu anderen Stücken (Köcher mit Pfeilen, Patronengürtel und andere Waffen) sind diejenigen aus dem „nördlichen Togo" unverfänglicher; neben den Halsketten handelt es sich um Armringe aus Eisen, Messing und Leder, ein aus Gras geflochtenes Bündel Schnur, eine eiserne Schelle und Steinbeilklingen (*Verzeichnis der abgebbaren Dubletten* 1903: 7, Nrn. 34–38). Wie Mellin speziell an diese Objekte, bei denen es sich am ehesten um Alltagsgegenstände handelt, gekommen ist, geht aus den Dokumenten nicht hervor. Vorstellbar ist, dass er die zahlreichen Schlangenwirbel-Halsketten durchaus auf ›legalem‹ Wege erworben und nicht bei einer kriegerischen Auseinandersetzung an sich genommen hat und/oder sie möglicherweise speziell für ihn angefertigt wurden, wie auch anderswo Objekte für Sammler. Eine online-Recherche über Halsketten aus Schlangenwirbeln aus Togo führte die Verfasserinnen mit den Suchbegriffen „Halskette" „Schlangenwirbel" „Togo" nicht zu Ethnographica in Museen, sondern auf eine Website, auf der Schlangenwirbel aus Nord-Togo zum Verkauf angeboten werden. Dort heißt es in einem offenbar mithilfe eines Übersetzungsprogramms etwas abenteuerlich aus dem Englischen übersetzten Begleittext des Anbieters oder der Anbieterin, dass solche Ketten noch immer von den Einwohner/innen getragen werden und in dem Ruf stehen, Rückenschmerzen zu heilen.[32]

Julius Smend (1873–1939)

1 Objekt, V 1.856. Eintrag im Inventarbuch: „Kriegstrommel mit Schädeln. Anfoe, Togo. Leutn. Smend, Mus. Berl. Geschenk 1904." Die Trommel ist in der ethnologischen Sammlung des RPM noch vorhanden.

Umstände des Transfers der Objekte nach Hildesheim

Smend, ein Angehöriger der Polizeitruppe in Togo, schickte die Trommel zusammen mit einer kleinen Anzahl weiterer Ethnographica nach Berlin, wahrscheinlich auf dem üblichen Wege über den Gouverneur der Kolonie. Im *6. Verzeichnis der aus den deutschen Schutzgebieten eingegangenen wissenschaftlichen Sendungen* von 1903 erscheint sie unter den vom Museum für Völkerkunde abzugebenden Dubletten (S. 7, Sammlung des Leutnants Smend, Nr. 4: Kriegstrommel mit Schädeln). Mit Schreiben vom 15. Januar 1904 an Felix von Luschan bestellte der Direktor des Roemer-Museums, Achilles Andreae, eine Anzahl Dubletten aus dem Verzeichnis und vermerkte: „Ganz besonders erwünscht wären uns die Trommel mit Schädeln (Nr. 4) von Togo und eine von den Armbrüsten aus Sd. Kamerun (Slg. Laasch)."[33] Von Luschan übersandte ihm mit einem Anschreiben vom 12.03.1904 eine Liste der für Hildesheim bestimmten Dubletten (SAHI, Best. 741, Nr. 242). Außer der Kriegstrommel handelte es sich dabei um einen Armring aus Elefantensohlenhaut (Slg. Stierling, V 2.274), vier Carneolperlen (Slg. Thierry, V 2.340 a.–d.), eine Halskette aus Schlangenwirbeln (Slg. Mellin, V 2.339) sowie eine Armbrust (Slg. Laasch, V 1.703).[34] Von Luschan verlieh in dem erwähnten Schreiben seiner Freude Ausdruck, „dass wir in der Lage waren, Ihnen wenigstens die als ›ganz besonders erwünscht‹ bezeichneten Gegenstände und auch einige der übrigen Desiderata übersenden zu können" und kündigte „in diesen Tagen" den Versand der Objekte an. „Den Empfang der Gegenstände bitte ich gefälligst bestätigen zu wollen" (ebd. sowie SAHI, Bestand 741. Nr. 242). Am 21. März 1904 kam die Sendung im Roemer-Museum an, wie ein Mitarbeiter „in Vertretung des abwesenden Professors Andreae" in einem Brief an das Königliche Museum für Völkerkunde quittierte (ebd.).

Zur Person des Sammlers und zu den Hintergründen der Sammlung

Paul Florens Julius Smend kam am 4. April 1873 in Recke, Westfalen, zur Welt.[35] Sein Vater Albrecht Florens Julius Smend (1835–1909) hatte an der Universität Bonn Theologie studiert und war seit 1861 Pfarrer in Recke bei Ibbenbüren, später ab 1875 bis zu seiner Pensionierung im Jahre 1907 in Tecklenburg. 1864 heiratete er Maria Krummacher. Neben seiner seelsorgerischen Tätigkeit war er als Schriftsteller aktiv. Unter anderem äußerte er sich über

Abb. 16 | Julius Smend. Datum der Aufnahme unbekannt (aus Strehlau 1978, ohne Seitenzahl). Abdruck mit freundlicher Genehmigung des Verlages C.A. Starke.

den „erzieherischen Wert der Hausmusik“,[36] was insofern interessant ist, als sein Sohn Julius sich während seiner Zeit in Togo intensiv mit Musikethnologie beschäftigte, worauf weiter unten noch einzugehen sein wird. Julius Smend war das jüngste von vier Kindern des Ehepaares. Nach Abschluss seiner Gymnasialausbildung trat er in die Armee ein, und zwar 1892 in Detmold als Musketier in das Infanterie-Regiment Graf Bülow von Dennewitz (6. Westfälisches) Nr. 55 (Mansberg 1900: 285). Im Juli 1893 wurde er zum Sekondleutnant befördert und anschließend 1895–1896 zur Schlossgarde-Kompanie in Berlin und 1900 zur Kolonialabteilung des Auswärtigen Amtes kommandiert. Bis 1906 war er für diese kommissarischer Bezirksamtmann in Togo.

Seine Laufbahn beziehungsweise seine Stationen in Togo ließen sich aus den Quellen nicht lückenlos ermitteln, doch gibt Sebalds (1988) umfassendes Buch einige Einblicke. So leitete Smend 1901 zeitweilig den Bezirk Misahöhe, von wo er eine mehrwöchige Strafexpedition nach Botoe (Kpetu) unternahm. Der eigentliche Bezirksamtmann und Stationsleiter von Misahöhe, den er zu jener Zeit vertrat, war von 1899 bis 1914 Hans Gruner (1865–1943). Im Bezirk Misahöhe lag der Ort Anfoe (auch: Anfoë, Anféu, Anfeu), aus dem die von Smend gesammelte Trommel stammt. Die Bewohner Anfoes sind Ewe-Sprecher.

In Botoe hatten Einheimische die Arbeit an ihnen befohlenen Wegebauarbeiten eingestellt, da die Deutschen – im Gegensatz zu den Briten in der benachbarten Goldküstenkolonie – sie dafür nicht bezahlten. Smend marschierte daraufhin mit einem Trupp afrikanischer Söldner gegen den Ort Apegame, „wobei es unter der Bevölkerung 17 Tote und vier Verwundete gab. In Nyitoe befahl er, auf Flüchtende zu schießen (…). Von der üblichen Niederbrennung der Dörfer nahm Smend Abstand, damit die Afrikaner nicht in die britische Kolonie auswanderten“. Für diese Aktion erhielt Smend den Kronorden Vierter Klasse mit Schwertern (Sebald 1988: 214–215). Sebalds Buch enthält im Anhang außerdem ein Dokument, eine am 14. Mai 1914 in Lomé in etwas gebrochener deutscher Sprache an den Reichstag zu Berlin gerichtete Petition, gezeichnet „Herald Patriot Diasempa, Care of Gold Coast Leader, Cape Coast“. Beim *Gold Coast Leader* handelte es sich um eine ab 1902 von Afrikanern in der britischen Gold Coast Colony herausgegebene Wochenzeitung. Da die deutsche Verwaltung den indigenen Bewohnern Togos kurzerhand verboten hatte, eine eigene Zeitung herauszugeben, schickten diese Beiträge an den *Leader*, wo sie abgedruckt wurden (Sebald 2005: 161–162). Neben schweren Vorwürfen bezüglich Gewalttaten und Willkürherrschaft anderer Vertreter der deutschen Kolonialmacht in

Togo findet in der Petition auch Smend am Rande Erwähnung, und zwar in Zusammenhang mit einer Strafexpedition nach Akukomei-Anfoe im Jahre 1900 „wegen nicht rechtzeitig geführte Zwangsarbeit. (...) Der Häuptling musste über Volta fliehen (...). Hausvieh wurden geraubt, Zeugwaren, Kleidung mit Brennstoffen verbrannt“ (Sebald 1988: 664).

1903 war Smend einer der Zeugen, die in dem „Sittlichkeitsprozess“ gegen Georg Albert Ferdinand („Geo“) Schmidt, den Vorsteher der Station Atakpame, aussagten (Habermas 2017: 59). Dessen sexuelle Übergriffe auf eine junge Afrikanerin waren von Angehörigen der Steyler Mission zur Anzeige gebracht worden und lösten einen Kolonialskandal aus. Außerdem wurden Schmidt Gräueltaten gegen die einheimische Bevölkerung vorgeworfen. All dies führte zunächst zu einem Prozess in Togo, der in Schmidts Freispruch endete, und anschließend 1906 zu erhitzten Debatten im Reichstag. Rebekka Habermas beschreibt Smend in ihrer Analyse des Skandals als „Freund Geo Schmidts, der häufig in Atakpame weilte“ (Habermas 2017: 60). Die beiden Männer waren so gut befreundet, dass sie sogar gemeinsam eine Reise nach Italien unternahmen (Habermas 2017: 97). Entsprechend entlastete Smend Schmidt bezüglich des Vorwurfs, dessen sexuelle Beziehung zu einer minderjährigen Afrikanerin sei von Gewalt geprägt gewesen (Habermas 2017: 97). Der Skandal zog weite Kreise, und die Namen anderer Kolonialbeamter tauchten in Zusammenhang mit sexuellen Übergriffen und/oder Gräueltaten gegen die togoische Bevölkerung auf (Habermas 2017: 30–31). Offenbar war auch Smend in der einen oder anderen Weise auffällig geworden, denn er wurde schließlich 1906 aus Togo abberufen, „wo der Gouverneur Horn schließlich die Absetzung Geo Schmidts genauso durchsetzte wie die Ablösung der Kolonialbeamten Smend und Rotberg. Sie alle mussten die Kolonie verlassen“ (Habermas 2017: 166).

Wie andere Kolonialoffiziere betätigte sich auch Smend während seines Aufenthalts in Togo als Sammler, und zwar nicht nur von Ethnographica, sondern auch von naturkundlichen Stücken. So ist im *Deutschen Kolonial-Lexikon* (Band III: 764 ff.[37]) vermerkt, dass unter anderem er „an der Erforschung der Tierwelt Togos mitgearbeitet und wesentliche Feststellungen ermöglicht“ habe. Es soll in diesem Zusammenhang nicht unerwähnt bleiben, dass eine von ihm in Misahöhe gesammelte Ameisenart bis heute in einschlägigen entomologischen Publikationen erörtert wird (z.B. Hita Garcia und Fisher 2011: 34), und im *Bericht über das Zoologische Museum zu Berlin im Rechnungsjahr 1901* findet auf Seite 12 eine Sendung „Kriechthiere“, die er dem

Bericht zufolge nicht aus Togo, sondern aus Kamerun geschickt hatte, lobende Erwähnung (Anonym 1902; siehe hierzu auch Habermas 2017: 155). Smend gehörte auch zu den Kolonialbeamten, die menschliche Überreste nach Berlin schickten. In einem als PDF online zugänglichen[38] Dossier über Schädel und Skelette, die dem damaligen Königlichen Museum für Völkerkunde aus den afrikanischen Kolonien zugingen, befindet sich unter der Rubrik „Mehrere Schädel und Skelette" der Eintrag: „AnfangVNr: E 654/1901; EndeVNr.: E 1483/1901, Smend: Sendung von Schädeln (1901), Bl. 232" (Berlin Postkolonial o. J.: 3). Wie sich aus der Online-Datenbank der Staatlichen Museen zu Berlin (SMB digital[39]) ergibt, schickte Smend außerdem wiederholt ethnografische Informationen an das Königliche Museum für Völkerkunde; möglicherweise lag ihm die *Anleitung zum ethnologischen Beobachten und Sammeln* vor, die Felix von Luschan großzügig und gratis an die Militärs und Beamten in den deutschen Kolonien verschickte.

Zu Smends Aufgaben gehörten ferner Vermessungsarbeiten, an denen auch andere Kolonialbeamte (u. a. Zech, Kersting, Mellin) beteiligt waren und auf denen schließlich das zweite Blatt des Togo-Kartenwerks basierte (Hafeneder 2008: 51).

Smends besonderes Interesse galt der Musik der indigenen Bevölkerung in Misahöhe und Umgebung. Unter anderem nahm er mithilfe eines Phonographen Tonaufnahmen auf Wachswalzen auf, eine Aufgabe, für die ihn Felix von Luschan mit Blick auf das Phonogramm-Archiv des Königlichen Museums für Völkerkunde gewonnen hatte: „Luschan stellte auch den Kontakt zu einem Leutnant J. Smend her, einem Mitglied der Schutztruppe in Togo, dem das Archiv reiche und gut dokumentierte Walzensammlungen aus den Jahren 1904–1906 mit den ältesten Tonaufnahmen westafrikanischer Trommelsprachen und Mehrstimmigkeit verdankt" (Ziegler 2009: 135). Mittels der Trommelsprache konnte man „je nach Länge, Tonhöhe und Akzentuierung des Schlages ganze Sätze übermitteln" (Spreckelsen 2010). Die Ergebnisse seiner musikethnologischen Forschungen, aber auch anderer ethnologischer Beobachtungen, veröffentlichte er (Smend 1908a, 1908b, Smend 1909, Smend 1910). Er ist außerdem Verfasser zweier Übersichtsbeiträge über die Kolonie Togo in einschlägigen Publikationen anlässlich des 30- bzw. 40-jährigen ›Jubiläums‹ der deutschen Kolonien, zu denen auch andere Kolonialbeamte als Autoren beisteuerten (Smend 1914, Smend 1924).

Nach seiner Rückkehr aus Togo setzte Smend seine militärische Laufbahn in Deutschland fort, wo er 1909 heiratete. Aus der Verbindung gingen drei Kinder hervor. Im Ersten Weltkrieg erlitt er eine schwere Verwundung, 1923 ging er im Rang eines Oberstleutnants in Pension. Sein ältester Sohn Günther (1912–1944) folgte in seine Fußsstapfen und wurde Offizier. Als Sympathisant und Mitwisser des gescheiterten Attentats vom 20. Juli 1944 wurde Günther Smend verhaftet, zum Tode verurteilt und hingerichtet.[40] Julius Smends zweiter, 1917 geborener Sohn Rolf fiel 1940 bei Reims. Den Tod der Söhne erlebte Smend nicht mehr; er starb am 7. Februar 1939.

Die drei Kinder mit seiner Frau Maria geb. Piesberg in Deutschland waren indessen nicht Smends einziger Nachwuchs (vgl. Habermas 2017: 60). Wie die meisten Angehörigen der Stationen in den afrikanischen Kolonien hatte er ganz offenkundig in Togo „nach Landessitte" (wie es Valentin von Massow einmal nannte) mindestens eine einheimische Frau, und bei einem Besuch in Misahöhe im Jahr 2016 lernte eine Gruppe von Schülerinnen und Schülern aus Benin und Togo im Rahmen einer von der Initiative PASCH[41] organisierten Studienreise „die 85-jährige Eugenia Smend kennen, Enkelin des deutschen Leutnants Julius Smend, die ihnen von ihrer Familiengeschichte erzählte" (Hamann und Böker 2016). Außerdem berichtete der 1910 geborene Hans Komlan Gruner, ein Sohn von Hans Gruner und einer Frau vom Volk der Ewe, in einem 1981 geführten Interview, dass Smend in Togo einen Sohn namens Julius gehabt habe, der zu jenem Zeitpunkt allerdings bereits verstorben war (Adili o. J.: o. S.). Da Hans Komlan Gruner diesen Julius als seinen Cousin bezeichnet, müssen die Mütter der beiden Männer Schwestern gewesen sein.

Erwerbungsumstände der Sammlung durch den Sammler

Wie Smend die Trommel erworben hat, geht aus den verfügbaren Dokumenten nicht hervor. Auffallend ist die zeitliche Nähe zu der oben erwähnten „Strafexpedition" nach Anfoe, die Smend – wenn die Datierung in der obengenannten Petition korrekt ist – bald nach seiner Ankunft in Togo im Jahre 1900 durchgeführt haben muss. Grundsätzlich kann er die Trommel im Rahmen seiner musikethnologischen Studien auch erworben haben. Ob er dieser Forscherleidenschaft aber von Anbeginn seines Aufenthaltes in Togo an gefrönt hat, ist unklar. Zumindest mit den Wachswalzenaufnahmen begann er erst 1904.

Zum Objekt

Mit Schädeln getöteter Feinde geschmückte Trommeln waren bei den Ewe keine Seltenheit. So schreibt Schlothauer: „Weiterhin wurden Schädel und Beinknochen bei den Ewe als Trophäen an den Kriegstrommeln befestigt, wodurch diese vor feindlichen Geschossen schützen sollten“ (Schlothauer 2011: 119). Über Trommeln mit Schädeln bei den zu den Ewe gehörenden Bewohnern der Stadt Ho (heute in Ghana gelegen) berichtet Karl Fies, der 1890–1898 dort als Missionar tätig war. In seinem Aufsatz „Der Hostamm in Deutsch-Togo“ (Fies 1905) ist auch eine dieser Trommeln als Abbildung 1 (S. 14) zu sehen. Er schreibt, die an dieser Trommel angebrachten Schädel stammten von „Asante“ (Ashanti) und seien von einer versammelten Streitmacht aus Ho, Agotime und anderen Orten in einem Gefecht erbeutet worden (Fies 1905: 13). Auf dem in Fies‘ Artikel abgebildeten Foto lässt sich erkennen, dass die Schädel – ohne Unterkiefer – mittels einer dicken Schnur oben an der Trommel kreisförmig befestigt sind. Das Foto, das außer der Trommel eine Trompete aus menschlichen Unterkiefern zeigt, erscheint auch in Schlothauer (2011: 119, Abb. 2) als „Schädel-Trommel und Unterkiefer-Trompete (Fante, Ghana)“.[42] Eine in Frobenius (Frobenius 1901: 129, Abb. 183) abgebildete „Trommel mit Schädeln aus Togo (nach von Luschan)“, die sich zweifellos im Königlichen Museum für Völkerkunde befand, ähnelt derjenigen im RPM so auffallend, dass auf den ersten Blick der Eindruck entsteht, es könne sich um ein und dasselbe Stück handeln. Es gibt jedoch einige Unterschiede. In Form und Ausstattung sind die beiden Trommeln nahezu identisch, allerdings fehlen auf der Abbildung in Frobenius’ Buch die vertikalen Rillen, die auf der Hildesheimer Trommel unterhalb der beiden ›Ringe‹ den Körper der Trommel komplett überziehen. Angesichts der Akkuratesse, mit der damals Zeichnungen von Objekten gefertigt wurden, wäre es erstaunlich, wenn der Zeichner in Berlin diese Rillen nicht mit abgebildet hätte. Bei der Trommel im RPM wiederum fehlt der menschliche Oberarmknochen, der auf der bei Frobenius abgebildeten Trommel neben den Schädeln befestigt ist, und der um den Trommelkörper laufende ›Ring‹ unterhalb der Holzpflöcke, mit denen das Trommelfell gespannt ist, ist doppelt und nicht einfach.

Eine anschauliche Schilderung des Gebrauchs dieser Trommeln Ende des 19. Jahrhunderts bei den Ewe in der Ortschaft Tafi gibt der Forschungsreisende Heinrich Klose:

„Während wir noch bei Tische unter dem großen Baume saßen und uns von den Strapazen des Marsches ausruhten, hörten wir von weitem

Abb. 17 | Kriegstrommel mit Schädeln, Westafrika, Togo, Ewe, Sammler: Julius Smend, Inv.-Nr. V 1.856.

Trommelschlag und bald wurde uns gemeldet, dass der König Dadaku mit vielen Kriegern im Anmarsche auf Tafi sei. Das Trommeln kam immer näher und bald marschierte die Truppe der Krieger in die Stadt ein. Dadaku hatte nach unserer Schätzung 300 bis 400 Krieger gesammelt und war uns so schnell wie möglich auf dem Kriegspfade gefolgt. Einen eigentümlichen Anblick gewährten die einzelnen Gruppen, die alle im Kriegsschmuck mit Gewehren und Speeren, sowie mit ihren Fetischemblemen auf dem Marktplatz an uns vorbeizogen. Voran marschierten die Leute von Kpando selbst in stattlicher Menge; vorweg die Trommelschläger des Königs mit großen Kriegstrommeln, an denen die Köpfe von besiegten Feinden als Trophäen angebracht waren. Grausig sah es aus, wenn die Schädel beim Trommeln nickten.“ (Klose 1899: 236)

Gaston Thierry (1866–1904)

1 Objekt, V 2.340 a.–d. Eintrag im Inventarbuch: „Carneol-Perlen. Hauptm. Thierry 1904.“ Es ist dort nicht vermerkt, dass die Perlen aus Berlin kamen, jedoch erscheinen sie im *6. Verzeichnis der abgebbaren Dubletten der aus den Deutschen Schutzgebieten eingegangenen wissenschaftlichen Sammlungen* 1903 (S. 8: Sammlung des Hauptmanns Thierry, Nr. 3: Carneol-Perlen). Die Perlen sind im ethnologischen Magazin des RPM noch vorhanden.

Umstände des Transfers des Objektes nach Hildesheim

1899 sandte Gaston Thierry eine umfangreiche Sammlung Ethnographica aus Togo an das Königliche Museum für Völkerkunde.[43] Darüber hinaus schickte er 1902 auch eine Sammlung von Schädeln dorthin.[44] Einige Dubletten aus seiner ethnologischen Sammlung wurden daraufhin im *Verzeichnis der abgebbaren Dubletten* 1903 angeboten. Hinsichtlich Teilen der in Berlin verbliebenen über 300 weiteren Objekte meldete Thierrys Bruder, Hauptmann C. Thierry aus Dieuze in Frankreich, nach dessen Tod im Jahre 1904 Interesse an. Felix von Luschan hatte ihm ein Kondolenzschreiben geschickt, woraufhin er sich für das Beileidsschreiben bedankte und nach der Möglichkeit des Verkaufs von Dubletten aus der Sammlung seines Bruders fragte, die sich noch im Berliner Museum befanden (SMB-PK, EM, E 1841/1904). 1905 verzeichnet ein Dokument im Museumsarchiv dann

Abb. 18 | Karneol-Perlen, Westafrika, Nord-Togo, Sammler: Gaston Thierry, Inv.-Nr. V 2.340 a.–d.
© RPM, Foto: Sh. Shalchi

Verhandlungen über den Verbleib der Dubletten aus der Sammlung des verstorbenen Gaston Thierry.[45]

Mit dem bereits oben mehrfach erwähnten Schreiben vom 15. Januar 1904 an Felix von Luschan bestellte Achilles Andreae neben anderen Dubletten auch die Karneolperlen. Es sei hier auf die ausführliche Darstellung der Transaktion unter dem Eintrag über Julius Smend verwiesen.

Zur Person des Sammlers und zu den Hintergründen der Sammlung

Der Kaufmannssohn Thierry wurde am 17. Juli 1866 in München geboren und trat nach dem Abitur 1886 in das Infanterieregiment Nr. 88 ein. 1887 wurde er Leutnant in der preußischen Armee, „1896 zum Auswärtigen Amt kommandiert und als Stationsleiter dem Gouvernement in Togo zugeteilt, wo er sich an der Unterwerfung des Nordbezirkes eifrigst beteiligte. 1902 wurde T. dem Gouvernement von Kamerun zugewiesen; er verwaltete hier zunächst Jaunde, dann (1903) die Residentur Garua" (*Deutsches Kolonial-Lexikon* Bd. 3: 479[46]).

Thierry, zwischenzeitlich zum Premierleutnant befördert, traf 1896 kurz nach Valentin von Massow (zu diesem siehe weiter oben) in Togo ein, nachdem er 1894 als Angehöriger der Marineinfanterie vorübergehend in Kamerun eingesetzt gewesen war. Vom damaligen Landeshauptmann und späteren ersten Gouverneur der deutschen Kolonie Togo, August Köhler, wurde Thierry Dr. Hans Gruner, der seit 1892 Leiter der Station Misahöhe war (Sebald 2013: 50), als Assistent zugewiesen. Das Aufeinandertreffen der beiden Neuankömmlinge ist hinsichtlich Informationen über Thierry insofern ergiebig, als von Massow sich in seinen 2014 veröffentlichten Tagebüchern ausführlich über Thierry äußert, mit dem er militärische Aktionen unternahm und den er nicht sonderlich schätzte.

Von Massow beschreibt ihn als „eine ungemein zähe Natur, der kleine Thierry mit seinen 110 Pfund Gewicht", der mit den Stationsleitern Kersting und Rigler bei Wein und Plaudern regelmäßig die Nächte durchgemacht habe (Massow 2014: 766). Bereits Ende November 1896 brach Thierry mit von Massow, Gruner und dem Polizeimeister Heitmann sowie 91 afrikanischen Soldaten von der Station Kete-Kratschi aus zu einer Expedition gegen Jendi (Yendi), die Hauptstadt des Dagomba-Königreiches, auf. Schon auf dem Weg dorthin kam es zu Gefechten, und die Expedition brannte Dörfer und Felder ab. Der gewünschte Erfolg blieb indessen aus; mitnichten besiegt schnitten die Dagomba der Expedition den Weg nach Kete-Kratschi ab. Gruner gründete eine neue Station in Mango, in der Thierry stationiert wurde. Gruner und von Massow (Heitmann war in Mango seinen bei einem Gefecht mit den Dagomba erlittenen Verletzungen erlegen) begaben sich schließlich mit dem Hauptteil der Expedition über das Togogebirge auf den Rückweg nach Klein Popo (Sebald 1988: 182–185).[47] Thierry wiederum marschierte weiter Richtung Norden und legte in Pama eine weitere Station an, die er jedoch bald wieder aufgeben musste, da das dortige Gurma-Reich in einem deutsch–französischen Abkommen 1897 Frankreich zugesprochen wurde (Sebald 2013: 54; *Deutsches Kolonial-Lexikon* Bd. 3: 497 ff.).[48]

Nach seiner Rückkehr aus Pama war Thierry 1897 erneut an militärischen Aktionen beteiligt, teils allein, teils gemeinsam mit von Massow –

der Gruner vorübergehend als Stationschef von Bassari vertrat – und Dr. Hermann Kersting, dem Leiter der Station Sokode (Sebald 1988: 195). In Mango entledigte sich Thierry des lokalen Tschokossi-Königs Nbema Sabie, nachdem dieser sich geweigert hatte, die deutsche Oberhoheit anzuerkennen und bereits bestehende Verträge mit Großbritannien und Frankreich zu kündigen. Daraufhin veranlasste Thierry die „Wahl" eines neuen, ihm loyalen Königs (Sebald 1988: 197; Sebald 2013: 58; s.a. Trotha 1994: 253). Damit, so Sebald (1988: 197), hatte Thierry „die koloniale Ordnung in der Stadt errichtet". Von Massow, der kurz darauf aus Bassari in Mango eintraf, kommentiert: „In Mangu selbst (...) hat Thierry den Mangu-König, der sich widersetzte, erschießen lassen. Die Mangu-Leute, d.h. die Königspartei, hatte sich sogar versammelt, um gegen die Station zu kämpfen, doch eine Salve genügte, um dieselben zu zerstreuen. Thierrys Reiter erledigten noch einige auf der Flucht" (Massow 2014: 488). Diese Aktion war ganz nach von Massows Geschmack, der in seinem Tagebuch ausnahmsweise lobende Worte für Thierry findet: „Ich bin überzeugt, daß Thierry bei der ganzen Sache durchaus richtig gehandelt hat, wie er denn überhaupt einen ganz, einen anderen und unverhältnismäßig günstigeren Eindruck macht wie voriges Jahr. Die harte Schule des Busches hat ihn gereift, und wenn er auch wohl Fehler in Gurma gemacht hat (...), so ist er doch anscheinend, nach dem, was ich jetzt beurteilen kann, ein sehr, ein tüchtiger Stationsleiter geworden" (ebd.). Bei einer anderen Gelegenheit (Februar 1898) war von Massows Urteil weniger freundlich, weil Thierry ein von ihm in die Wege geleitetes friedliches Einvernehmen sabotiert hatte:

„Thierry ärgerte mich sehr. Denn nicht nur, daß er jeglicher Verabredung entgegen nach Süden marschiert war, hatte er mir auch Groß-Kabure-Losso niedergebrannt, mit dem ich ja mühevoll Freundschaft geschlossen hatte. Was sollen nun die unglücklichen Leute denken, wenn erst ein Weißer kommt, der sie beruhigt und mit ihnen Freundschaft schließt und einen Tag später ein anderer kommt, sie zusammenknallt und alle ihre Häuser p.p. zerstört und niederbrennt. Ich finde es unverantwortlich von Thierry, so in das Blaue hinein gehandelt zu haben." (Massow 2014: 548)

1898 führten die beiden Männer gemeinsam erst einen „Feldzug" gegen die Konkomba und dann gegen Kabure durch (Sebald 1988: 197–198; Massow 2014: Kapitel 14). Auch mit anderen Kolonialbeamten beteiligte sich Thierry zwischen 1897 und 1900 an zahlreichen „Strafexpeditionen" (Sebald 1988: 220). Hinzu kamen spätere, die dem Gouvernement teils gar nicht mehr gemeldet wurden (ebd.: 221, 227; s.a. Sebald 2013: 60).

Valentin von Massow verdanken wir auch Einblicke in Thierrys Privatleben in Mango. Er bescheinigt Thierry eine sehr passable Beherrschung der Haussa-Sprache und schreibt im Dezember 1897:

„Thierry führt hier auf Station solch eine Art Familienleben. Er selber hat sich nach Landessitte mit einem Fullani-Mädchen verheiratet, Aba mit Namen, die noch sehr jung und ganz nett ist. Mit der Zeit laufen hier auf der Station eine ganze Menge Sklavenmädchen zusammen, die befreit werden, und auf seinen Wanderzügen in Gurma hat er welche befreit. Über all diese Mädchen, welche im Alter von 6–15 Jahren sind, führt Frau Aba die Oberherrschaft, sie erhält Geld von ihrem Herrn und ernährt davon die ganze Gesellschaft, außerdem besorgt sie Milch, Butter und manchmal auch [*Hirse*-]Bier für Thierry.

Am Abend, wenn Thierry gegessen hat, kommt die ganze Mädelgesellschaft zu Thierry gelaufen, um mit Verbeugung ›gute Nacht‹ zu sagen. Dabei bleiben dann alle noch etwas, holen zwei Spieluhren herbei, die Thierry besitzt, schnattern, sprechen, lachen durcheinander, kurz, sind quietschvergnügt. Zuerst, als ich kam, waren sie alle sehr ängstlich und verlegen, jetzt aber haben sie ihre Verlegenheit überwunden und kommen jeden Abend, und es ist wirklich ein nettes Bild, alle diese kleinen Sklavenmädel so vergnügt zu sehen." (Massow 2014: 492)

Sebald (1988: 197) merkt an, dass sich Thierrys Kriegsführung nicht wesentlich von derjenigen anderer Stationsvorsteher unterschied, er sich aber wesentlich ungenierter dabei bereicherte. Das fiel auch Gouverneur Köhler auf, der ihm „eine Art Landsknechtsleben" bescheinigte und schrieb, dass Thierry „eine Strafexpedition nach der anderen" unternommen habe, „deren Ergebnis stets reiche Kriegsbeute – die Grundlage seiner Finanzwirtschaft – war. Ob alle diese Unternehmungen immer durch die Verhältnisse geboten waren, lässt sich nicht beurteilen" (zitiert in Sebald 1988: 197). Von Unregelmäßigkeiten bei der Lohnabrechnung für Leute, die bei Thierry beschäftigt waren, ist die Rede, und Köhler beschlich der Eindruck, Thierry wolle „seine offenbar stark zerrütteten Vermögensverhältnisse wieder einigermaßen (…) ordnen" (zitiert in Sebald 1988: 197). Geld, das in seiner eigenen Tasche landete, erwirtschaftete er in Mango unter anderem dadurch, dass er Rinder und Schafe, die er auf seinen zahlreichen Strafexpeditionen erbeutet hatte, an Haussa-Händler verkaufte (Sebald 1988: 221). Selbst vor anderen Kolonialmitarbeitern machte sein Geschäftssinn keinen Halt, denn von Massow berichtet, Thierry habe ihm Pferde zu „geradezu ganz unsinnigen Preisen" angeboten (Massow 2014: 756). Auch von Massow entgingen sein Hang zu einem aufwendigen Lebensstil und seine lasche Finanzführung nicht:

„Er hat, wie ich früher schon einmal erwähnte, eine ganz, eine gute Kinderstube genossen, was seine Manieren anbetrifft, ist aber sonst der richtige Leutnant, der für nichts als für Wein, Weiber und sein eigenes ›Ich‹ Interesse hat. Arbeiten tut er gar nichts, schimpft aber in einem fort auf seine Stellung, daß er als Premierleutnant keine selbstständige Stellung, daß er keine eigene Station hat etc. etc. Er ist dabei in seinen Redensarten furchtbar unvorsichtig und für seine 31 Jahre noch merkwürdig unreif. Er hat, als er zur Marine kommandiert war, viel gesehen aber nichts verdaut, und sein ewiges Jammern und Seufzen nach Sekt und Weibern ist auf die Dauer unerträglich. Dabei fehlt ihm jeder Ernst der Auffassung der Stellung der weißen Beamten hier; er ist unordentlich in ihm anvertrauten Geldsachen. Kurz, ich fürchte, es nimmt einmal kein gutes Ende mit ihm." (Massow 2014: 152)

Wären Nachrichten über die Unverfrorenheit, mit der sich Thierry bereicherte, nach Deutschland durchgedrungen, so hätte dies möglicherweise – ähnlich wie in dem oben erwähnten Kolonialskandal um Geo Schmidt – dort politische Wellen geschlagen. Daher wurde er schließlich 1902 aus Togo abberufen. Allerdings schickte man ihn – anders als Julius Smend – keineswegs nach Deutschland zurück, sondern versetzte ihn ins Hinterland von Kamerun (Sebald 1988: 197), wo er, inzwischen zum Hauptmann befördert, 1903 die Station Jaunde leitete und später im selben Jahr zum Leiter der Residentur Garua (Adamaua) ernannt wurde (*Deutsches Kolonial-Lexikon*, Bd. 3: 479). Von Trotha merkt an, dass Stationsleiter für gewöhnlich nur dann versetzt wurden, wenn dies „in den Augen Berlins unumgänglich" geworden sei, dass eine solche Versetzung allerdings in manchen Fällen – worunter er Thierry anführt – praktisch einer Beförderung gleichgekommen sei. Darüber hinaus sei Kamerun als Kolonie bedeutender als Togo gewesen und habe größere Karrieremöglichkeiten eröffnet (Trotha 1994: 164).

Am 16. September 1904 starb Thierry in einem Gefecht gegen die Mubi an einem Pfeilschuss (*Deutsches Kolonial-Lexikon*, Bd. 3: 479). Er ist in Garua begraben. Hatte man ihn zuvor aus der politischen Schusslinie in Deutschland heraushalten können, so machte er, den Sebald (1988: 221) als „berüchtigten Stationsleiter" charakterisiert, in Berlin nun posthum schlecht von sich reden: In Zusammenhang mit Gräueltaten in den Kolonien fiel sein Name 1906 im Reichstag, wo ihn der Zentrumsabgeordnete Erzberger bezichtigte, „er habe afrikanische Missionskinder ›vom Baum heruntergeschossen‹" (Habermas 2017: 30–31).

Die herangezogenen Quellen geben keinen Aufschluss darüber, ob Thierry bei seinen militärischen Unternehmungen neben Vieh auch ethnografische Gegenstände in den Dörfern oder Waffen vom jeweiligen Kriegsschauplatz mitnahm. Dass dies vorkam, zeigen unter anderem die Aufzeichnungen von Massows, etwa hinsichtlich seiner „Kriegsbeute" aus dem Jendi-Feldzug (siehe oben). Zumindest Teile von Thierrys Sammlungen waren auf jeden Fall keine „Kriegsbeute", sondern per Tauschhandel erworben. Valentin von Massow beschreibt mit einem Anflug von Neid sein Geschick beim Erwerb kostbarer Stücke. In der Station Sokodé zeigte Thierry ihm im April 1899

„nachher am Nachmittag und Abend seine Sammlungen, die geradezu erstaunlich schön sind. Er hat eine Unmenge Goldsachen gesammelt darunter ein Armband von ca. 2 Pfund purem Gold, ca. 2.–3.000 Mark im Wert, die prachtvollsten uralten Stoffe aus dem alten Mangu nördlich Ashanti, silber- und goldbeschlagene Schwerter mit seltenen Klingen, Bronzeschnitzereien, Ringe, Amulette, Gewänder, Lanzen, kurz, eine beneidenswerte Sammlung. Ich hätte nicht geglaubt, daß man solche Sachen, wie ich sie bei ihm gesehen habe, im hiesigen Hinterlande finden würde. Thierry hat aber eine besondere Begabung dafür, er hatte seine Leute wie Spürhunde abgerichtet, und sowie einer von ihnen etwas sah, teilte er es sofort Thierry mit und ›taffts‹ – wie Kersting sagt – hatte dieser die Hand drauf und handelte es durch Pferde oder Kühe oder alte Säbel oder Alféniden[49] Sachen oder dergleichen ein." (Massow 2014: 799)

Ein Expeditionsleiter wie er selbst käme an derlei Dinge nicht heran, wohl aber ein „Stationsleiter [wie Thierry] (…), der lange im Lande ist, seine Leute kennt und viel Zeit darauf verwendet". Offenbar waren aber auch kriegerische Auseinandersetzungen ein Weg zu reicher Beute einschließlich kostbarer Ethnographica, „in einem Feldzuge, wo der Gegner es gar nicht für möglich hält, dass man ihn besiegen, geschweige denn seine Hauptstadt (…) einnehmen kann, wie der Engländer bei Benin. Bei mir überall da, wo ich Krieg geführt habe, hatten sie schon alles vorher beiseite und in Sicherheit gebracht" (Massow 2014: 799). Ob zu der oben von Gouverneur Köhler erwähnten „Kriegsbeute", die Thierry zur Finanzierung seines Lebenswandels aufwandte, auch Ethnographica gehörten, die er an Privatsammler veräußerte, ist nicht bekannt. Wie alle anderen Kolonialangestellten war er eigentlich verpflichtet, die von ihm gesammelten ethnografischen Objekte nach Berlin an das Königliche Museum für Völkerkunde zu schicken. Zumindest einen Teil der von Massow erwähnten Goldgegenstände sandte Thierry auch dorthin.[50]

Erwerbungsumstände der Sammlung

Wo und wie Thierry speziell die Karneolperlen erworben hat, lässt sich nicht feststellen. Auffällig ist jedoch – wie auch bei den Objekten von Massow und Kersting – die zeitliche Nähe zu kriegerischen Auseinandersetzungen mit den Ethnien, von denen die Gegenstände stammen. Alle drei Männer waren Ende der 1890er-Jahre ständig an Kampfhandlungen in Nordtogo beteiligt. Im *Verzeichnis der abgebbaren Dubletten* 1903 (S. 8) steht, dass die „Sammlung des Hauptmanns Thierry" aus „Nord-Togo" stamme. Er hatte eine beachtliche Menge Objekte eingesandt. Der überwiegende Teil, 311 Nummern, verblieb im Königlichen Museum für Völkerkunde; im Dublettenverzeichnis angeboten wurden zum einen 12 Köcher mit Pfeilen sowie ein Bündel Hüftschnüre von den Konkomba, gegen die es 1899 eine Strafexpedition gegeben hatte. Hier lässt sich zumindest bei den Köchern an „Kriegsbeute" denken. Bei den übrigen Dubletten, 12 Carneol-Perlen (Nr. 3) und 2 Schnüren von blauen Stangenperlen (Nr. 4), ist als Herkunft lediglich „Nord-Togo" angegeben (*Verzeichnis der abgebbaren Dubletten* 1903, S. 8), über genaue Herkunft und Sammlungsumstände ließ sich nichts Näheres ermitteln. Die Perlen müssen einen gewissen Wert besessen haben, denn zumindest für das Königreich Bassari (Bassar) lässt sich ermitteln, dass Perlen aus Edel- und Halbedelsteinen aus Kirotashi am Niger importiert wurden (Barros 2011: 14; siehe auch Anonym 1898: „Die Neger [an der Westküste] stellen diesen [Agri-Glasperlen] selbstverfertigte, zu Kirotaschi am Niger hergestellte Carneolperlen zur Seite."). Heinrich Klose wiederum berichtet, die Frauen „besonders in den größeren Ständen wie Akpande, Tashi und Suruku" hätten sich unter anderem nicht nur mit Achatperlen vom Niger, sondern auch mit „einer roten Perlenschnur um den Hals geschmückt" (Klose 1899: 451), möglicherweise also aus Karneol.

Kamerun

Franz Karl Guse (geboren 1864)

2 Objekte, V 1.752 und V 1.753. Eintrag im Inventarbuch für V 1.752: „Fetischanzug, schwarz u. braun gestrickt. Mit roten Bastfransen. 2 m lang. Ngolo. Kamerun, W. Afrika. Erhalten von Berlin 1902"; für V 1.753: „Fetischhut, dgl." – Beide Objekte sind im ethnologischen Magazin des RPM heute noch vorhanden.

Umstände des Transfers der Objekte nach Hildesheim

Der Anzug nebst Kopfbedeckung wurde mitsamt anderen Ethnographica (Alltagsgegenstände, aber auch einige Pulverflaschen, Munitionstaschen und Pfeile) im *Fünften Verzeichnis der abgebbaren Dubletten der aus den deutschen Schutzgebieten eingegangenen wissenschaftlichen Sendungen* 1901 angeboten. Es handelt sich dabei um die Nrn. 1 und 2 der insgesamt 13 Dubletten aus der beim Berliner Museum eingegangenen „Sammlung Guse", von der 56 Nummern dort verblieben. Die Objekte stammen ausweislich des Verzeichnisses von den Ngolo. Einem Schreiben Grünwedels vom 3. März 1902 ist zu entnehmen, dass die von Direktor Andreae daraus bestellten Dubletten von Berlin auf den Weg nach Hildesheim geschickt worden waren.[51]

Zur Person des Sammlers und zu den Hintergründen und Umständen der Sammlung

Wie unter anderem auch Hans Glauning und Adolf von Götzen hatte der am 18. Mai 1864 in Königsberg geborene Guse, über den die Informationen spärlich sind, das Seminar für Orientalische Sprachen an der Königlichen Kaiser-Wilhelms-Universität in Berlin besucht (Sachau 1901: IV). 1900 bis 1901 war er Leiter der von Besser gegründeten Station Nassakpe in Kamerun (Hoffmann 2007: 103), 1901 Hauptmann in der Station Kribi (Fitzner 2012, I: 363). Im selben Jahr übernahm er die Fortführung der (Straf-)Expedition von Bessers,[52] nachdem deren Leiter, Hauptmann von

Besser, suspendiert worden war, da gegen ihn „wegen Ausschreitungen seiner Expedition in Nordost-Kamerun Anklagen beim Gouvernement von Seite mehrerer Officiere der Schutztruppe eingegangen waren", woraufhin er den Befehl erhielt, „nach Berlin zurückzukehren, wo er sich vor dem Militärgericht zu verantworten hat" (K. K. Österr. Handels-Museum in Wien 1901: 12, 34; s.a. Hoffmann 2007: 71). Interessant im vorliegenden Zusammenhang ist Guses Funktion als Oberleiter der Operationen im Crossfluss-Gebiet, in deren Verlauf er 1901 – dem Jahr, in dem die von ihm eingesandten Objekte im Dublettenverzeichnis angeboten wurden – Expeditionen gegen die Ngolo, von denen die beiden nach Hildesheim gelangten Stücke stammen, und Bakundu durchführte (Hoffmann 2007: 104). Es ist daher nicht auszuschließen, dass es sich bei dem Anzug nebst dem Hut um „Kriegsbeute" handelt.

Die Objekte

Ähnliche Anzüge finden sich auch in anderen Sammlungen. So ist in dem Katalogteil zum Abschnitt über Afrika in dem Band *Heikles Erbe* (Poser und Baumann 2016: 294–295) unter der Nummer 180 ein „Gestrickter Tanzanzug" auf Pflanzenfaserstoff von den Bakoko in Kamerun aus der Zeit vor 1896 abgebildet (Sammler: von Lucke, 1895 Vizegouverneur von Kamerun, vgl. ebd.: 212). Auch das Königliche Museum Berlin besitzt einen vergleichbares Tanzkostüm, einen dreiteiligen, mit Glasperlen verzierten „Fetisch-Anzug atúka" von den Bangwa, eingesandt 1899 von Gustav Conrau (Inv.-Nr. III C 9813; Schlothauer 2015: 24, 28).

Solche gestrickten „Masken"-Anzüge mit mützenförmigen Kopfbedeckungen, heute in kräftigen Farben, werden noch immer von den Mitgliedern des Mgbe-Bundes bei den Ejagham (Ekoi) im Südwesten Kameruns und im Südosten Nigerias getragen.[53] Dieser Männerbund spielt in der Kultur der Ejagham noch heute eine wichtige Rolle bei der Verbindung zwischen den Menschen und ihren Ahnen und somit auch bei Begräbnissen von Mgbe-Mitgliedern. Während es Nicht-Eingeweihten verboten ist, Maskentänzer beim Anlegen der Kostüme zu beobachten, dürfen Kostüme, die zum Trocknen ausgebreitet sind, von jedem angesehen werden (Mattheus-Weigelt 2012: 42). Im Zusammenhang mit den Erwerbsumständen des Tanzanzuges durch Guse wäre die Information wichtig, ob und inwieweit es erlaubt ist bzw. war, solche Kostüme an Außenstehende zu veräußern. Conrau berichtete zumindest im Hinblick auf die Bangwa: „Es gelang mir eine Häuptlingspfeife sowie einen Fetischanzug zu bekommen. (...) Ich habe sie von dem Häuptling geschenkt bekommen, muß natürlich aber ein großes Gegengeschenk dafür machen" (zitiert in Schlothauer 2015: 24).

Gustav Adolf Wilhelm Laasch (geboren 1873)

1 Objekt, V 1.703. Eintrag im Inventarbuch: „Armbrust. Bule, Kamerun. Leutnant Laasch? Berl. Mus. f. Vk., Geschenk."

Umstände des Transfers des Objektes nach Hildesheim

Im *6. Verzeichnis der aus den deutschen Schutzgebieten eingegangenen wissenschaftlichen Sendungen* von 1903 erscheint die Armbrust unter den vom Königlichen Museum für Völkerkunde abzugebenden Dubletten (S. 9, Sammlung des Leutnants Laasch aus Süd-Kamerun von den Bule, Nr. 1: Armbrust). Mit Schreiben vom 15. Januar 1904 an Felix von Luschan bestellte Achilles Andreae eine Anzahl Dubletten aus dem Verzeichnis; der komplette Vorgang wurde bereits oben bei der von Julius Smend eingesandten Kriegstrommel dargestellt. Neben dieser Trommel war dem Direktor des Roemer-Museums „eine von den Armbrüsten aus Sd. Kamerun (Slg. Laasch)" besonders erwünscht, die er auch erhielt.

Abb. 19 | Armbrust, Westafrika, Kamerun, Bule, Sammler: Gustav Adolf Wilhelm Laasch, Inv.-Nr. V 1.703. © RPM, Foto: Sh. Shalchi

Zur Person des Sammlers und zu den Hintergründen der Sammlung

Gustav Adolf Wilhelm Laasch wurde am 16. April 1873 in Buslar (Preußen) geboren und schlug nach dem Abitur eine militärische Laufbahn ein. 1894 wurde er zunächst Fahnenjunker im Infanterieregiment Graf Schwerin (3. Pommersches) Nr. 14, im selben Jahr Fähnrich und im Jahre 1895 Leutnant. Anfang März 1900 schied er aus dem Heer aus und wechselte zur Schutztruppe für Kamerun. Aus dieser schied er wiederum am 19.06.1902 aus und wurde unmittelbar anschließend wieder in demselben Infanterieregiment eingestellt, in das er zu Beginn seiner Laufbahn eingetreten war. 1905 erfolgte seine Beförderung zum Oberleutnant. In Kamerun war er anfangs in der Stammkompanie in Duala, anschließend 1901 Kompanieoffizier in der Station Ebolowa beziehungsweise deren Leiter (Hoffmann 2007: 124).

Aufschluss über Laaschs Tätigkeit und die Umstände, unter denen er an die Armbrust und andere Gegenstände der Bule gekommen sein kann, geben seine Reminiszenzen aus seiner Zeit in Kamerun, die 1905 zusammen mit denjenigen dreier anderer Kolonialoffiziere in einem Band mit dem Titel *Mit der Schutztruppe durch Deutsch-Afrika* erschienen (Laasch 1905).

Laasch kam am 3. April 1900 an Bord des Schiffes „Aline Woermann" in Victoria an der Küste Kameruns an und reiste mit dem Regierungsdampfer „Nachtigal" am folgenden Tag weiter nach Duala, „dem Sitz der Regierung und dem Haupt-Handelsplatz der Kolonie" (Laasch 1905: 74). Die Schutztruppe in Kamerun wurde im Sommer 1900 aufgestockt und umfasste danach 30 Offiziere, 70 Unteroffiziere und 950–1000 „farbige Soldaten" (Laasch 1905: 80). Sie war in sieben Kompanien aufgeteilt, eine Stammkompanie in Duala an der Küste, bei der die einheimischen Soldaten ausgebildet wurden, sowie sechs Kompanien als Besatzungen der Stationen im Landesinneren (ebd.). Ein großer Teil der afrikanischen Soldaten stammte Laasch zufolge aus Liberia, Sierra Leone und Lagos, vereinzelt waren sie auch Haussa und Jaunde (Yaoundé) aus Kamerun (ebd.: 75–76).[54]

Die ersten drei Wochen verbrachte er damit, sich zu akklimatisieren und Rekruten auszubilden. Dann erhielt er den Befehl, „nach Ebolova, einer provisorischen Station im Gebiet der Bulu, zu marschieren". Die Bule (bei Laasch: Bulu) hatten im Herbst zuvor, als sich die gesamte Schutztruppe auf dem Wute-Adamaua-Feldzug (1898/99 unter dem Kommando von Oltwig von Kamptz) in Tribati in der Provinz Adamaua aufhielt, deren Abwesenheit dazu genutzt, an der Batanga-Küste vor allem im wichtigsten Handelsort Kribi einige Faktoreien und eine Missionsstation zu plündern (Laasch 1905: 75). Laasch merkt an, dass die Bule zwar nach Rückkehr der Truppe „durch eine Strafexpedition gezüchtigt, aber doch noch nicht endgültig unterworfen worden" seien. Diese Aufgabe wurde nunmehr Laasch aufgetragen, der sich daraufhin – wiederum mit dem Dampfer „Nachtigal" – in Begleitung von 17 Soldaten zunächst auf den Weg nach Kribi begab. Dort rekrutierte er einheimische Träger, was sich insofern schwierig gestaltete, als diese sich an die Ereignisse des vergangenen Herbstes noch lebhaft erinnerten und sich vor den Bule fürchteten (ebd.: 75).

Nach fünf Tagen erreichten Laasch und seine Begleiter die Station Lolodorf, wo er neue Träger anwarb. Kurz dahinter begann das Gebiet der Bule, wo Laasch auf seinem Weitermarsch nach Ebolowa indessen alle Dörfer entlang des Weges verlassen fand (Laasch 1905: 76). Laasch zufolge hatten sich einige östlich der Station lebende Bule-Gruppen „absolut nicht unterwerfen lassen", überfielen Handelskarawanen und afrikanische Händler „und schossen auf alles, was irgendwie in einem freundschaftlichen Verhältnis zur Station stand". Ihm selbst ließen sie ausrichten, wenn er käme, „würden sie mir die Haut abziehen und damit ihre Kriegstrommeln überspannen" (ebd.: 87). Am 20. November brach er daraufhin mit hundert Soldaten, ungefähr ebenso vielen Trägern, einem Arzt und einem Unteroffizier zu einer Strafexpedition auf. Gleich im ersten Dorf wurden sie mit Gewehrfeuer empfangen (ebd.: 89) – eine aufschlussreiche Information, geht daraus doch hervor, dass sich die Bule mit modernen Waffen zur Wehr setzten. Allerdings ist kurz danach auch davon die Rede, dass Laasch und seinen Begleitern außer Kugeln aus den „Donnerbüchsen" der Bule auch „Pfeile zischend an den Köpfen vorbei" flogen (ebd.: 89), allerdings würden diese Pfeile nur wenig eingesetzt (ebd.: 92). Bezüglich der Gewehre berichtet Laasch, es habe sich dabei um alte Vorderlader gehandelt, die von den Bule mit „Steinchen, alten Nägeln und Schrauben und Topfscherben" als Munition vollgestopft würden (ebd.: 93). Außerdem bildet er Speere ab (ebd.: 90), möglicherweise „Kriegsbeute" von dieser Strafexpedition. Was sonstige Beute betrifft, so berichtet Laasch, wie ihm einige einheimische Soldaten „triumphierend" abgeschnittene Köpfe von Bule brachten (ebd.: 91). Der Erfolg der Expedition im Hinblick auf eine „Unterwerfung" der Bule scheint nach Laaschs Bericht eher fraglich; offenbar zog er sich mit seinen Leuten nach mehreren Scharmützeln wieder aus dem Bule-Gebiet zurück.

Im Archiv des EM Berlin finden sich einige Vorgänge in Zusammenhang mit Laaschs Dienstzeit in Ebolowa. Zum einen gehörte er zu den Kolonialoffizieren, die neben Ethnographica auch menschliche Gebeine, und zwar komplette Skelette, nach Berlin schickten.[55] Zum anderen erbat er Anleitungen zum Sammeln (SMB-PK, EM, E 801/1900, I B 23 Afrika) und erhielt

Abb. 20 | Gustav Adolf Wilhelm Laasch (aus Laasch 1905: 106)

von Felix von Luschan möglicherweise dessen entsprechende Publikation. Er scheint nur zweimal Sendungen nach Berlin geschickt zu haben, einmal die Skelette, das andere Mal eine kleine Sammlung ethnografischer Objekte: Im *Verzeichnis der abgebbaren Dubletten* 1903 (S. 9) ist von „11 Nummern" von den Bule die Rede, die in Berlin verblieben – darunter eine Federhaube ähnlich der eines „Bulumannes im Kriegsschmuck", dessen Foto Laasch abbildet (1905: 92, 93) –, sowie zwei Armbrüsten und einer Harfe, die in dem Verzeichnis angeboten wurden.[56]

Auch Laasch sammelte nicht nur Ethnographica; das *Deutsche Kolonial-Lexikon* (Bd. 3: 764 ff.[57]) erwähnt ihn als einen derjenigen, die durch zoologische Sammlungen – darunter Chamäleone und Geckos (vgl. Tornier 1902: 664, 674, 676) – die Kenntnisse von der Tierwelt Kameruns bereichern halfen. Ein entsprechendes Schreiben von Karl Möbius, dem Direktor der zoologischen Sammlung am Königlichen Museum für Naturkunde, an den Minister der geistlichen, Unterrichts- und Medizinal-Angelegenheiten bestätigt dies: „Für die Kenntniss der Säugetierfauna von Süd-Kamerun", urteilte er, „ist die kleine Sammlung von erheblichem Werthe. Es befinden sich darunter zwei Arten, welche in dem Museum noch nicht vorhanden waren."[58]

Laaschs Todesdatum konnte nicht ermittelt werden. Allerdings muss er 1912 noch am Leben gewesen sein, denn er gehörte zu denjenigen, denen die am 13. Juni 1912 gestiftete Kolonialgedenkmünze für die Angehörigen der Schutz- und Polizeitruppen verliehen wurde (Döbel 2014: 12).

Erwerbungsumstände der Sammlung

Als Waffe an sich ist die Armbrust dem *Kolonial-Lexikon* zufolge (Bd. 3: 169 ff.[59]) in Kamerun von den Europäern entlehnt, aber nach und nach außer Gebrauch gekommen, bis sie schließlich nur noch als Kinderspielzeug diente. Mit ihr seien früher winzige vergiftete Pfeile abgeschossen worden. Armbrüste erscheinen nicht unter den von Laasch erwähnten von den Bule verwendeten Waffen, und es fanden sich weder in seinen Erinnerungen von 1905, noch bei den Archivrecherchen Informationen darüber, wie sich seine Sammeltätigkeit gestaltete. Möglich ist, dass er in einem der Dörfer, in denen es Kämpfe gab, eine oder mehrere Armbrüste erbeutet hat, zumal er von friedlichen Begegnungen mit Bule, bei denen er solche Waffen per Tauschhandel[60] von ihnen hätte erwerben können, nicht berichtet.

Oltwig von Kamptz (1857–1921)

2 Objekte, V2.388 und V2.389, „Rasselbänder für Arm oder Bein. Ngolo. 1897. F. v. Kamptz. Berl. Mus. f. VK, Geschenk."

Umstände des Transfers der Objekte nach Hildesheim

Angeboten wurden diese Bänder zusammen mit anderen Gegenständen aus der „Sammlung des Hauptmanns von Kamptz" im *Verzeichnis der abgebbaren Dubletten* 1899, Seite 9, Nr. 4. Von den Ngolo am Rio del Rey behielt das Berliner Museum 44 Stücke selbst und bot 4 Trommeln, 1 Schwert mit Scheide, 2 Raphiataschen, 15 „Rasseln (um die Knöchel gebunden)" sowie eine kleine Kalebasse an. Am 12. Mai 1899 bestätigte Direktor Andreae den Erhalt der bestellten Dubletten, darunter auch VII A 495, „2 Rasseln, Ngolo". Im Archiv des EM Berlin findet sich der Vorgang unter E 1525/1897 I B 18 Afrika. In der Akte befindet sich zum einen die Information des Auswärtigen Amtes, dass zwei Kisten mit Ethnographica per Spedition an das Königliche Museum für Völkerkunde geschickt worden waren. Zum anderen gibt es einen Vermerk, der die Nummern enthält, welche in Berlin an die von Kamptz'schen Objekte vergeben wurden (III C 8010–8053 sowie als Dubletten VII A 491–496). Eine ebenfalls in der Akte befindliche Liste verzeichnet unter der Nr. 45, „Rasseln, 15 Doubl."

Felix von Luschan bedankte sich bei der Kolonialabteilung des Auswärtigen Amtes überschwänglich für „die beiden Kisten mit ethnographischen Sammlungen des Herrn Hauptmann von Kamptz". „Die Sendung", so schrieb er, „enthält durchgehend Stücke allerersten Ranges und ist für uns umso werthvoller, als das Gebiet des Rio del Rey bisher im Königlichen Museum so gut wie gar nicht enthalten war." Um „Auskünfte über die Bedeutung vieler uns ganz unbekannter Stücke" zu erhalten, werde er sich direkt mit von Kamptz in Verbindung setzen.[61]

Erwerbungsumstände der Sammlung

Zusammenfassende biografische Angaben zu Oltwig von Kamptz und seiner militärischen Laufbahn in Kamerun finden sich u. a. bei Hoffmann (2007: 116–117). Im vorliegenden Zusammenhang sei nur darauf verwiesen, dass diese Sendung von Ethnographica in engem zeitlichen Zusammenhang mit militärischen Aktionen steht, die von Kamptz im März und April 1897 gegen die Ekoi und Ngolo im Bezirk Rio del Rey durchführte.[62] Dies gibt Anlass zu dem Verdacht, dass es sich um „Kriegsbeute" handelt, ohne dass dies jedoch beim gegenwärtigen Stand der Akteneinsicht in den Archivalien des Ethnologischen Museums Berlin eindeutig zu belegen ist.

Georg August Zenker (1855–1922)

1 Objekt, V 1.733, „Armfutteral aus Pelz, Yaunde, Kamerun, Coll. Zenker, erhalten von Berlin 1897." Auch dieses Stück wurde aus dem *Verzeichnis der abgebbaren Dubletten* 1897 bestellt;[63] es ist dort auf Seite 9 die Nr. 16 der „Sammlung Zenker, Kamerun" (handschriftlicher Vermerk am Seitenrand des Exemplars in der Berliner Dublettenakte: „Roem. Mus. Hildesh."). – Im Magazin des RPM ist das Stück heute nicht mehr vorhanden.

Zenker leitete von 1889 bis 1895 die Jaunde-Station in Kamerun.[64] 1895 wurde die bisherige Forschungsstation in eine Militärstation umgewandelt und Zenker aufgrund angeblich mangelhafter Verwaltung Jaundes durch Hans Dominik, einen Offizier der Kaiserlichen Schutztruppe, ersetzt. Daraufhin kehrte er vorübergehend nach Hamburg zurück, ließ sich dann aber bereits 1896 als Kautschuk-, Kaffee- und Kakaopflanzer im kamerunischen Bipindi nieder. Anders als andere Stationsleiter setzte er in seinen Interaktionen mit der örtlichen Bevölkerung offenbar nicht auf militärische Mittel, sondern auf Kompromissbereitschaft. Dennoch konnte bislang nicht ermittelt werden, auf welche Weise er an die Ethnographica kam, die er nach Berlin sandte. Mildbraed (1923: 320) würdigt in einem Nachruf nicht nur das wissenschaftliche Schaffen Zenkers, sondern auch dessen Loyalität zu seiner afrikanischen Familie. Zenker sei mit einer Afrikanerin aus Togo sowie in einer Art Heiratsallianz mit einer weiteren aus Jaunde verheiratet gewesen. Mildbraed merkt an: „Sehr bezeichnend für Zenkers unabhängigen Sinn ist die Art, wie er sich zu den Kindern stellte, die er von diesen Frauen hatte. Er erkannte sie nämlich auch vor dem Gesetz als seine Söhne an und ließ ihnen in Deutschland eine gute Schulbildung zuteil werden. Dadurch, dass er sich mit achtungswertem Freimut zu seiner afrikanischen Familie bekannte, setzte er sich aber in Widerspruch zu herrschenden Anschauungen." 1922 starb er in Bipindi, wo er auch begraben ist.

Wie Leopold Conradt tat sich auch der gelernte Gärtner Georg Zenker vor allem als Sammler naturkundlicher Stücke hervor, was sich unter anderem aus Dokumenten im Bundesarchiv ergibt. 1892 reichte er beim Gouverneur von Kamerun eine Schrift über wirbellose Tiere ein, über die Karl August Möbius, der Leiter des Museums für Naturkunde in Berlin, am 8. September 1893 ein recht wohlwollendes Gutachten erstellte: „Der Verfasser scheint einige zoologische Kenntnisse zu besitzen; es ist aber nicht möglich zu unterscheiden, wie viel von dem, was er über die Thiere schreibt, auf eigenen Beobachtungen beruht, und was er etwa einem zoologischen Blatt entnommen hat. Jedenfalls dürfte sich Hr. Zenker meines Erachtens sehr gut zum Sammeln der in seinem Gebiete lebenden Thiere eignen, und ich bin gerne bereit, ihm zu diesem Zweck Gläser und Spiritus sowie Anweisungen zum Sammeln zu schicken."[65] Am 23. April 1894 gingen aus Kamerun über den dortigen Gouverneur 12 Kolli „enthaltend getrocknete Pflanzen und Thierpräparate" nach Berlin auf den Weg, die Zenker gesammelt hatte.[66]

Zenker sandte aber auch Ethnographica an das Königliche Museum für Völkerkunde, wie sich aus diversen Vorgängen dort ergibt.[67] Der letzte davon stammt aus dem Jahre 1903, als er bereits Pflanzer in Bipindi war, und enthält laut der knappen Angabe bei SMB-digital ein „Begleitschreiben zur Sammlung", die nicht näher spezifiziert ist.[68] Bei anderen Gelegenheiten sandte er ethnografische Beobachtungen ein. Das 1897 im *Verzeichnis der abgebbaren Dubletten* angebotene Armfutteral stammt wohl aus einer von zwei größeren Sendungen, die er 1897 nach Berlin geschickt hatte: „Ethnogr. und zwei Schädel (Kamerun), G. Zenker – Inhalt/Enthält: Sendung von Ethnographica, Kisten mit ›Lulu Pohlen‹ abgesandt. Beschreibung der Objekte mit nächster Sendung angekündigt. Hinweis auf Aufenthalt in Yaunde-Station von Mitte Februar bis Mitte März. Hinweis auf die Tätowierungen der Mabea, von denen er eine Zeichnung anfertigte. Einrichtung einer Dunkelkammer. – Ankündigung einer weiteren Sendung. – Objektliste mit Preis. – Dank und Gutachten Luschans."[69] Die zweite Sendung ist im Hinblick auf Erwerbungsumstände aufschlussreich, auch wenn sie sich nicht spezifisch auf das später nach Hildesheim gelangte Objekt bezieht: „Ethnogr. (Kamerun), G. Zenker – Inhalt/Enthält: hat 2 Kisten und 1 Packet mit D. ›Ad. Woermann‹ abgesandt. Bittet um Übersendung von 300 M an Homann, Hamburg. *Berichtet von geglücktem Erwerb eines Fetischs, wenngleich zu hohem Preis. Aufgebrachter einheimischer Chef kann durch Bezahlung besänftigt werden, der weitere Objekte beschaffen will. Weist auf nötige unauffällige Verpackung des Fetischs hin, da Träger sich sonst weigern würden diesen bis zur Küste zu transportieren.*"[70]

Eugen Zintgraff (1858–1897)

Eugen Zintgraffs Expeditionen und Aktivitäten in Westafrika sind gut dokumentiert, unter anderem durch eigene Publikationen und Bestände im Bundesarchiv in Berlin. So verfasste er einen umfangreichen Bericht über seine zwischen 1886 und 1892 in Kamerun unternommenen Reisen (Zintgraff 1895), und diverse Akten im Bundesarchiv enthalten Informationen darüber – vorwiegend über logistische und finanzielle Aspekte, aber auch Berichte über seine Aktivitäten vor allem in Bali, wo er 1889 die kurzlebige Station „Baliburg" anlegte.[71] Wie sich u. a. ebenfalls aus Dokumenten im Bundesarchiv ergibt, sandte Zintgraff wiederholt ethnografische und zoologische Sammlungen nach Berlin, darunter 1891 eine mit 48 Pfeifenköpfen, davon 24 aus Ton und 24 „mit Gesicht" wie diejenigen, die später aus Berlin nach Hildesheim gelangten.[72] 1888 schickte er zusätzlich anthropologische Abmessungen und Fotos von Angehörigen der Ethnien der Kru und Wei; erstere waren für ihn als Träger und bei Arbeiten in der Baliburg tätig.[73]

Von Eugen Zintgraff gesammelte Objekte erhielt das Roemer-Museum noch zu seinen Lebzeiten[74] aus dem 3. Berliner Dublettenverzeichnis 1897 (V 1.709, ein Pfeifenkopf aus Ton, und V 1.725, eine geflochtene Tasche, bei-

Abb. 21 | Pfeifenkopf, Westafrika, Kamerun, Bali, Sammler: Eugen Zintgraff. Inv.-Nr. V 1.709. © RPM, Foto: Sh. Shalchi

des aus Bali). Diese sind im Hildesheimer Inventarbuch mit „Coll. Zintgr., erhalten von Berlin 1897“ bzw. „Mus. f. V. Berlin, Geschenk, dgl. [= Coll. Zintgraff, S.L.]“ gekennzeichnet.

Daneben vermerkt das Inventarbuch die Nummern V 1.840–1.845 a. b. sowie V 1.891 a. b. als „Zintgr. Berl. Mus. Geschenk“, allerdings ohne Jahresangabe und ohne Berliner VII-A-Dublettennummern. Stattdessen sind Nummern angegeben, die sich auf den Sammler beziehen (z. B. Z. 82 a. b.). Es handelt sich dabei um Messer mit und ohne Scheide aus Bali/Kamerun sowie um ein Paar Sandalen von den Haussa. Im 3. *Verzeichnis der abgebbaren Dubletten* werden aus der Sammlung Zintgraff vier „Messer und Dolche“ angeboten, bei denen in dem Exemplar des *Verzeichnisses* im Archiv des EM Berlin handschriftlich „Röm. Mus. Hildesh.“ vermerkt ist.[75] Die zahlenmäßige Diskrepanz zwischen Verzeichnis (vier Messer) und nach Hildesheim gelangten Messern (sechs Stück) ließ sich nicht klären. Auch bezüglich der Sandalen V 1891 ist im Hildesheimer Inventarbuch nur die Sammlernummer (Z. 212 a. b.) und keine VII-A-Nummer eingetragen. Bei V 1.733 ist vermerkt: „Coll. Zintgr. Erhalten v. Berlin 1897“, ohne dass sich das Objekt – ein „Armfutteral aus Pelz“ – im entsprechenden Verzeichnis der abgebbaren Dubletten findet.

Allerdings erhielt das Königliche Museum für Völkerkunde nach Zintgraffs Tod weitere Objekte aus seinem Nachlass von seinem Vater Justin Zintgraff, von denen eine offenbar erkleckliche Anzahl anschließend an das Roemer-Museum gelangte. In einem Schreiben Felix von Luschans an Achilles Andreae vom 4. Mai 1899, in dem es zunächst um die Versendung von Hildesheim gewünschter Dubletten aus dem jüngsten Dublettenverzeichnis geht, fährt von Luschan danach fort:

„Bei diesem Anlaß gereicht es mir zur besonderen Freude, mittheilen zu können, daß der Vater des verstorbenen Afrika-Reisenden Dr. E. Zintgraff, Herr Justin Zintgraff in Detmold, unserem Antrage entsprechend, Ihrem Museum einen erheblichen Theil der von seinem Sohn hinterlassenen ethnographischen Sammlungen als Geschenk überreicht. Indem ich eine Liste der geschenkten Stücke hier beilege, darf ich wohl der Bitte Ausdruck geben, daß Herrn Justin Zintgraff in einem besonderen Dankschreiben von Ihrer Seite gedankt wird.“ (SAHI, Best. 741, Nr. 242, Unterstreichung im Original)

Die Liste ist leider in den von den Verfasserinnen eingesehenen Archivalien nicht enthalten, die Objekte wurden jedoch mitsamt den Dubletten aus dem Verzeichnis nach Hildesheim versandt, und Andreae kam der Bitte nach einem Dankschreiben nach, wie sich aus einem Brief vom 12.05.1899 ergibt

(SMB-PK, EM, E 366/1899).[76] Um dieses Geschenk Justin Zintgraffs handelt es sich wahrscheinlich bei den mit „Zintgraff" bzw. „Zintgr." gekennzeichneten Inventarnummern V 1.513, 1.516, 1.517, 1.704–1.708, 1.869 sowie den explizit mit der Jahreszahl 1899 versehenen Objekten V 1.710–1.736.

Nähere Informationen darüber, wann genau und unter welchen Umständen Zintgraff jeweils in den Besitz der aus Berlin nach Hildesheim gegebenen Gegenstände gelangt ist, konnten bislang nicht gewonnen werden. Um den Zeitpunkt einzugrenzen, zu dem er die Objekte jeweils erwarb, ist zunächst Einsicht in Dokumente des Archivs des Ethnologischen Museums Berlin erforderlich; danach können u. a. entsprechende Berichte Zintgraffs im Bundesarchiv gezielt nach weiteren Informationen gesichtet werden.

Nigeria (Königreich Benin)

Unbekannte(r) Sammler (1897)

1 Objekt, Bronzekopf, V 6.334. Eintrag im Inventarbuch: „Bronzekopf, Benin, Africa, hoch 33,5 cm, Öffnung oben 8 cm, unten Öffnung mit Rand 28 cm (Rand 4 cm). Kauf Berlin, Völkerkundemuseum, 1914." Der Bronzekopf ist im Magazin des RPM erhalten und war zuletzt in der Ausstellung „Den Sammlern auf der Spur: Ethnologische Provenienzforschung am Roemer- und Pelizaeus-Museum" zu sehen.

Umstände des Transfers der Objekte nach Hildesheim

Auch dieser Bronzekopf gelangte durch Vermittlung Edgar Waldens an das Roemer-Museum. In einem Brief vom 26.09.1913, in dem es auch um andere Objekte ging, die er – unter anderem aus seinem Privatbesitz – nach Hildesheim verkaufen wollte, schrieb er:

„Ferner haben wir unter unseren afrikanischen Dubletten einen sehr schönen antiken Bronze-Guß aus Benin (Berlin hat die größte und wertvollste Benin-Sammlung der Welt). Es ist ein großer Kopf in Halsberge. Ich lege eine Photographie bei und rate zum Erwerb dieses Stückes, das ich für den sehr sehr billigen Gefälligkeitspreis von ca. 450 M zu bekommen hoffe, einen oder mehrere Gönner zu interessieren. Frau B. B.[77] will 100 Mark stiften. Diese könnte eventuell als Grundstock für eine Sammlung dienen." (SAHI, Best. 741, Nr. 204)

Hinter diesem Absatz des mit Schreibmaschine geschriebenen Briefes steht mit Bleistift der Vermerk: „Ja nicht entgehen lassen!" Außerdem berichtet Walden, dass durch Vermittlung Bernhard Ankermanns[78] ein paar weitere Bronzen von dem Berufssammler und –händler Konietzko in Hamburg für Hildesheim erworben werden könnten.[79]

Die Bezahlung des Bronzekopfes war für das Roemer-Museum nicht einfach. Das ergibt sich aus einer Notiz Hauthals auf einem Brief, den ihm Ankermann am 12.03.1913 bezüglich Dubletten geschrieben hatte. Ankermann hatte ihm mitgeteilt, dass in Berlin nunmehr die ministerielle Genehmigung zum Verkauf der Dubletten vorliege und für den Bronzekopf aus Benin mit Hildesheim ein Preis von 450 Mark vereinbart worden sei. Darunter notierte Hauthal am 13.03.1913:

„Zu obigem bemerke ich, dass Herr Walden und ich vor der General-Versammlung des Museumsvereins mit Herrn Oberbürgermeister Dr. Ehrlicher wegen der Kosten Rücksprache genommen haben. Herr Oberbürgermeister sagte uns, dass falls die für ethnographische Ankäufe zur Verfügung stehenden Mittel für 1912 nicht mehr ausreichten, die Kämmererkasse die nöthigen Mittel vorschiessen solle. Für den Beninkopf stehen zur Verfügung: 100 M von Frau Bolten-Baeckers,[80] Berlin, 10 M von Kaufmann Fritsch, Hildesh." (SAHI, Best. 741, Nr. 204, J 43/13)

Unter Hauthals Notiz befindet sich in roter Tinte und gezeichnet „Lü." (Lüerssen[81]) der Vermerk vom 28.03.1913: „450 M für den Bronzekopf und 250 M für völkerk. Dubletten sind für 1913/14 angewiesen." Das nächste Schreiben in der Akte ist von Otto Rubensohn (dem damaligen Direktor des Pelizaeus-Museums) an Lüerssen gerichtet und enthält eine Ausgabe-Anweisung bezüglich der 450 Mark für den Bronzekopf mit dem Hinweis, dass dieser Betrag nicht aus dem Budget von 1000 Mark bezahlt werden solle, das Walden zum Ankauf von Ethnographica zur Verfügung gestellt wurde.[82] Ob und wie das Roemer-Museum den von der Stadt für den Ankauf des Benin-Kopfes „vorgeschossenen" Betrag zurückzahlte, geht aus den Unterlagen nicht hervor.

Zu den Hintergründen der Sammlung

Benin City, die Hauptstadt des Edo-Königreiches Benin, wurde 1897 im Rahmen einer „Strafexpedition" von britischen Truppen zerstört und geplündert. Diese Geschehnisse sind in der Literatur gut dokumentiert, sodass hier ein ganz knapper Abriss genügt. Spannungen zwischen den Briten und Benin unter dem damaligen Oba (König) Ovonramwen hatte es bereits länger gegeben; so waren beispielsweise die Handelsbeziehungen zwischen dem Königreich, das sich zunehmend abkapselte, und Europäern zum Erliegen gekommen (Schlothauer 2018b: 61). Auslöser der militärischen Aktion war schließlich das sogenannte Benin-Massaker, die Ermordung des britischen Konsuls James Robert Philips, der sich Anfang 1897 mit einer unbewaffneten Expedition auf den Weg nach Benin City gemacht hatte, um die Meinungsverschiedenheiten mit Ovonramwen nach Möglichkeit doch auf friedlichem Wege beizulegen (Ryder 1969: 286). Der Oba ließ entgegnen, dass dieser Zeitpunkt ungünstig sei; der Grund war eine wichtige Zeremonie, das Ague-Fest, das in Benin City abgehalten würde. Nachdem Phillips'

Abb. 22 | Gedenkkopf, Westafrika, Nigeria, Königreich Benin, Sammler: unbekannt, Inv.-Nr. V 6.334. © RPM, Foto: Sh. Shalchi

Gruppe zunächst in einigen Dörfern gut aufgenommen wurde, gerieten sie in einen Hinterhalt, den nur zwei Offiziere aus Philips' Expedition überlebten. Er selbst sowie fünf weitere europäische Expeditionsmitglieder und über 200 afrikanische Träger (Kru und Itsekiri) kamen ums Leben (Ryder 1969: 286). Die britische Admiralität beauftragte daraufhin umgehend Admiral Sir Harry Rawson mit einer Strafexpedition. Mit 1.500 Soldaten und 800 Trägern begann Anfang Februar 1897 der Einmarsch. Der Befehl lautete, jedes Dorf in Benin niederzubrennen. Am 18. Februar war Benin City in den Händen der Briten. Ovonramwen harrte in seinem Palast aus, bis die Briten an den Stadttoren angelangt waren und eine Granate in einem der Palasthöfe einschlug. Erst dann floh er mit den meisten seiner *chiefs* und einigen seiner Ehefrauen aus der Stadt, um anderswo in seinem Reich Zuflucht zu suchen. Mit ihm floh außerdem der Großteil der Bevölkerung von Benin City. In diese ›Geisterstadt‹ rückten die britischen Truppen ein und plünderten den Palast (Ryder 1969: 290, Fn. 2). Zwei Tage später wütete eine Feuersbrunst in der Stadt.

Benin wurde nach Absetzung des Oba in das britische Protektorat Südliches Nigeria eingegliedert. Im August 1897 kam Ovonramwen mit einem großen Gefolge nach Benin City, ergab sich dem britischen Statthalter und verbrachte den Rest seines Lebens bis zu seinem Tod im Jahre 1914 im Exil (Ryder 1969: 294). Das Amt des Oba wurde von den Briten zunächst abgeschafft, dann aber 1914 wieder eigeführt, weil sich das von ihnen eingeführte neue System – bestehend aus einem Gouverneur, dessen lokalem Vertreter (Resident) und einem „Native Council", dessen Mitglieder vom Residenten ernannt wurden – nicht bewährt hatte, denn es gab ständig Reibungen zwischen den traditionell mächtigen *chiefs* und denjenigen von Großbritanniens Gnaden. So wurde am 24. Juli 1914 der älteste Sohn Ovonramwens, Aiguibasimwin, als Oba Eweka II. inthronisiert (Harding 2010: 241).

Die britische Admiralität beschlagnahmte die kostbaren Benin-Bronzen und verwendete einen Teil zur Finanzierung des Feldzuges.[83] Über etwa 4.000 wertvolle Bronzegüsse, darunter Gedenkköpfe von Herrscherinnen und Herrschern sowie Stücke von Reliefplatten, verfügte die britische Regierung entsprechend als „Kriegsbeute". Viele Bronzen gelangten ins British Museum, der Rest wurde verkauft. Wieder andere wurden von Angehörigen der Strafexpedition als Trophäen mitgenommen (Ryder 1969: 291–292, Fn. 2). Die verkauften Stücke gelangten in den internationalen Kunsthandel und wurden dadurch in alle Welt verstreut, wobei sie unter anderem von Museen erworben wurden,[84] darunter die Völkerkundemuseen Hamburg und Berlin. Es dürfte daher kaum Zweifel daran bestehen, dass der vom Roemer-Museum 1912 vom Königlichen Museum für Völkerkunde gekaufte Bronzekopf aus der Kriegsbeute von 1897 stammt.[85]

1 SMB-PK, EM, E 339/1899.

2 Ebd.

3 Zu Hans Meyer, welcher der gleichnamigen Lexikonverleger-Familie angehörte, und seinen Expeditionen siehe https://www.deutsche-biographie.de/pnd119239353.html (letzter Zugriff am 26.08.2020).

4 Die online zugängliche Version dieses Buches enthält keine Seitenzahlen, die Seite mit den Informationen über Conradt wird jedoch angezeigt, wenn man im Suchfeld „Leopold Conradt" eingibt, https://books.google.de/books?id=0F758vNQ0UUC&pg=PT196&lpg=PT196&dq=%22leopold+-conradt%22&source=bl&ots=FZ7cEnQwi_&sig=ACfU3U06qwmfHxADJhOsolZ_QBn-N-KVxg&hl=-de&sa=X&ved=2ahUKEwjeodHw953hAhWM_aQKHchWBzw4ChDoATABegQICRAB#v=onepage&q=%-22conradt%22&f=false (letzter Zugriff am 26.08.2020).

5 https://species.wikimedia.org/wiki/Hermann_Julius_Kolbe (letzter Zugriff am 26.08.2020).

6 BArch R 1001/6119, S. 128.

7 SMB digital, www.smb-digital.de, Rubrik Ethnologisches Museum, Suchanfrage „Conradt".

8 SMB-PK, EM, AnfangVNr: E 1303/1892; EndeVNr: E 1215/1893, Ident.Nr. I/MV 0711.

9 SMB-PK, EM, AnfangVNr: E 6/1897; EndeVNr: E 795/1897, Ident.Nr. I/MV 0717.

10 SMB-PK, EM, „Erwerbung: I/78/1897: III C 6716–6730, VII A 360–362, Ethnogr. (Ngumba, Yaunde und Bali), Schenkung Kaiserl. Stationschef Conradt in Johann-Albrecht Höhe, Kamerun -- Inhalt/Enthält: Schenkung von Ethnographica.- Objektliste." Ident.Nr. E 577/1897.

11 http://www.smb-digital.de/eMuseumPlus?service=RedirectService&sp=Scollection&sp=SfieldValue&sp=0&sp=0&sp=3&sp=Slightbox_3x4&sp=0&sp=Sdetail&sp=0&sp=F (letzter Zugriff am 26.08.2020).

12 Auf seinem Brief wurden im Berliner Museum unter I. 30. 1900 die Inventarnummern (III C 10936–11460) sowie die Dublettennummern eingetragen (VII A 861–964). Die nach Hildesheim gelangten Steinbeilklingen sind die Berliner Nrn. VII A 899, 955, 957, 958, 888, 933, 892, 907, 913. Das Penisfutteral ist die Nummer VII A 871 b.

13 Zugleich mit den Ethnographica hatte er für Hildesheim auch Abgüsse der von Stuhlmann in Ostafrika bei verschiedenen Ethnien angefertigten Gesichtsmasken bestellt, die in demselben Dublettenverzeichnis angeboten wurden; siehe hierzu auch die Ausführungen oben im Abschnitt „Die ethnologische Sammlung im RPM 1844–1914".

14 SMB-PK, EM, AnfangVNr: E 1/1898; EndeVNr: E 731/1898, „Eingang der Slg. Kersting in: Vossische Ztg.: 1898–06–22, Bl. 127" (SMB ditigal, Suchwort „Kersting").

15 Es handelt sich um den „Fetischhut" und „Fetischanzug" von den Ngolo (Slg. Guse), einen Federkopfschmuck der Wambungwa (Slg. v. Liebert), einen Fingerring und eine Ohrspirale von den Dschagga (Slg. Widemann), eine Wasserpfeife von den Wagogo (Slg. v. Grawert), einen Bogen von den „Ufipa, einen Schild aus Ruanda" (Slg. v. Grawert), ein Messer von der Insel St. Matthias in Ozeanien (Slg. Schack) sowie die erwähnten Objekte aus Kerstings Togo-Sammlung.

16 Hermann Kersting war ein Enkel des Historienmalers Georg Friedrich Kersting (1785–1847), der unter anderem 1818 zum Malervorsteher der Königlich Sächsischen Porzellanmanufaktur in Meißen bestellt wurde und als einer der bedeutendsten Schöpfer von Innenraumbildern des Biedermeyer gilt. Er porträtierte unter anderem seinen Freund Caspar David Friedrich und Nicolò Paganini.

17 Die Angaben zur Familiengeschichte einschließlich der in der vorigen Fußnote enthaltenen Informationen wurden den Websites http://www.epoche-napoleon.net/de/bio/k/kersting.html sowie https://hisour.com/people/georg-friedrich-kersting/ entnommen (letzter Zugriff am 26.08.2020).

18 Eine ausführliche Schilderung dieser Ereignisse gibt Morlang in seinem Buch *Rebellion in der Südsee* (Morlang 2010a).

19 Die exakten Zeitpunkte von „Strafexpeditionen" und anderen kriegerischen Auseinandersetzungen in den deutschen Kolonien einschließlich derjenigen in Afrika lassen sich u. a. einer „Übersicht über die Gefechtsspangen zur Kolonialdenkmünze" entnehmen, die als PDF von der Website des „Traditionsverbands ehemaliger Schutz- und Überseetruppen" heruntergeladen werden kann (http://www.traditionsverband.de/) (letzter Zugriff am 26.08.2020).

20 „Zur selben Zeit" bezieht sich mit ziemlicher Wahrscheinlichkeit auf gemeinsam gleichzeitig durchgeführte militärische Unternehmungen; http://www.smb-digital.de/eMuseumPlus: „Erwerbung: I/74/1899: III C 9674, Fächer (Togo), Schenkung Lt. v. Massow".

21 Der „Fellköcher mit 14 vergifteten Pfeilen" (V 1.870) wurde am 29.04.1914 an Prof. Ferdinand Seeboeck (1864–1952) verkauft, ebenso neun weitere Objekte aus der ethnologischen Sammlung des damaligen Roemer-Museums, die er sich ausgesucht hatte (SAHI, Best. 741, Nr. 204, Schreiben Hauthal an Walden vom 19.07.1913. Die verkauften Gegenstände wurden auch im Inventarbuch des RPM mit einem entsprechenden Vermerk ausgetragen. Seeboeck war ein bekannter Bildhauer und hatte 1913 für Hildesheim den Entwurf für den „Katzenbrunnen" geschaffen, der noch heute dort auf dem Neustädter Markt steht.

22 Im Inventarbuch des RPM sind nur fünf Köcher eingetragen.

23 Das heutige Aného (Sebald 2014b: 18).

24 „Erwerbung: I/35/1900: III C 10646, Kriegsstandarte des Sultans von Yendi, erbeutet im Gefecht von Bombalaga (Togo), Schenkung Oberltnt. von Mahsow [verstorb.], überwiesen von der K. A. des Ausw. Amtes – Inhalt/Enthält: Überweisung der sog. Kriegsstandarte des Sultans von Yendi, die beim Gefecht von Bombalaga am 4. Dezember 1896 erbeutet wurde, durch das AA". http://www.smb-digital.de/eMuseumPlus?service=ExternalInterface&module=collection&objectId=788546&viewType=detailView (letzter Zugriff am 26.08.2020).

25 http://www.smb-digital.de/eMuseumPlus?service=ExternalInterface&module=collection&objectId=788466&viewType=detailView (letzter Zugriff am 28.08.2020). Erwerbung: I/74/1899: III C 9674, Fächer (Togo), „Schenkung Lt. v. Massow -- Inhalt/Enthält: Bericht über seine hauptsächlich aus Kriegsbeute bestehende Slg., diese gesammelt zur selben Zeit wie Dr. Kersting in Kabure. War sechs Monate lang Unterstationsleiter in Basari [sic]. Schenkung eines Fächers des Malam Issa mit Schutzzauber. Momentan Chef der Dt. Abteilung der Grenz-Regulierungs-Commission Togo-Sudan-Dahomey."

26 Es sei im Hinblick auf von Massows Sammlung am Rande erwähnt, dass es – wie er an anderer Stelle schreibt – in Lomé zu jener Zeit Haussa-Händler gab, die bereits eigens für die Europäer „Haussa-Kurios" herstellten, von denen auch er einige kaufte. Aus seinen Äußerungen geht hervor, dass er sich gerne eine schöne Privatsammlung anlegen wollte und hierbei Gegenstände bevorzugt hätte, die von der lokalen Bevölkerung und nicht von den nach Lome eingewanderten Haussa angefertigt wurden (Massow 2014: 96).

27 Dabei handelte es sich um den Ozeanisten Fritz Graebner (1877–1934), der von 1899 bis 1906 am Königlichen Museum für Völkerkunde arbeitete.

28 Dieses Foto vom 15.02.1910 mit dem Titel „Hauptmann Mellins Grab, Yendi" befindet sich im Archiv der Basler Mission (Reference: BMA QD-32.008.0139) und kann online unter https://www.bmarchives.org/items/show/57293 (letzter Zugriff am 28.08.2020) angesehen werden.

29 Von Trotha bezieht sich auf Rentzells 1922 erschienenes Buch *Unvergessenes Land – Von glutvollen Tagen und silbernen Nächten in Togo.* Rentzell war von 1910 bis 1914 in Togo (Sebald 1988: 789).

30 Zu Frobenius und Mellin siehe auch Hahn 1995: 260–261.

31 Bezirkstage waren Treffen der örtlichen Bezirksleiter. Einen davon erlebte Frobenius im Januar 1909 in Bassari mit. Hahn kommentiert: „Deutlicher wird seine weitgehend unkritische Haltung gegenüber der Verwaltung noch in seiner Beschreibung des ›Bezirkstages‹ im Januar 1909, den er in Bassar miterlebte. Dort waren die ›Fürsten‹ der Bezirke des Hinterlandes Meilin [sic! S.L.], Kersting, Gruner, Doering und auch der Gouverneur Graf Zech versammelt. Sebald beschreibt die administrative Struktur ähnlich [wie Frobenius], aber auch genauer die zum Teil schrecklichen Auswirkungen der Machtausübung der Bezirksleiter, die kaum einer Kontrolle unterworfen waren" (Hahn 1995: 261).

32 https://www.etsy.com/de/listing/477455447/grosse-echte-schlange-wirbel-perlen-aus?show_sold_out_detail=1 (letzter Zugriff 26.08.2020). Die Verfasserinnen nehmen ethnologisch fundierte Informationen zu Gebrauch und Funktion solcher Ketten in Nordtogo von den Leserinnen und Lesern dieser Publikation gerne entgegen, da die Zeit zu tiefer gehenden Recherchen im Rahmen des Projektes nicht ausreichte.

33 SMB-PK, EM, „Acta betreffend Kolonial-Dubletten", Vol. 2, Pars I B. 47.

34 Ebenfalls in derselben Dublettenakte befindet sich eine handgeschriebene Liste der abzugebenden Stücke, offenbar der Entwurf für das spätere gedruckte Verzeichnis. Darauf findet sich der handschriftliche Vermerk: „Die abgegebenen Doubletten sind in den Katalogen gelöscht. 2.5.04. Ankermann".

35 Die biografischen Angaben zu Smends Familiengeschichte in diesem Absatz sind, soweit nicht anders vermerkt, dem *Deutschen Geschlechterbuch*, Band 177 (Strehlau 1978), S. 339–345 entnommen. Dort ist auch das hier reproduzierte Foto von Smend abgebildet.

36 *Lexikon westfälischer Autorinnen und Autoren 1750–1950*, Online-Ressource, https://www.lexikon-westfaelischer-autorinnen-und-autoren.de/autoren/smend-albrecht-florens-julius/ (letzter Zugriff am 26.08.2020).

37 Zugriff online unter http://www.ub.bildarchiv-dkg.uni-frankfurt.de/Bildprojekt/Lexikon/php/suche_db.php?suchname=Zoologie (letzter Zugriff am 28.08.2020).

38 Berlin Postkolonial o. J., http://www.africavenir.org/fileadmin/downloads/press/Dossier_Kriegsbeute_Anthropologica_SPK.pdf (letzter Zugriff am 07.09.2020).

39 http://www.smb-digital.de/eMuseumPlus, Suchbegriff „Smend" (letzter Zugriff am 07.09.2020).

40 Eine ausführliche Biografie Günther Smends findet sich unter https://www.muelheim-ruhr.de/cms/guenther_smend_-_ein_offizier_aus_muelheim_im_widerstand_gegen_hitler.html. Siehe auch Strehlau 1978: 343-344 (letzter Zugriff am 07.09.2020).

41 PASCH ist nach eigener Auskunft „eine Initiative des Auswärtigen Amtes in Zusammenarbeit mit der Zentralstelle für das Auslandsschulwesen (ZfA), dem Goethe-Institut (GI), dem Deutschen Akademischen Austauschdienst (DAAD) und dem Pädagogischen Austauschdienst (PAD) der Kultusministerkonferenz". http://www.pasch-net.de/de/udi.html (letzter Zugriff am 07.09.2020).

42 Als Randnotiz sei bemerkt, dass dieselbe Trommel und die Unterkiefer-Trompete auch in Laaschs Bericht über seine Zeit bei der deutschen Schutztruppe in Kamerun abgebildet sind (Laasch 1905: 88, 89; zu Laasch siehe weiter unten) mit dem Verweis, dass sie jedoch aus Togo stammen. Der Stich mit der Trommel ist identisch mit der Abbildung bei Frobenius und stammt zweifellos aus einer Publikation Felix von Luschans, die im Rahmen des vorliegenden Projekts nicht geortet werden konnte.

43 http://www.smb-digital.de/eMuseumPlus: AnfangVNr: E 950/1896; EndeVNr: E 1169/1901 –

„Sammlung Thierry (Togo.)", [1899], Bl. 163 ff. AnfangVNr: E 229/1899; EndeVNr: E 803/1899 – Thierry: Erläuterungen zur Slg., (1899), Bl. 271 ff.- von Luschan: Beurteilung der Slg. Thierry, (1900), Bl. 282 f (Suchbegriff: „Thierry", letzter Zugriff am 07.09.2020).

44 http://www.smb-digital.de/eMuseumPlus: AnfangVNr: E 7/1902; EndeVNr: E 837/1902 – „Thierry: Sendung von Schädeln, (1902), Bl. 248 f., 262" (Suchbegriff: „Thierry", letzter Zugriff am 07.09.2020).

45 http://www.smb-digital.de/eMuseumPlus: AnfangVNr: E 856/1905; EndeVNr: E 1794/1905 – „Verhandlungen zum Verbleib der Doubletten der Slg. Thierry, (1905), Bl. 38 ff" (Suchbegriff: „Thierry", letzter Zugriff am 07.09.2020).

46 Online-Zugriff unter http://www.ub.bildarchiv-dkg.uni-frankfurt.de/Bildprojekt/Lexikon/Standard-frameseite.php?suche=Thierry. Zu biografischen Daten siehe auch *Deutsches Kolonial-Lexikon* Band III, S. 497 ff., http://www.ub.bildarchiv-dkg.uni-frankfurt.de/Bildprojekt/Lexikon/php/suche_db.php?suchname=Togo (letzter Zugriff am 07.09.2020).

47 Eine ausführliche Schilderung dieser Ereignisse gibt von Massow 2014, Kapitel 4: „Der Feldzug gegen die Dagomba", S. 164–207.

48 Zugriff online unter http://www.ub.bildarchiv-dkg.uni-frankfurt.de/Bildprojekt/Lexikon/php/suche_db.php?suchname=Togo (letzter Zugriff am 07.09.2020).

49 Bei Alféniden handelt es sich Sebalds Erläuterung zufolge um eine versilberte Neusilberlegierung (Massow 2014: 799).

50 Diese befanden sich unter den insgesamt 671 Objekten, die Thierry 1899 und 1902 in drei Sendungen geschenkweise an das Königliche Museum für Völkerkunde schickte (Eisleb 2001: 133).

51 SAHI, Best. 741, Nr. 242.

52 Diese Strafexpedition zur Unterwerfung der „aufsässigen Keaka und Ekoi" erfolgte als Reaktion der deutschen Kolonialmacht auf die Ermordung des Kaufmanns und Reisenden Gustav Conrau und des Leutnants von Queiss (Röschenthaler 2009: 112).

53 Zu diesem Bund und dessen Aktivitäten siehe Mattheus-Weigelt 2012, wo auch Fotos dieser Anzüge abgebildet sind.

54 Eine ausführliche Beschreibung der Militärverwaltung in Kamerun nebst biografischen Angaben über die dort eingesetzten Offiziere (darunter Laasch) findet sich in der zweibändigen Studie von Florian Hoffmann (2007).

55 Erwerbung: I/48/1902: III C 13898–13908, VII A 1514–1516; S. 828–830, „Ethnogr., Schädel und Skelettknochen (Bule), Schenkung Leutnant Laasch -- Inhalt/Enthält: Schenkung von Ethnographica; Ankündigung durch Homann & Co. 1902, Ident.Nr. E 7/1902, Sammlung: Ethnologisches Museum | Archiv (Suchbegriff „Laasch", letzter Zugriff am 07.09.2020)."

56 Lobende Erwähnung für „2 Skelette" und eine „schöne ethnographische Sammlung von den Bule aus Süd-Kamerun" findet Laaschs Sammeltätigkeit in den *Amtlichen Berichten aus den Preußischen Kunstsammlungen*, 23. Jg., Nr. 3 (1. Juli 1902): LXV.

57 Online-Zugriff unter http://www.ub.bildarchiv-dkg.uni-frankfurt.de/Bildprojekt/Lexikon/php/suche_db.php?suchname=Zoologie (letzter Zugriff am 07.09.2020).

58 BArch R 1001/6119: 237, Schreiben vom 10.12.1901.

59 Online-Zugriff unter http://www.ub.bildarchiv-dkg.uni-frankfurt.de/Bildprojekt/Lexikon/php/suche_db.php?suchname=Kamerun (letzter Zugriff am 07.09.2020).

60 Laasch (1905: 109) berichtet, dass der Handel mit der afrikanischen Bevölkerung in Kamerun – bei dem es vor allem um Kautschuk, Elfenbein, Palmkerne, Palmöl und Ebenholz ging – sich als Tauschhandel vollzog.

61 BArch R 1001/6119, S. 164, Schreiben vom 21.07.1897.

62 Siehe hierzu Hoffmann 2007: 117. Die oben bereits erwähnte Gefechtsspangenliste erwähnt ebenfalls von Kamptz' „Expedition gegen Jkoy", 18.3.–12.4.1897. – Hoffmann (2007: 117) zufolge wurde von Kamptz' ethnologische Sammlung 1902 – darunter zahlreiche Stücke, die von Kamptz zu späterer Zeit in Nordkamerun sammelte oder erbeutete – durch das Städtische Museum für Natur-, Völker- und Handelskunde in Bremen (das heutige Übersee-Museum) erworben. Hiervon ausgenommen waren aber wohl die 1897 nach Berlin geschickten Objekte, die dem *Verzeichnis der abgebbaren Dubletten* von 1899 zufolge dort verblieben. Eine Suche nach „Kamptz" bei SMB-digital ergibt mehrere von ihm gesammelte Objekte, aber keine Hinweise auf zusätzliche Archivalien.

63 Schreiben A. Andreae vom 16.05.1897, SMB-PK, EM, E 621/1897.

64 Biografische Angaben zu Zenker gibt der Nachruf von Mildbraed (1923). Zu Zenkers Arbeit, Leben und Familienverhältnissen in Jaunde sowie seiner Ablösung und Niederlassung als Pflanzer siehe außerdem Dominik 1911: 64–72, 74, 78, 81, 86, 87–89, 146–147, 157.

65 BArch R 1001/6119, Schreiben Möbius an den Freiherrn von Danckelmann.

66 BArch R 1001/6119, S. 80–81.

67 SMB-digital, www.smb-digital.de, Rubrik Ethnologisches Museum, Suchbegriff „Zenker" (letzter Zugriff am 07.09.2020).

68 SMB-PK, EM, AnfangVNr: E 10/1903; EndeVNr: E 807/1903, Ident.Nr. I/MV 0728.

69 SMB-PK, EM, Erwerbung: I/79/1897: III C 6680–6715, VII A 355–359, S. 397/8.

70 SMB-PK, EM, Erwerbung: I/27/1897: III C 6579–6625, Ident.Nr. E 115/1897; Hervorhebung durch die Verfasserinnen.

71 z. B. BArch R 1001/3357 (Kamerun-Hinterland-Expedition), R 1001/3278 ff. (Zintgraffs Expeditionen nach „Bali-Land" und „Bali-Lama", Bd. 1 R 1001/3279 (mit Berichten), Bd. 2 R 1001/3280 (Waffenlieferungen an die Expedition, z. B. Schnellfeuerkanonen).

72 BArch R 1001/6118, Schreiben Zintgraff vom 06.11.1888 (S. 59) über Verschiffung von zwei Kisten mit ethnografischen und naturkundlichen Sammlungen; Pfeifenköpfe: von Zintgraff gesandt, vom Bauinspektor Schran gesammelt, R 1001/6130, Liste „29. Sendung" ohne Datum (aber lt. Begleitkorrespondenz wohl Juli 1891), laut Vermerk auf der Liste ans Königliche Museum für Völkerkunde abgegeben.

73 BArch R 1001/6118, 19.01.1889 (S. 89), „Aus den Verhandlungen der Berliner anthropologischen Gesellschaft, Sitzung vom 19. Januar 1889".

74 Laut Schreiben von Luschan an Andreae vom 01.06.1897 wurden zu diesem Zeitpunkt die Dubletten nach Hildesheim geschickt (SAHI, Best. 741, Nr. 242), Zintgraff starb aber erst im Dezember desselben Jahres.

75 „Acta betreffend Kolonial-Dubletten", Vol. 1 vom 1. Januar 1890 bis 31. Dezember 1902, Pars I B 47.

76 Exemplare der *Verzeichnisse der abgebbaren Dubletten* sowie der Schriftwechsel zwischen Berlin und anderen Museen hinsichtlich Bestellung und Versand von Dubletten sind im Archiv des EM in zwei umfangreichen Akten zusammengestellt, „Acta betreffend Kolonial-Dubletten", Vol. 1 (01.01.1890–31.12.1902) und Vol. 2 (ab 01.01.1903), Pars I B 47 (I MV 781 und I MV 782).

77 Bei Frau B. B. handelt es sich um Frau Bolten-Baeckers (s. a. Fn. 80). Die Zuwendung erklärt sich dadurch, dass es sich bei der genannten Dame um die Witwe des früh verstorbenen Direktors des Roemer-Museums, Achilles Andreae, handelt. Margarethe Andreae, geborene von Wasmer (1874–1921), heiratete 1906 in zweiter Ehe Heinrich „Heinz" Bolten-Baeckers (1871–1938), einen sehr bekannten und erfolgreichen Berliner Bühnen-

autor, Librettisten und Filmregisseur (u. a. Liedtexte von „Das ist die Berliner Luft" und „Schenk mir doch ein kleines bisschen Liebe" sowie Libretto der Operette „Frau Luna«") (Drüll 2019: 85–86).

78 Bernhard Ankermann (1859–1943) war zunächst Direktorial-Assistent am Königlichen Museum für Völkerkunde in Berlin und später bis zu seinem Eintritt in den Ruhestand 1925 Direktor der Afrika-Abteilung dieses Museums.

79 Tatsächlich erwarb das Roemer-Museum durch Vermittlung Waldens von Konietzko im Oktober für 270 Mark drei weitere Bronzen – eine Reliefplatte, einen Armreif sowie eine Form, die am 02.11.1912 in Hildesheim von Walden unter den Inventarnummern V 5.946–5.948 katalogisiert wurden. Siehe Korrespondenz in SAHI, Best. 741, Nr. 9542, „Erwerbung von Benin-Bronzen".

80 Von den Eheleuten Bolten-Baeckers erhielt das Roemer-Museum zu dieser Zeit jährliche Zuwendungen in Höhe von 100 Mark, wie sich aus dem handschriftlichen „Journal des Roemer-Museums" ergibt (Eintrag Januar/Februar 1908 von Hauthal: „Bolten-Baeckers sagt jährliche Subvention für das Museum mit 100 Mk zu)". Die Zuwendungen sind auch in Jahresabrechnungen des Museums verzeichnet, so etwa in der „Rechnung des Vereins für Kunde der Natur und Kunst" für die Zeit vom 1. April 1912 bis 31.3.1913 auf Seite 12 unter „Geschenke": „Bolten-Baeckers, Direktor, Berlin, 100 Mark; Fritsch, Kaufmann, hier, 10 Mark" (SAHI, Best. 741, Nr. 147).

81 August Lüerssen war 1911–1918 Magistrats-Obersekretär und Büroleiter bei der Stadt Hildesheim (SAHI, Best. 102, Nr. 11191).

82 Siehe hierzu das Kapitel über Edgar Walden.

83 Zur Eroberung Benin Citys, dem Benin-Massaker als „postkoloniale Legende" und den Wegen, auf denen die Kriegsbeute auf den europäischen Markt gelangte und zu begehrten „Kunstobjekten" wurde, siehe auch Schlothauer 2018b.

84 Die Wege und Strukturen, über die dies geschah, sind – wie eingangs bereits erwähnt – gegenwärtig Gegenstand eines groß angelegten nigerianisch–deutschen Forschungsprojektes unter der Leitung von Jürgen Zimmerer, Professor für die Geschichte Afrikas am Historischen Seminar der Universität Hamburg. https://www.uni-hamburg.de/newsroom/presse/2017/pm44.html (letzter Zugriff am 07.09.2020).

85 Es sei hier erwähnt, dass dem Roemer-Museum bereits zehn Jahre zuvor von anderer Seite Benin-Objekte angeboten wurden, wie sich aus einem Brief vom 22.05.1902 im Stadtarchiv Hildesheim ergibt. Damals bot ein Oskar Meyer, wohnhaft im Hamburger Stadtteil St. Georg, dem Museum Bronzen und andere hochwertige Stücke zum Kauf an. Er schreibt: „Ich bin vor einigen Tagen aus Benin, West-Africa, zurückgekommen und erlaube mir die ergebene Anfrage, ob Sie Abnehmer sind für alte Bronze-Curiositäten aus Ubini oder Benin-City, der alten Königsstadt", darunter „2 alte Platten (…), 1 bronzebeschlagener Elfenbeinzahn, 1 alter Holzstuhl des Königs. Ich habe diese Sachen mit Mühe gesammelt und möchte sie am liebsten in Deutschland verkaufen" (SAHI, Best. 741, Nr. 204). Offenbar griff das Roemer-Museum bzw. Direktor Andreae damals nicht zu, denn die Stücke finden sich weder im Inventarbuch noch im Magazin.

Die Objekte und Sammler

Zentralafrika

Wassy Langheld (1865–1913)

Insgesamt 13 Objekte (Kongogebiet) aus verschiedenen Erwerbungen: 9 Objekte, V 4.735–V 4.743 im Jahre 1905; 1 Objekt V 5.990, 2 Objekte V 6.089 a. b, V 6.090 sowie 1 Objekt V 6.099 im Jahre 1913.

Eintrag im Inventarbuch für V 4.735–4.743: „J 81/05. Hauptm. Langheld coll. Mus. f. V. Berlin. Kauf." Diesbezüglich liegt in Hildesheim eine Verwechslung mit dem Hauptmann Wilhelm Langheld vor.[1] Die Stücke (3 Speere, ein Schwertmesser, ein Haumesser, ein Messerchen mit Scheide, ein Blashorn aus Elfenbein) stammen vom oberen Kongo aus der Aruwimi-Gegend,[2] aus Bombassa in „Süd-Kamerun" (heute: Zentralafrikanische Republik), von den „Njam-Njam"[3] (das Blashorn) sowie aus Kalabar (heute: Calabar, Nigeria).

Die übrigen Objekte stammen alle aus einem 1913 durch Edgar Walden vermittelten Kauf zahlreicher Berliner Dubletten aus Sammlungen verschiedener, meist nicht genannter Einsender vor allem aus West-, aber auch Ostafrika. Eintrag im Inventarbuch: „Slg. Langheld. 1913. Mus. f. Vk. Berlin (Walden) Kauf". Eine Mütze mit Quaste, ein Korb mit Deckel sowie ein Fächer stammen aus Bonni (Bonny) im heutigen Nigeria. Für das Haumesser V 6.099 ist lediglich mit Bleistift die Herkunft „Kongogebiet" nachgetragen worden. Der Eintrag zum Fächer V 6.090 trägt nach „Bonni" noch den Vermerk „Yoruba!"[4]

Im ethnologischen Magazin des RPM waren von den Objekten die Nrn. V 4.736, V 4.737, V 4.740, V 4.742, V 4.743, V 5.990, V 6.089 und V 6.090 auffindbar.

Umstände des Transfers der Objekte nach Hildesheim

Bei dem Kaufmann Wassy Langheld, der um die Wende vom 19. zum 20. Jahrhundert im Kautschukhandel aktiv war und seit 1883 für verschiedene Unternehmen in Westafrika arbeitete, hatten sich über diese vielen Jahre offenbar mehr ethnografische „Souvenirs" angesammelt, als er beherbergen konnte. Er unterhielt eine Wohnung in Berlin, die offenbar aus allen Nähten platzte, denn in einem Brief vom 11.11.1901 bot er Felix von Luschan eine größere Sammlung mit der Begründung zum Kauf an: „Wegen gänzlichen Raummangels sehe ich mich genöthigt, meine hübsche Congo-Sammlung zu veräußern und möchte Sie bitten, mir (...) baldigst mittheilen zu wollen, ob das Museum event. darauf reflectieren würde."[5] Von Luschan erwiderte darauf, dass er sich diese Sammlung zunächst gerne einmal ansehen würde und Langheld hierzu in seiner Wohnung einen Besuch abstatten könnte. Auch würde er die Stücke aus Langhelds Sammlung gerne mit solchen vergleichen, die sich bereits im Königlichen Museum für Völkerkunde befänden. Zuallererst erbittet er aber ein möglichst genaues Verzeichnis der Sammlung mit Herkunftsangaben. Das nächste Schriftstück in der Akte im Archiv des EM Berlin ist denn auch eine handschriftliche Liste in doppelter Ausfertigung – einmal in Schönschrift – mit nicht weniger als 197 Nummern. Offenbar hatte von Luschan die Langheldsche Sammlung tatsächlich mit den Beständen in seinem Museum abgeglichen, denn zahlreiche Objekte, von denen Langheld mehrere Exemplare geschickt hatte, sind in den Listen mit einem „D" als abgebbare Dubletten gekennzeichnet. Zugleich sind auf der ersten Seite unter dem Vorgang D.79.03 die I C-Nummern (15181–15276) eingetragen, die am Königlichen Museum für Völkerkunde an 96 der Objekte vergeben wurden. Auf der Liste befinden sich sämtliche Gegenstände, die später nach Hildesheim gelangten, wo im Inventarbuch die Berliner Original-Sammlernummern vermerkt sind. Die Speere V 4.735–V 4.737 beispielsweise gehören zu einer Gruppe von 37 Speeren aus Langhelds Sammlung, Nrn. 80–116.

Danach geschah mit der Sammlung und den Dubletten offenbar zunächst nichts, woraufhin Langheld – der die Objekte mithilfe des Berliner Museums ja gerne zu Geld machen wollte – im Dezember 1902 nochmals bei von Luschan vorstellig wurde: „Da ich hoffe, in nächster Zeit wieder auf den schwarzen Erdteil zurück zu gehen, so möchte ich mir die ergebene Anfrage erlauben, ob das Museum gewillt ist, meine im vorigen Jahre eingesandte Sammlung afric. Waffen etc. definitiv zu übernehmen." Von

Luschan teilte ihm daraufhin mit, dass das Museum noch nicht in der Lage gewesen sei, einen Käufer für die Sammlung zu finden und selbst nur einen ganz kleinen Teil davon erwerben könne. Er schlägt daher vor, die Sammlung in mehrere Teile zu teilen, „die dann einzeln verschiedenen Museen angeboten werden müssten. Ich glaube, dass Köln, Stuttgart, New York und Hildesheim als Käufer ernsthaft in Betracht kämen". Zu diesem Zwecke bat er Langheld, den Wert der Sammlung zu beziffern. Das nächste Blatt in der Akte enthält diverse Vermerke, denen zu entnehmen ist, welche Stücke Berlin gerne selbst behalten möchte und dass diese einen Wert von etwa 300 Mark haben. Außerdem ergibt sich aus der Korrespondenz, dass der Forschungsreisende Paul Staudinger (1850–1933), ein Mitglied des Kolonialrates, in Langhelds Abwesenheit die Abwicklung des Kaufes übernommen hat. Den mit 1.500 Mark bezifferten Kaufpreis für die gesamte Sammlung überwies das Königliche Museum für Völkerkunde an Wassy Langhelds Frau Johanna in Berlin.

Unterdessen bot von Luschan Teile der Sammlung tatsächlich anderen Museen an, darunter dem Rautenstrauch-Joest-Museum: etwa 100 Objekte (also die Hälfte der Sammlung) „aus dem Congo-Staat", vorwiegend Waffen, für 1.200 Mark. Der Kölner Direktor Wilhelm Foy winkte indessen dankend ab, zumindest vorläufig, da man „schon sehr gute Waffen aus dem betreffenden Gebiete habe".

Mehr Erfolg hatte von Luschan in Hildesheim, wo Edgar Walden kürzlich seine Stelle als Interimsdirektor angetreten hatte. So findet sich ein Vermerk in den Berliner Akten: „Das Roemer-Museum Hildesheim hat aus den nicht inventarisierten Dubletten der Sammlung W. Langheld folgende 9 Gegenstände ausgewählt", nämlich die Objekte V 4.735–V 4.743.[6] Der vereinbarte Preis von 50 Mark sei vom Hildesheimer Museum am 4. August 1905 eingegangen. Auch im Stadtarchiv Hildesheim befindet sich Korrespondenz zu diesem Vorgang, ein Schreiben Ankermanns vom 02.08.1905 mit einer Auflistung der genannten neun Objekte und der Bitte um Zahlung des dafür fälligen Betrages, darunter der handschriftliche, von Edgar Walden gezeichnete Vermerk vom darauffolgenden Tag, dass 50 Mark „an die afrikanische Abteilung des Kgl. Museums für Völkerkunde" einzuzahlen seien.[7] Auch die 1913 aus Berlin nach Hildesheim gelangten Objekte aus der Sammlung Langheld wurden, wie sich aus dem Inventarbuch ergibt, offenkundig von Walden ausgewählt.

Wilhelm (Wassy) Langheld: Kaufmann und Sammler zwischen Kongo und Kamerun

von Tristan Oestermann

Einleitung

Wilhelm Langheld (1865–1913), genannt „Wassy", verbrachte mehr als sein halbes Leben in Afrika.[8] Dreißig Jahre lang arbeitete er für niederländische, belgische und deutsche koloniale Handelsunternehmen im Kongo und in Kamerun. In Regenwalddörfern kaufte er Tag für Tag Elfenbein, Kautschuk und andere Produkte. In Tropenhitze schrieb er Berichte und Berechnungen für die Firmenzentralen im fernen Europa. Auf den Flüssen machte er Bekanntschaft mit Henry Morton Stanley und mit Joseph Conrad.[9] Langheld besaß eine „phänomenale Sprachbegabung", wie der deutsche Kolonialoffizier Ludwig von Stein zu Lausnitz sich erinnerte. 22 Sprachen habe er fließend beherrscht.[10] Langheld selbst gab an, Französisch, Englisch, Flämisch, Portugiesisch, Deutsch, Russisch und mehrere (nicht spezifizierte) afrikanische Sprachen zu sprechen.[11] Nebenbei sammelte er ethnografische Objekte, die ihren Weg in die ethnologischen Museen Berlins, Hamburgs und Hildesheims fanden.[12] Trotz dieses faszinierenden Lebens existiert bis heute keine Veröffentlichung über ihn. Wer war dieser Mann?

Koloniale Handelsunternehmen und ihre Angestellten in Afrika sind selten Thema historischer Forschung gewesen.[13] Im Gegensatz zum kolonialen Staat, seinen Offizieren und Beamten finden sich oft nur wenige Quellen über Kolonialunternehmen und ihre Mitarbeiter. Doch im Falle Langhelds ist es möglich, seine Biografie detailliert nachzuvollziehen und dadurch einen Einblick in den Kontext seiner Sammeltätigkeit zu erhalten, da sein Sohn 1996 einen Teil des Nachlasses dem Ethnologischen Museum in Berlin schenkte. Zudem hat Langheld Spuren in Archiven und auch in den Erinnerungen seiner Weggefährten hinterlassen.

Das Leben dieses talentierten Mannes, das geprägt war durch hohe Bereitschaft zur Mobilität und die Fähigkeit, in unterschiedlichen kulturellen Kontexten zu navigieren, ermöglicht faszinierende Einblicke. Eindrücklich erhellt es erstens die transnationalen und transimperialen Dimensionen des kolonialen Kapitalismus. Anhand von Langhelds Biografie lässt sich zeigen, wie der Austausch von Wissen und Praktiken zwischen verschiedenen Imperien unterhalb der staatlichen Ebene funktionierte. Langhelds Geschichte zeigt zweitens, wie sich die Voraussetzungen des kolonialen Handels in Afrika binnen dreier Jahrzehnte veränderten. Drittens gibt sie Einblick in ethnografische Sammeltätigkeit kolonialer Firmenangestellten.

Von der Wolga an den Kongo: Frühe Jahre und erste Afrika-Aufenthalte, 1865–1898

Peter Friedrich Wilhelm „Wassy" Langheld wurde am 29. Januar 1865 in Bolschakowo nahe Moskau geboren. Mobilität und das Zusammenleben verschiedener Kulturen prägten ihn von Beginn an: Als ältester Sohn deutscher Einwanderer verbrachte er seine Kindheit in Saratow an der Wolga, wo der Vater einen Getränkehandel betrieb.[14] Deutsch war, den Tagebüchern nach zu urteilen, Langhelds Muttersprache.[15] Doch auch Russisch lernte er, mit dem sich „Wassy" in jungen Jahren scheinbar stark identifizierte. Während seiner Jahre am Kongo jedenfalls galt der sprachbegabte Mann als Russe, nicht als Deutscher.[16] Seine Eltern aber schickten ihn zu einer Tante nach Kassel, damit er dort das Gymnasium besuchen konnte. Doch 1878, mit dreizehn Jahren, riss er aus und heuerte als Seemann an.[17]

Am 6. Juni 1883 kam er zum ersten Mal nach Afrika, so notierte Langheld viele Jahre später im Kameruner Regenwald in sein Tagebuch.[18] Fünf Jahre nach der Flucht aus Kassel trat der Achtzehnjährige in den Dienst der niederländischen Firma „Nieuwe Afrikaansche Handelsvennootschap" (NAHV), die seit den 1860ern an der Mündung des Kongo Elfenbein und Palmöl kaufte.[19] Das Unternehmen brauchte neues Personal, weil es sein Geschäft auf das gigantische Becken des oberen Kongo ausweitete.[20] Langheld gehörte zu den ersten europäischen Händlern, die weit in das Innere des entstehenden Kongostaates, der Privatkolonie Leopolds II. von Belgien, vorstießen. 1891 wechselte der erfolgreiche Elfenbeinhändler zur aufstrebenden belgischen „Société Anonyme Belge pour le Commerce du Haut-Congo" (SAB). Denn als sich die NAHV, das mit Abstand größte Handelshaus der Kolonie, auf Druck der Regierung teilweise aus dem Kongo zurückzog, übernahm die SAB ihr Geschäft – und scheinbar auch das Personal:[21] Langheld, der zuvor die NAHV-Faktorei in Stanley Falls geleitet hatte, arbeitete dort nun für die SAB. In diesem Unternehmen stieg er schnell in höhere Positionen auf: 1894 wurde er „chef de district" und 1896 mit 31 Jahren Hauptagent des Flussabschnitts zwischen Stanley Falls und Bangala-Gebiet.[22]

Verantwortlich für diesen Aufstieg waren einerseits seine in die frühkoloniale Situation passenden Eigenschaften. Dass Langheld als Seemann und ohne formale Bildung für ein Handelsunternehmen tätig wurde, war dabei nichts Ungewöhnliches. Mehr als kaufmännisches Wissen zählten für die Firmen an der afrikanischen Westküste zu diesem Zeitpunkt praktische Fähigkeiten und Sprachkenntnisse.[23] Andererseits dürfte auch seine „santé de fer" eine Rolle gespielt haben:[24] Langheld wurde in Afrika nur selten krank, was große Vorteile für seinen Arbeitgeber hatte. Während seine Kollegen häufig an Tropenkrankheiten litten und vielfach starben, konnte Langheld seine Faktorei kontinuierlich führen. Dass die SAB ihre Angestellten aus diesen Gründen beförderte, überliefert Joseph Conrad, der 1890 selbst für die Firma im Kongo arbeitete.[25] Für die „frontiersmen" der frühen kolonialen Phasen waren solche Banalitäten oft alles.[26]

Gewalt und Interesse: Zum Kontext ethnografischen Sammelns im Kongostaat

Aus seiner Zeit in Stanley Falls stammt der größte Teil von Langhelds Sammlungen. Wie er in ihren Besitz gelangte, verraten die Quellen nicht. Es ist durchaus möglich, dass er sie von ihren Besitzern kaufte. So weist Johannes Fabian darauf hin, dass im Kongostaat ein regelrechter Markt für ethnografische Objekte existierte, an dem Afrikaner aktiv partizipierten.[27] Leute wie Langheld waren sicher an der Entstehung dieses Marktes beteiligt.

Klar ist jedoch auch, dass sein ethnografisches Sammeln im Kontext der Gewaltgeschichte des Kongostaates stattfand: Übergriffe waren dort an der Tagesordnung. Langhelds Nachbar in Stanley Falls, Stationschef Léon Rom, dekorierte sein Haus mit menschlichen Schädeln. Einige Angestellte von Langhelds Arbeitgeber, der SAB, schreckten vor Mord nicht zurück, um die kommerziellen Interessen der Firma durchzusetzen. Nahe Stanley Falls tobte in den 1890ern ein Krieg zwischen der Kolonialmacht und Swahili-Warlords. Darüber hinaus vergab Leopold II. ab 1892 riesige Territorien zur gewaltsamen Kautschukgewinnung an Konzessionsgesellschaften.[28] Gelegenheiten, wertvolle Objekte von ihren Besitzern zu erpressen, gab es demnach reichlich. Beweise, dass Langheld die nach

Deutschland gebrachten Gegenstände unrechtmäßig erwarb, gibt es jedoch bisher nicht.

Insgesamt hatte Langheld ein zwiespältiges Verhältnis zur kolonialen Gewalt. Nach der Jahrhundertwende verteidigte er in Zeitungsartikeln den Kongostaat gegen die Anschuldigungen der „Congo Reform Association".[29] Langheld selbst war schließlich ein Produkt des Kongostaates und seine Arbeit dort von Gewalt geprägt. So schrieb er 1897 in einem Brief, auf einer Expedition ins Lomami-Gebiet habe er dauernd unter Angriffen zu leiden gehabt: „Es war mir nirgends möglich freundschaftlichen Verkehr mit den Leuten anzuknüpfen, alles war feindlich gesinnt und Verrat lauerte an allen Ecken. Ich habe leider mehrere meiner besten Leute verloren."[30] In einer solchen Situation ist es unwahrscheinlich, dass Langheld und seine Leute nicht ebenfalls schossen. Auch in Arbeitsbeziehungen bediente er sich zeitweise gewalttätiger Mittel: Ein Vorgesetzter rügte, er habe Körperstrafen gegen Arbeiter verhängt und ein andermal dieselben bewaffnet, um gegen die Bevölkerung vorzugehen.[31] Gleichwohl verleugnete Langheld den Terror im Kongo nicht. 1910 bemerkte er auf dem Kolonialkongress in Berlin: „Von beiden Seiten (...) ist einerseits viel vertuscht, anderseits viel übertrieben worden." Es seien „entsetzliche Grausamkeiten" vorgekommen, aber bestraft worden.[32] Sicherlich hielt Langheld bestimmte Formen der Gewalt für notwendig und normal, andere aber lehnte er rundheraus ab. Angewidert schrieb er 1912 vom „brutalen Schlagen" und dem „brutalen Hausen der Soldateska in den Dörfern" im deutschen Neu-Kamerun.[33] Scheinbar hatte er gedacht, nach all den Jahren abgestumpfter zu sein, denn er schrieb in sein Tagebuch, vom „heute erlebten [sic!] fühle ich mich ganz elend und angegriffen und bin doch schon *seit 30 Jahren hier in Afrika*".[34] Langheld war sich der Gewalt des kolonialen Projektes, dessen Teil er war, folglich bewusst, zog aber keine Konsequenzen daraus.

Langheld als brutalen Kolonialisten abzutun wäre aber sicherlich falsch. Insgesamt war seine Beziehung zur kolonisierten Bevölkerung ambivalenter. Über viele Jahre lebte er in einer auch in vorkolonialer Zeit von Gewalt geprägten Region, in der kulturelle Aushandlungsprozesse überlebensnotwendig waren. Durchaus konnte er sich auf die unterschiedlichen Kulturen des Kongobeckens einlassen. Schließlich erlernte er mehrere afrikanische Sprachen – darunter nicht nur die großen Verkehrssprachen wie Bangala und Ki-Swahili, sondern auch solche mit nur wenigen Sprechern.[35]

Abb. 23 | Wassy Langheld. Datum der Aufnahme unbekannt (SMB-PK, EM, ohne Signatur)

Auf dem Höhepunkt: Direktor der Gesellschaft Süd-Kamerun, 1898–1901

Langhelds beruflicher Aufstieg setzte sich 1898 fort: Die Führung der SAB machte ihn zum Leiter eines neuen Tochterunternehmens in Kamerun, der „Gesellschaft Süd-Kamerun" (GSK). Über die nördlichen Nebenflüsse des Kongo hatte die SAB zuvor den Südosten des von den Deutschen beanspruchten, aber noch nicht verwalteten Territoriums erreicht. Erfolgreich drängte die SAB die Regierung in Berlin, dort eine Konzession für eine neu gegründete deutsch-belgische, anfangs von der SAB in Brüssel geleitete Aktiengesellschaft zu gewähren.[36]

Langheld bekam den Posten bei der GSK nicht nur wegen seiner oben geschilderten Fähigkeiten, sondern auch wegen seiner deutschen Herkunft.

Berlin war nur zögerlich bereit, ausländisches Kapital in deutschen Kolonien zuzulassen. Dass der Leiter des neuen Unternehmens ein Deutscher sein würde, beruhigte die Beamten. „Wilhelm" Langheld (der als „Wassy" im Kongo als Russe gegolten hatte) war nach den Worten des Kolonialdirektors von Buchka der Garant für den „deutschen Charakter" der GSK.[37] In Bezug auf seine Identität war Langheld jedoch sehr flexibel, um sich ihm bietende Chancen zu nutzen: Als er sich nach dem Ende seiner Tätigkeit als GSK-Direktor wieder im Kongo bewarb, nannte er sich selbst „Pierre Langheld" und versuchte (vergeblich) seine deutsche Herkunft zu verschleiern.[38]

Am 12. Juli 1899 erreichten Langheld und einige europäische und afrikanische Angestellte die Südostecke Kameruns, wo der erst 34-jährige Langheld das Geschäft der GSK aufbauen sollte.[39] Mit seiner Leitung kam es zu einem interimperialen Transfer von Wissen und Methoden aus dem Kongostaat nach Kamerun. Die GSK und die neu eingerichtete Lokalverwaltung arbeiteten anfangs so eng zusammen, dass das Unternehmen wie die Konzessionsgesellschaften im Kongo teilweise die Agenda der lokalen Politik bestimmte. An Silvester 1900 etwa bat Langheld den Stationschef von Stein um Soldaten zur Unterstützung der GSK bei einer Expedition in den Norden. Diese sollten dazu dienen, der „recht starken Bevölkerung zu zeigen, daß den Kaufleuten im Notfalle doch eine starke militärische Macht helfend (...) zur Seite steht".[40] Auf den Chef der kaiserlichen Verwaltung von Südostkamerun, von Stein, machte Langheld aufgrund seiner langen Afrika-Erfahrung erheblichen Eindruck. „Wie ein Vater", so erinnerte er sich später, habe der nur wenig ältere Langheld ihn zur Vorsicht bei seinen Expeditionen gemahnt.[41] Gegen andere Aspekte des Konzessionssystems wehrten sich jedoch die deutschen Behörden. Die GSK durfte Kautschuk und Elfenbein nicht von der Bevölkerung erpressen, sondern nur durch Handel erwerben. Gewalt spielte eine bedeutendere Rolle, wenn es darum ging, Arbeiter zu rekrutieren.[42] Im Prinzip führte Langheld das Unternehmen deshalb so, wie er es zuvor im Kongo bei der SAB gelernt hatte.

Wie sich bald herausstellte, war dies nicht die richtige Strategie: Das Unternehmen kam nicht recht voran. In der ersten Zeit hatte Langheld, wie im Kongo üblich, vor allem entlang der großen Flüsse Faktoreien anlegen lassen. Diese musste die GSK jedoch größtenteils aufgeben, da sie sich auf französischem Gebiet befanden. Es erwies sich als nötig, das Konzessionsgebiet auf dem Landweg zu erschließen, wofür Langheld nicht der richtige Mann schien. Auch von Stein meinte, er halte zu sehr an dem fest, was er im Kongo gelernt hatte: „Langheld war durchaus Wassermensch und scheu-

Abb. 24 | Wassy Langheld mit dem „Häuptling von Essik“ (sitzend) und einem zweiten, nicht benannten Mann. Aufnahmedatum unbekannt (SMB-PK, EM, ohne Signatur)

te da auch unter den schwierigsten Verhältnissen nichts. Weite Land-, vor allem Urwaldstrecken, waren ihm aber mehr wie unsympathisch.“[43] Für ein Gehalt von 18.000 Francs, so die Kritik seines Stellvertreters, hielt er sich auch zu häufig in Léopoldville (dem heutigen Kinshasa) und zu wenig in Südostkamerun auf.[44] Bereits im Juli 1901 entband man ihn *de facto* seiner Stelle. In einem Gutachten urteilte die GSK über ihn: „Ne vaut rien comme directeur mais bon agent commercial.“[45] Scheinbar hatte Langheld den Zenit seiner Fähigkeiten erreicht.

Ruhelose Jahre: Zwischen Kongo und Kamerun, 1901 – 1913

Während seines Aufenthalts in Europa heiratete Langheld am 30. November 1901 Johanna Hähling.[46] Trotz dieser veränderten Lebensumstände kehrte er bald in den Kongo zurück. Möglicherweise waren Geldprobleme die Ursache. Im Januar 1903 bewarb er sich beim „Comité Spécial du Katanga“. Trotz zahlreicher Einstellungshindernisse, welche die Personalabteilung feststellte („allemand, marié, 38 ans“),[47] schickte ihn die Gesellschaft nach Afrika. Zwei Jahre lang arbeitete er im Kongostaat am Lomami. Sein Vorgesetzter bemerkte, er führe sich gut, trinke nicht zu viel, sei arbeitsam und habe großes Geschick als Verwalter. Gleichwohl hieß es: „Langheld ne rendra jamais de grands services; agent ayant peu d'initiative.“[48] Aufstiegsmöglichkeiten gab es nicht mehr für ihn. Im Mai 1905 kehrte Langheld nach Deutschland zurück.[49] Im Herbst schrieb er an das Comité, er könne aufgrund familiärer Angelegenheiten nicht nach Afrika zurückkehren.[50] Doch in Brüssel hatte man keine Verwendung für ihn.

Erneut hielt es Langheld nicht in Europa. Bereits 1906 war er in Kontakt mit der damals neu gegründeten „Afrikanischen Kompanie AG“ (AKAG). Diese plante die Übernahme des Hamburger Kamerun-Handelshauses A. & L. Lubcke und war froh, einen so erfahrenen „Afrikaner“ an ihrer Seite zu haben. Mit einem Zweijahresvertrag und einem monatlichen Verdienst von 500 Mark reiste Langheld am 1. Oktober 1906 nach Südkamerun, um das Geschäft der Firma zu inspizieren, die in den vergangenen Jahren Langhelds früherem Arbeitgeber, der GSK, erbitterte Konkurrenz gemacht hatte.[51] Er befürwortete die Übernahme des durch den Kautschukboom große Gewinne machenden Unternehmens.[52] Im schnellen, chaotischen Südkamerun-Handel blieben die bisherigen Manager auf ihren Posten. Der für Kameruner Verhältnisse in die Jahre kommende Langheld hingegen sollte das ruhigere, neu eingerichtete Duala-Geschäft der AKAG leiten: Einzelhandel, eine Apotheke, eine Buchhandlung und eine Wäscherei.[53]

Langhelds Leben schien sich positiv zu entwickeln. 1907 kam sein Sohn Heinz und 1909 die Tochter Hildegard zur Welt.[54] Doch das Duala-Geschäft fuhr 1911 einen großen Verlust ein, da Langheld, wie Direktor Heinrich Lubcke meinte, „der ihm gestellten Aufgabe in Duala nicht gewachsen" sei.[55] Langheld war ein Mann der frühen Phase der kommerziellen kolonialen Expansion, als es weniger aufs Rechnen denn auf interkulturelles Management, Improvisation in gefährlichen Situationen und notfalls auch darauf ankam, nicht krank zu werden. Für die Zeit der Buchhalter, die an der Küste bereits begonnen hatte, war er nicht qualifiziert.[56]

Um einer Entlassung zu entgehen, willigte Langheld ein, im Auftrag der AKAG in das gerade von Frankreich neu erworbene Neu-Kamerun zu reisen, um neue Geschäftsfelder ausfindig zu machen.[57] Es sollte seine letzte Afrikareise werden. Schon vor der Abreise plagten ihn Vorahnungen: Er habe Angst, sich an der in Neu-Kamerun grassierenden Schlafkrankheit anzustecken, gestand er einem Vorstandsmitglied.[58] Seine Befürchtungen wurden wahr: Auf dem Rückmarsch diagnostizierte ein Arzt in Dume im April 1913 die Schlafkrankheit. Sofort behandelte man Langheld mit Atoxyl, einem arsenhaltigen und oft tödlichen Medikament. Verzweifelt schrieb Langheld, der äußerst religiös war, in sein Tagebuch: „Elendster Tag meines Lebens. Mein Herrgott, hast du mich verlassen? Herr Gott hilf, oh meine armen Kinder, mein armer Hans! Erste Spritze!"[59] In Hamburg erwarteten ihn am 31. Mai 1913 seine Frau und seine Kinder am Kai. Umgehend begab Langheld sich ins Institut für Schiffs- und Tropenkrankheiten, wo die Therapie fortgeführt wurde.[60] Langheld überstand die Krankheit. Doch sein sonst so unverwüstlicher Gesundheitszustand war infolge der Therapie sehr geschwächt. Im November 1913 reiste er von Hamburg nach Lippstadt, um für die Deutsche Kolonial-Gesellschaft einen Vortrag zu halten. Doch am Bahnhof im westfälischen Altenbeken erlitt er am 26. November einen tödlichen Schlaganfall.[61] Er starb im Alter von nur 48 Jahren.

Adolf Friedrich Herzog zu Mecklenburg (1873–1969)

27 Objekte, die meisten aus Zentralafrika (heutige Demokratische Republik Kongo), einige aus Ostafrika (Ruanda) von der Deutschen Zentral-Afrika-Expedition 1907–1908, V 5.918–5.944. Eintrag im Inventarbuch: „J. 18/1912.

Abb. 25 | Ledergürtel mit Kaurischnecken, Zentralafrika, Zaire (heute: DR Kongo), Bakondjo, Sammler: Adolf Friedrich Herzog zu Mecklenburg, Inv.-Nr. V 5.939. © RPM, Foto: Sh. Shalchi

Mus. f. Völkerkunde z. Berlin, Kauf, Slg. des Herzogs Adolf Friedrich zu Mecklenburg." Von den ursprünglich 27 Objekten fanden die Verfasserinnen bei einer Sichtung der entsprechenden ethnologischen Magazinbestände des RPM nur noch 14 vor.

Umstände des Transfers der Objekte nach Hildesheim

Wie so viele andere Erwerbungen ab 1905 ist auch diese, die 1912 getätigt wurde, der Vermittlung Edgar Waldens zu verdanken. Aus einem Dokument in einer anderen Angelegenheit geht hervor, dass Rudolf Hauthal Walden Ende 1911 eine Summe von 1.000 Mark aus dem geologischen Fonds des Roemer-Museums für den Ankauf völkerkundlicher Gegenstände bewilligt hatte.[62] Daraufhin stellte Walden ihm mehrere Möglichkeiten für Käufe aus den Beständen des Königlichen Museums für Völkerkunde in Aussicht, darunter auch Stücke aus der ersten von Adolf Friedrich zu Mecklenburg durchgeführten Expedition. Die von deren Mitgliedern eingesandten Sammlungen wurden zwischen den Völkerkundemuseen in Berlin und Leipzig aufgeteilt. Nach Zustimmung durch Adolf Friedrich und den Anthropologen Jan Czekanowski erklärte sich Ernst von Luschan bereit, Dubletten aus der Sammlung an andere Museen zu geben. Daraufhin verfasste Edgar Walden am 16.11.1911 ein Schreiben mit der Bitte um Dubletten aus der Mecklenburg-Sammlung für Hildesheim.[63] Am 22. November 1911 schrieb er dann an Hauthal:

„Der Beschluss des Vorstandes [des Roemer-Museums, S.L.], durch meine Vermittlung Doubletten des Berliner Museums zu kaufen, hat mich sehr erfreut. (...) Die Mitteilung ist im Museum f. Völkerkunde sehr günstig aufgenommen worden, und ich hoffe nicht nur aus der Südsee-Sammlung, sondern auch aus Afrika, Asien und Amerika wertvolle Erwerbungen machen zu können. Aus den Sammlungen der ersten Expedition des Herzogs Adolf-Friedrich zu Mecklenburg, die unserem M.f.V. zugefallen sind, sollen Doppelstücke an andere Museen geschenkweis abgegeben werden. Ich habe nach Rücksprache mit dem Kustos der Afrikanischen Sammlung Herrn Dr. Ankermann im Namen des Roemer-Museums eine vorläufige Zusage erhalten. Weiteres werde ich bei gegebener Zeit mitteilen." (SAHI Best. 741, Nr. 204, „Verschiedene Erwerbungen und Geschenke für die Völkerkundesammlung")

Am 19. Dezember 1911 wurde die Transaktion offiziell von Berlin durch einen Brief Ankermanns eingeleitet. Gänzlich als Geschenk gab es die Objekte für Hildesheim aufgrund gesetzlicher Bestimmungen zwar dann doch nicht, sie waren aber dennoch ein „Schnäppchen" für das Roemer-Museum, denn Ankermann schrieb:

„Der wissenschaftliche Hilfsarbeiter am hiesigen Museum Herr Walden hat den Wunsch des Vorstandes, Dubletten aus der Sammlung des Herzogs Adolf Friedrich zu erwerben, hier übermittelt. Es sind insgesamt 27 Nummern für das Römer-Museum ausgewählt worden und der vorgesetzte Herr Minister hat die Abgabe derselben gegen Zahlung von 1,– M bereits genehmigt. Eine unentgeltliche Überweisung ist nach dem Staatshaushaltsgesetz nicht zulässig. Ich bitte den Vorstand um eine recht baldige Äußerung, ob derselbe bereit ist, die ganze Auswahl für eine Mark käuflich zu übernehmen. 1 Liste liegt hier bei mit der Bitte um Rückgabe." (SAHI Best. 741, Nr. 204)

Postwendend wurde die Liste wunschgemäß nach Berlin zurückgesandt, und Hauthal schrieb in dem dazugehörigen Anschreiben im Namen des Vorstands des Roemer-Museums, letzteres sei „mit Freuden bereit, die aus der Sammlung des Herzogs Adolf Friedrich zu Mecklenburg ausgewählten Doubletten für die festgesetzte Zahlung von 1 M[ark] sofort zu übernehmen" (Brief vom 21.12.1911, ebd.). Ein Exemplar der Liste ist in der entsprechenden Akte enthalten und weist unter Angabe der Berliner Dublettennummern genau die 27 Stücke auf, die laut Inventarbuch dann ans Roemer-Museum gelangten. Mit Brief vom 9. Januar 1912 teilte Ankermann mit, dass „heute eine Kiste und ein Collo (...), enthaltend ethnographische Gegenstände aus der Sammlung des Herzogs Adolf Friedrich zu Mecklenburg, durch Vermittlung des Berliner Spediteur-Vereins hier nach dorthin abgesandt worden sind. (...) Die beifolgende Empfangsbescheinigung bitte ich zu vollziehen und sodann gefälligst an das Museum zurücksenden zu wollen" (ebd.). Dies erfolgte ausweislich eines in der Hildesheimer Akte vorhandenen Doppels der Empfangsbestätigung, ebenso die Zahlung von einer Mark.

Gegen die symbolische Zahlung von einer Mark gelangten auch andere Museen in den Besitz von Dubletten aus der Sammlung der ersten Mecklenburgschen Expedition. So erhielt etwa das Königliche Ethnographische Museum in Dresden 178 Nummern, das Linden-Museum Stuttgart 64 Nummern, Rostock 44 Nummern sowie Lübeck 29 Nummern.[64]

Zur Person des Sammlers und zu den Hintergründen der Sammlung

Adolf Friedrich Herzog zu Mecklenburg wurde am 10. Oktober 1873 geboren. Sein Vater, Großherzog Friedrich Franz II. von Mecklenburg, der sich einst gegen die beim Adel übliche Erziehung durch Privatlehrer entschieden hatte, schickte ihn auf das öffentliche Gymnasium in Dresden, das er selbst besucht hatte, und schenkte ihm 1894 nach bestandenem Abitur eine Reise in den Orient. Ab 1895 schlug Adolf Friedrich eine militärische Laufbahn ein (Junack 1963: 3–7).

1902 ging er erneut auf Reisen, diesmal nach Indien, Ceylon und Ostafrika. Dort besuchte er Dar es Salaam und die großen Pflanzungen Ost- und Westusambaras. Auf einer Jagdreise mit Graf von Goetzen, dem damaligen Gouverneur, und dem damaligen Bezirksamtmann Rohde lernte er, wie er schreibt, „afrikanisches Zelt- und Lagerleben kennen" (Mecklenburg 1909: 3). 1904 erwuchs in ihm dann der Wunsch nach einer neuen Reise „nach dem Lande meiner Sehnsucht" (ebd.), die diesmal jedoch nicht zum Vergnügen, sondern als wissenschaftliche Expedition ausgerichtet sein sollte. Er plante dieses Unternehmen gemeinsam mit Walter von Wiese und Kaiserswaldau, einem Angehörigen der in Bukoba stationierten 7. Kompanie der Schutztruppe. Die beiden Männer hatten sich 1904 auf einer ersten kurzen Reise Adolf Friedrichs kennengelernt und angefreundet, bei der er am Tanganyikasee Zoologica sammelte und nach Berlin schickte (Strizek 2006: 83, 85). „Noch während seines Aufenthaltes in Ostafrika entstand die Idee zu einer groß angelegten Forschungsexpedition" (ebd.: 83). Adolf Friedrich und Wiese beschlossen, „nach eingehender Besprechung mit unseren namhaften Fachgelehrten, den Professoren Brauer, Matschie, von Luschan, Waldeyer, Engler und Branca, über den Victoria-See nach Ruanda zu marschieren, sowie das Gebiet des zentralafrikanischen Grabens vom Kiwu-See bis zum Albert-See, von wo, nach Westen weitergehend, uns die Gebiete des Ituri-Aruwimi und des Uelle aufnehmen sollten" (Mecklenburg 1909: 4).

Teilnehmer der Expedition 1907/08 waren von Wiese als Expeditionsleiter, der Oberleutnant Weiß, der Geologe Egon Fr. Kirschstein, der Zoologe Hermann Schubotz, der Botaniker Johannes Mildbraed, der Anthropologe Jan Czekanowski, der Arzt Werner von Raven, der Sergeant Czeczatka sowie Weidemann, der Diener des Herzogs. Finanziert wurde das Unterfangen teils aus Adolf Friedrichs eigenen Mitteln sowie von mehreren Geldgebern, vermittelt durch den „Geheimrat Hans Meyer zu Leipzig. (…) Seine Tätigkeit als Vorsitzender der Kommission für die landeskundliche Erforschung der Schutzgebiete veranlasste das Reichs-Kolonialamt, in hochherziger Weise eine namhafte Summe zur Erforschung des deutschen Teiles der Reiseroute zu zeichnen" (Mecklenburg 1909: VIII–IX). Gefördert wurde die Expedition außerdem von der Deutschen Kolonialgesellschaft, der Königlich Preußischen Akademie der Wissenschaften, diversen Einzelpersonen sowie – was im vorliegenden Zusammenhang bezüglich der nach Berlin gelangten zahllosen Ethnographica von Interesse ist – dem Museum für Völkerkunde Berlin (Mecklenburg 1909: IX). Neben wissenschaftlichen Berichten erschien ein von Adolf Friedrich abgefasster Reisebericht (1909), von dem später ein Auszug *Durch Ruanda zum Kiwu-See* in Taschenbuchform einer breiteren Leserschaft zugänglich gemacht wurde (Mecklenburg 1924).

Die Expedition nahm im Mai 1907 in Mombasa ihren Ausgang und führte in ihrem Verlauf zum Victoriasee, dann weiter zum Kivusee und schließlich in das Kongogebiet. Sie führte große Mengen Ausrüstungsgegenstände für topografische, geologische, zoologische und botanische Sammeltätigkeiten mit sich. An ethnografischer Ausrüstung wird erwähnt: „Gips – 4 Lasten,[65] Phonograph und Rollen – 3 Lasten, Bücher, Papier usw. – 2 Lasten" (Mecklenburg 1909: 10). Daneben führte man sehr viele Lasten an

Tauschgütern mit sich (hierzu näheres weiter unten). Durch die angeworbenen Träger wuchs die Expedition auf die enorme Zahl von 700 Menschen an. Daher wurden Etappenstationen entlang der Reise vereinbart, „wohin von Entebbe aus zu bestimmten Terminen Nachschubkarawanen zu dirigieren seien. Diese Extrakarawanen sollten für die Nachführung von Europäer- und Trägerverpflegung, Tauschlasten sowie wissenschaftlicher Ausrüstung usw. sorgen“ (Mecklenburg 1909: 14). Aufgrund der unterschiedlichen Forschungsschwerpunkte und der Größe der Expedition teilte sich diese immer wieder auf, und einzelne Mitglieder nahmen unterschiedliche Reiserouten. Wenn sie sich unterwegs länger in Basislagern aufhielten, sichteten und etikettierten sie kistenweise Ethnographica, zoologische, botanische und geologische Sammlungen und schickten sie nach Deutschland.

Während der Erwerb von Ethnographica offenbar eher unkompliziert war (siehe unten), stießen die Expeditionsteilnehmer bei ihren Vorstößen, Angehörige indigener Völker anthropologisch zu vermessen, auf teils erheblichen Widerstand, so etwa bei den Batwa (Twa) im Bugoie-Wald am Nordostufer des Kivusees. Adolf Friedrich mokiert sich über deren in seinen Augen „abergläubische“ Furcht vor den Messinstrumenten. Durch Vermittlung eines dort ansässigen Missionars ließen sich die Twa zwar letztlich doch vermessen, aber „gutwillig kam anfangs keiner heran, sondern jeder einzelne musste (…) zur ›Schlachtbank‹, der Kiste, auf der die Messungen stattfanden, herangeführt werden (…). Ja, es war ganz gewiss, ihr Leben war verwirkt, lag nun in den Büchern der Weißen, die jetzt nach Belieben damit schalten konnten“ (Mecklenburg 1909: 229). Besonders ärgerte ihn, dass die Twa die Expedition in so unangenehmer Erinnerung behielten, dass Czekanowski „durch diese Wahnidee viel Schwierigkeiten zu überwinden [hatte], als er später zu einer soziologischen Spezialforschung in den Wald kam“ (ebd.).

1910/1911 unternahm Adolf Friedrich zu Mecklenburg eine weitere große Afrika-Expedition (Mecklenburg-Schwerin 1921). Da die nach Hildesheim gelangten Objekte nicht von dieser Reise stammen, soll an dieser Stelle nicht weiter auf diese zweite Expedition, sondern auf seinen weiteren Werdegang in Afrika eingegangen werden.

Vom 22. Juli 1912 bis zum Ausbruch des Ersten Weltkriegs war Adolf Friedrich der letzte Gouverneur der Kolonie Togo. Diese Ernennung soll er der Protektion des Kaisers verdankt haben, ungeachtet der Einwände bezüglich seiner mangelnden Qualifikation durch Friedrich von Lindequist, Staatssekretär und Leiter des Reichskolonialamtes (Sebald 1988: 271). Sebald zufolge setzte die afrikanische Bevölkerung Togos angesichts von Adolf

Friedrichs hochadeliger Abstammung große Hoffnungen in den neuen Gouverneur, denn „das Volk kannte die gesellschaftlichen Verpflichtungen afrikanischer Könige der Bevölkerung gegenüber und hatte infolgedessen Illusionen über den deutschen Herzog" (Sebald 1988: 555). Adolf Friedrich proklamierte zwar umgehend, er liebe Togo und all seine Bewohner und sei „deshalb gekommen, um ihnen in allem, was sie tun, zu helfen" (ebd.: 555). Indessen verließ er sich in der Landespolitik größtenteils auf altgediente Kolonialbeamte, sodass die erhofften Verbesserungen für die einheimische Bevölkerung ausblieben. Entgegen seiner Ankündigung erwies er sich für sie nicht als gütiger und im Interesse der Afrikaner/innen weitblickender ›Landesvater‹. So kommentierte am 3. Mai 1913 ein Autor in der bereits erwähnten Zeitung *Gold Coast Leader* spöttisch: „Die erste Arbeit von Gouverneur Friedrich zur Verbesserung des Landes war, sich Fräulein Hoelushie Ajite, ein Mädchen von etwa 12 Jahren, zu nehmen" (zitiert in Sebald 1988: 556). Bezüglich der Wünsche deutscher Ansiedler nach Land zum Anlegen von Plantagen stellte er sich auf deren Seite (Sebald 1988: 557, 669).

1913 erließ er eine Verordnung, die Kindern deutscher Kolonialbeamter und afrikanischer Frauen verbot, den deutschen Namen ihrer Väter zu führen. Bei Zuwiderhandlung drohten Gefängnis- oder Geldstrafen „in einer Höhe, für die ein Arbeiter ein halbes Jahr arbeiten musste" (Sebald 1988: 266).[66] Diese Gesetzgebung, die auch Afrikanern in Togo generell das Tragen deutscher Namen verbot, hatte vorher nicht bestanden und wurde nach Ende der deutschen Kolonialherrschaft im August 1914 wieder aufgehoben (ebd.: 269). Zu den Vätern afrodeutscher Kinder gehörte übrigens auch der Herzog selbst (ebd.: 556). Im *Gold Coast Leader* vom 13. Juni 1914 wurde ihm gar nachgesagt, er habe „a harem of young girls like the Sultan of Morocco, satisfying his craving desires" (zitiert in Sebald 1988: 677).

Auch die Prügelstrafe für die indigene Bevölkerung Togos wurde beibehalten. Während Junack in seinem Buch beschreibt, mit welcher Begeisterung der ehemalige Gouverneur 1960 anlässlich der Unabhängigkeitsfeier Togos unter Präsident Sylvanus Olympio empfangen worden sei und dass „alle Berichte über diesen Aufenthalt in Togo feststellen, dass die Begeisterung der Afrikaner ihm immer wieder neue Ovationen brachte" (Junack 1963: 53), macht Martin Schröder in seinem Buch über *Prügelstrafe und Züchtigungsrecht in den deutschen Schutzgebiete*n darauf aufmerksam, dass sich die Togolesen noch Jahrzehnte nach des Herzogs Amtszeit als Gouverneur keineswegs an eine gütige Amtsführung, sondern vielmehr an Misshandlungen und Prügelstrafen erinnerten, die sie unter ihm erlitten hatten

(Schröder 1997: 61). Eine „harte Linie" einschließlich Prügelstrafe gegenüber Afrikanern hatte Adolf Friedrich schon im Bericht über seine Expedition 1907–1908 propagiert: „Wo nicht die Strenge sich zur Gerechtigkeit gesellt, wo nicht der Europäer berechtigt ist, nach genauer Untersuchung den Schuldigen nach Verdienst zu strafen, da geht die nötige Disziplin in der Karawane und die Autorität des Weißen sehr bald in die Brüche. Der Neger beugt sich nur dem, der sich stärker als er selbst erweist" (Mecklenburg 1909: 294–295). 1913, anlässlich eines Besuches von Wilhelm Solf, dem Leiter des Reichskolonialamtes, überreichten führende afrikanische Persönlichkeiten aus Togo Solf eine Petition bezüglich Gewalttätigkeiten, Repressalien und Benachteiligung im Rechtswesen, denen sie sich unter dem Gouverneur ausgesetzt sahen (Gründer 1999: 142–144; Sebald 1988: 562–562). Ihre Hoffnungen auf Beistand erfüllten sich aber nicht. Einer der afrikanischen Vertreter berichtet, sie hätten „während der 15minütigen Audienz" bei Solf die Hoffnung verloren. „Nicht zu einem der von uns erhobenen Punkte erhielten wir von ihm ein sicheres Versprechen auf die Wende zum Besseren" (zitiert in Sebald 1988: 563). Sebald zitiert in seinem Buch noch seitenweise weitere Beschwerden der afrikanischen Bevölkerung gegen die Zustände unter Adolf Friedrich von Mecklenburg als Gouverneur. Die von Sebald zusammengetragenen Quellen deuten darauf hin, dass er bei den Togoern, milde ausgedrückt, unbeliebt war. Als er im April 1914 einen Heimaturlaub antrat, kommentierte ein Autor im *Gold Coast Leader*: „Dass er unpopulär ist, ist ihm selbst wohlbekannt, obwohl einige Europäer ihm mit dem Gegenteil schmeicheln. Ich möchte ihm nicht raten, wieder zurückkommen, da gibt es andere Länder, wo er seine Liebe, seinen Eifer und Patriotismus für sein Land zeigen kann. Darf ich den Nordpol oder Südpol für die Überlegungen seiner Exzellenz vorschlagen?" (zitiert in Sebald 1988: 572).

Zwei Jahre nach seinem Amtsantritt war die deutsche Kolonialherrschaft in Togo zu Ende. Zu Beginn des Ersten Weltkriegs befand sich Adolf Friedrich gerade auf Heimaturlaub. Er kehrte wiederholt nach Afrika zurück, allerdings – wie schon Anfang des 20. Jahrhunderts – zur Jagd. Im weiteren Verlauf seines langen Lebens war er unter anderem 30 Jahre lang, von 1926 bis 1956, Mitglied des Internationalen Olympischen Komitees. 1918 war er als Thronanwärter für Finnland und dann für das Vereinigte Baltische Herzogtum im Gespräch. Adolf Friedrich wurde mit zahlreichen Orden ausgezeichnet und erhielt 1953 vom Bundespräsidenten Theodor Heuss das Bundesverdienstkreuz verliehen. Am 5. August 1969 starb er in Eutin.

Erwerbungsumstände der Sammlung

Soweit sich aus den herangezogenen Quellen ersehen lässt, wurden die ethnografischen Gegenstände sämtlich durch Tausch erworben. Für Tauschgeschäfte gegen Lebensmittel und ethnografische Objekte führte die Expedition riesige Lastenmengen an Gebrauchsgütern mit sich, die in Adolf Friedrichs Reisebeschreibung genau aufgelistet sind: „Gemischte Lasten – 45 Lasten, verschiedene Stoffe – 12 Lasten, Diverses – 1 Last, Kanga[67] – 10 Lasten, Americani[68] – 19 Lasten, Kaniki – 3 Lasten, wollene Decken – 10 Lasten, Perlen – 17 Lasten, Draht – 4 Lasten, Salz – 8 Lasten" (Mecklenburg 1909: 10). Eingekauft wurden die Tauschartikel in Entebbe durch Wiese, und zwar passend für unterschiedliche Klimazonen, die von der Expedition besucht werden sollten: "Stoffe, Perlen, Mützen, bunte Tücher, Messingdraht, Messer, Spiegel und für die kälteren Gebietsstriche wollene Decken" (ebd.: 9).

Das Sammeln von ethnografischen Gegenständen durch Tausch verlief sehr erfolgreich, wenngleich nicht immer reibungslos. Vom Besuch beim Herrscher Msinga in Ruanda berichtet Adolf Friedrich über anfängliche Schwierigkeiten:

„Der Sultan brachte mir auch eine Reihe interessanter Gegenstände heimischen Gewerbes. Dagegen stieß der Kauf von ethnographischen Sachen zunächst auf hartnäckigen Widerstand. Auf unsere Bitte erteilte jedoch Msinga selbst die Erlaubnis zum Tauschhandel, und nun strömte alles Volk herbei, um sich an dem hohen Lohn der verkauften Gegenstände zu bereichern. Hauptsächlich durch Wieses Bemühungen konnte eine Ruanda-Sammlung zusammengebracht werden, wie sie in Europa vorläufig ihresgleichen noch nicht findet." (Mecklenburg 1909: 125)

Vorher, auf dem Weg zum Mohasi-See, war die Bevölkerung den Wünschen der Expeditionsmitglieder gegenüber aufgeschlossener gewesen: „Auf den kahlen Bergkegeln und den langgezogenen Rücken bemerkte man Dörfer, teilweise mit hohen Wolfsmilchhecken umgeben. Die Bevölkerung zeigte sich zugänglich und war auf gutes Zureden zu allem willig" (Mecklenburg 1909: 68). Aus einer Äußerung Adolf Friedrichs lässt sich entnehmen, dass darauf geachtet wurde, ethnografische Gegenstände in jedem Falle zu bezahlen und sie nicht einfach „mitgehen zu lassen". Im Dorf Katanda am Albert-Eduard-See im damaligen Belgisch-Kongo war die Bevölkerung vor den Expeditionsmitgliedern geflohen. „Da die Dorfbewohner vom Stamme der Wakingwa fast alles ›Mobiliar‹ mitgenommen hatten, fanden wir nur wenig bemerkenswertes vor, darunter allerdings schönes Flechtwerk. Da wir die Gegenstände aber niemandem bezahlen konnten, so beließen wir alles in den Hütten" (ebd.: 320). Auch Lebensmittel, die man unterwegs erwarb, vor allem Ziegen und Schafe, wurden mit Tauschwaren bezahlt.

An den Gebeinen Verstorbener bedienten sich die Expeditionsteilnehmer demgegenüber ungeniert. Es sind zwar keine menschlichen Überreste aus der Sammlung Mecklenburg nach Hildesheim gelangt, doch wurden sie in so großer Menge und unter teils so dubiosen Umständen gesammelt, dass sie hier nicht unerwähnt bleiben dürfen. So berichtet Adolf Friedrich von einer mit Raven unternommenen Bootsfahrt zu zwei kleinen Inseln im Kivusee, „die einst der eingeborenen Bevölkerung zu Beerdigungszwecken dienten und dies wohl auch heute noch tun. Wir beabsichtigten, unserem Anthropologen bei der Anlage einer Schädelsammlung behilflich zu sein. Schädel und Skelette fanden sich dort in großer Anzahl, teilweise von Baumwurzeln bereits durchwachsen" (Mecklenburg 1909: 150). Nachweislich wurden auch bei anderen Gelegenheiten Schädel ohne Einverständnis der einheimischen Bevölkerung oder der Angehörigen der Bestatteten aus Gräbern entfernt. Czekanowski berichtet in seinem Journal aber auch von einem anderen Fall, als ihm nämlich bei den Bagoye zuerst Kinder aus einer Missionsschule, dann auch Erwachsene – „und zwar nicht nur Christen, sondern auch dem Ahnenkult huldigende Heiden" – innerhalb von zwei Tagen 200 Schädel brachten, nachdem sich herumgesprochen hatte, dass er diese in vergoldeten Glasperlen (für einen Schädel „das Zweifache des Tageslohns eines Erwachsenen") bezahlte. Czekanowski war darüber so verblüfft, dass er in seinem Tagebuch notierte: „Das war überhaupt zum ersten Mal dass mir etwas Ähnliches passiert ist."[69] Insgesamt betrug die Schädel-Ausbeute der Expedition 1.017 Stück (Mecklenburg 1909: 475).

Die anthropologisch–ethnografischen Sammelergebnisse der Expedition insgesamt fasst Adolf Friedrich am Ende seines Reiseberichtes (1909: 475) wie folgt zusammen: „Es wurden im ganzen 1017 Schädel und zirka 4000 Ethnographica gesammelt, 4500 Leute gemessen, 700 photographische Aufnahmen gemacht, von 36 Leuten Gipsmasken genommen (darunter von 8 Batwa und 5 Wambutti), sowie endlich 87 Phonogramme und 37 Sprachen aufgenommen."

Die Objekte

Bei den von Berlin nach Hildesheim gelangten Objekten aus der Sammlung Mecklenburg handelt es sich um Gebrauchsgegenstände des Alltags und um Waffen von verschiedenen Ethnien, die von den Mitgliedern der Expedition besucht wurden. Während hinsichtlich der Erwerbsumstände von Waffen Skepsis geboten ist, wenn sie von Kolonialbeamten eingesandt wurden, die mit der einheimischen Bevölkerung in kriegerische Auseinandersetzungen verwickelt waren, kann man davon ausgehen, dass sie im vorliegenden Falle durch Tausch erworben wurden. Es wurden zumindest nach Aussage Adolf Friedrichs (s.o.) keine Objekte durch Expeditionsmitglieder gestohlen, noch gab es kriegerische Auseinandersetzungen. Bei den seinerzeit ans RPM gelangten Gegenständen handelt es sich um Körbe bzw. Teile davon (V 5.918, V 5.942–5.944), Bögen (V 5.929, V 5.920, V 5.930), Speere bzw. Speerspitzen (V 5.919, V 5.922, V 5.928, V 5.933), Pfeile (V 5.924, V 5.931), Messer (V 5.933–5.935), einen Schild (V 5.922), einen Gürtel (V 5.923), zwei Schurzquasten (V 5.926, V 5.927), sowie Ringe aus Zinn (V 5.936) und Gras (V 5.937).

1 Dass in Berlin diese Verwechslungsgefahr bekannt war, zeigt die Notiz von Luschans vom 06.12.1902 (SMB-PK, EM, E 1260/1901, I B 25 Afrika), in der es um die Stücke aus der Sammlung geht, die das Berliner Museum gerne behalten möchte. Dort hat er in dem Satz „Aus der hier verwahrten Sammlung Langheld sind die folgenden Nummern für uns besonders erwünscht" nachträglich noch den Vornamen „Wassy" über den Nachnamen geschrieben. Dessen Namensvetter und Cousin, siehe unten Anm. 8., Wilhelm Langheld (1867–1917) war in Ostafrika und später in der Schutztruppe in Kamerun aktiv und schickte ebenfalls ethnografische Objekte an das Königliche Museum für Völkerkunde.

2 Der Aruwimi – im Oberlauf: Ituri – ist ein Nebenfluss des Kongo in der heutigen Demokratischen Republik Kongo.

3 Njam-Njam bzw. Niam-Niam ist eine zwischenzeitlich nicht mehr verwendete, da pejorative Bezeichnung für die Azande. Diese leben im Nordteil der Demokratischen Republik Kongo, im Südsudan sowie im südöstlichen Teil der Zentralafrikanischen Republik

4 Die Küstenstadt Bonny in Nigeria liegt im Siedlungsgebiet der Yoruba.

5 Sämtliche in diesem Abschnitt zitierten Dokumente stammen, soweit nicht anders vermerkt, aus der Akte SMB-PK, EM, E 1260/1901, I B 25 Afrika.

6 SMB-PK, EM, E 1260/1901, I B 25 Afrika sowie E 1410/1905, III B/I B Afrika.

7 SAHI, Best. 741, Nr. 242, J 81/1905.

8 Er ist nicht zu verwechseln mit seinem Cousin, dem Kolonialoffizier Wilhelm Langheld. Vgl. Anonym 1893; Stammbaum Langheld. Ich danke Christopher Langheld für das mir entgegengebrachte Vertrauen und seinen Hinweis auf den Nachlass, sowie Anja Zenner vom Ethnologischen Museum Berlin für ihre Unterstützung bei dessen Auffinden.

9 Vgl. Stein 1926: 152; Mackenzie 1916: 256. Möglicherweise war Langheld Vorbild für Conrads „harlequin", einen im Kongo arbeitenden russischen Seemann. Vgl. Conrad 1901: 122–123.

10 Stein 1926: 152.

11 Vgl. Ministère des Affaires étrangères-Archives Africaines Brüssel (MAE-AA) SPA (1133): Langheld, Peter, Friedrich, Wilhelm. Personalbogen, o. D. [1905]; Wilhelm Langheld, „Rezension: Les Sociétés Primitives de l Afrique Equatorial", *Deutsche Kolonialzeitung* 30, Nr. 6 (1913).

12 Vgl. u. a. „Amtliche Berichte aus den Königlichen Kunstsammlungen: Museum für Völkerkunde", *Jahrbuch der königlich–preußischen Kunstsammlung* 20 (1899): viii; „Jahresberichte der wissenschaftlichen Anstalten: Museum für Völkerkunde", *Jahrbuch der Hamburgischen wissenschaftlichen Anstalten* 19 (1901): cxxiii.

13 Vgl. Hopkins 1976, Hopkins 1987; Dorward 2001; Tignor 2007.

14 Vgl. Staatliche Museen Berlin Preußischer Kulturbesitz, Ethnologisches Museum (SMB-PK, EM): N Langheld. Lebenslauf, verfasst von Heinz Langheld.

15 Vgl. SMB-PK, EM: N Langheld. Tagebücher 3, 4, 5.

16 Vgl. Musée Royal de l'Afrique Central Tervuren. Papiers Bombeeck, Bl. 16; Stapleton 1898: 302.

17 Vgl. SMB-PK, EM: N Langheld. Lebenslauf; MAE-AA SPA (1133): Langheld, Peter, Friedrich, Wilhelm. Personalbogen, o. D. [1905].

18 Vgl. SMB-PK, EM: Nachlass Langheld. Tagebuch 3, 06.06.1909.

19 Vgl. MAE-AA SPA (1133): Langheld, Peter, Friedrich, Wilhelm. Personalbogen, o. D. [1905]. Zur NAHV vgl. Obdeijn 1983 und van der Laan 1983.

20 Vgl. Obdeijn 1983: 197.

21 Vgl. Obdeijn 1983: 201. Zur SAB vgl. Lederer 1965: 66; Nelson 1994; Buelens 2007: 106–134; Waltz 1917 Bd. I: 157–179.

22 Vgl. Anonym 1899; Musée Royal de l'Afrique Central. Papiers Bombeeck, Bl. 16.

23 Vgl. Hopkins 1976: 283; Buchner 1914: 91; Lesser 1885: 14.

24 MAE-AA SPA (1133): Langheld, Peter, Friedrich, Wilhelm. Biographischer Bogen, 29.11.1904. Vgl. Magyar Földrajzi Múzeum Érd (MFM) Kalmár Jenö hagyaték 10. Kalmár 1913: 10.

25 Vgl. Conrad 1901: 74.

26 Hopkins 1976: 280.

27 Vgl. Fabian 1998: 79–108. Für einen Überblick vgl. Wastiau 2017.

28 Zu Gewalt im Kongostaat vgl. u. a. Roes 2010; Ewans 2001; Hochschild 2012; Harms 1983; MAE-AA Statuts des Sociétés 1, SAB. Dubreucq an Gouverneur général, Coquilhatville, 19.12.1900.

29 Vgl. Willequet 1962: 151. Zur „Congo Reform Association" vgl. Pavlakis 2016; Hochschild 2012.

30 Zitiert nach SMB-PK, EM: N Langheld. Lebenslauf.

31 Vgl. MAE-AA SPA (1133): Langheld, Peter, Friedrich, Wilhelm. Rapport, o. O., o. D.

32 Bornhaupt 1910: 469.

33 SMB-PK, EM: N Langheld. Kopierbuch ohne Nr. Langheld an Ungebauer, Akoafim, 18.12.1912.

34 SMB-PK, EM: N Langheld. Tagebuch 4: 03.11.1912.

35 Innerhalb kürzester Zeit lernte er etwa die Sprache der „Missangha" in Südostkamerun. Vgl. MFM Kalmár Jenö hagyaték 10; Kalmár 1913: 22.

36 Zur Gründung der GSK vgl. Oestermann und Geschiere 2017: 95–96; Ballhaus 1968: 105–112.

37 BArch R 1001/3442 Vermerk Buchka, 15.10.1898, Bl. 45.

38 Vgl. MAE-AA SPA (1133): Langheld, Peter, Friedrich, Wilhelm. Biographischer Bogen, 29.11.1904.

39 Vgl. BArch R 175-I/423 Plehn an Puttkamer, Station am Ngoko, 21.07.1899, Bl. 38.

40 BArch R 1001/4377 Langheld an Verwaltung, Ngoko, 31.12.1900, Bl. 142. Vgl. Kaeselitz 1968: 35.

41 Stein 1926: 154.

42 Vgl. Oestermann und Geschiere 2017.

43 Stein 1926: 154.

44 Vgl. BArch R 1001/3443 Protokoll, Berlin, 13.02.1899, Bl. 144; BArch R 1001/3455 Protokoll, Berlin, 09.05.1902, Bl. 10.

45 MAE-AA SPA (1133): Langheld, Peter, Friedrich, Wilhelm. Notiz, o. O., o. D.

46 Vgl. Heiratsurkunde, 30.11.1901. Kopie im Besitz des Verfassers.

47 MAE-AA SPA (1133): Langheld, Peter, Friedrich, Wilhelm. Langheld an CSK, Brüssel, 10.01.1903.

48 MAE-AA SPA (1133): Langheld, Peter, Friedrich, Wilhelm. Personalreport, Secteur de Lomami, 1903.

49 Vgl. Nachlass Langheld. Tagebuch 2 (Privatbesitz). 05.05.1905.

50 MAE-AA SPA (1133): Langheld, Peter, Friedrich, Wilhelm. Langheld an Président, Berlin, 15.10.1905.

51 Vgl. BArch N 2225/16 Protokoll, Berlin, 25.09.1906, Bl. 4. Zur Konkurrenz zwischen GSK und den sogenannten Batanga-Firmen vgl. Ballhaus 1968: 146–148.

52 Vgl. BArch N 2225/16 Langheld, Wassy: Bericht, Berlin, 20.02.1907, Bl. 47–54.

53 Vgl. BArch R 8024/90 Geschäftsbericht 1908/09, Bl. 39–41.

54 Vgl. Stammbaum Langheld.

55 BArch N 2225/17 Lubcke: Bericht, o. O., o .D., Bl. 6.

56 Zu diesem Phänomen vgl. Hopkins 1976: 283.

57 BArch N 2225/17 Langheld an Pfeil, Berlin, 08.05.1912, Bl. 36.

58 BArch N 2225/17 Langheld an Pfeil, Berlin, 08.05.1912, Bl. 36.

59 SMB-PK, EM: Nachlass Langheld, Tagebuch 5: 14.04.1913. Mit „Hans" meint Langheld vermutlich seine sonst „Hannchen" genannte Frau Johanna.

60 Vgl. SMB-PK, EM: Nachlass Langheld, Tagebuch 5: 31.05.1913, 02.06.1913, 03.06.1913.

61 Vgl. BArch N 2225/17 Afrikanische Kompanie an Pfeil, Berlin, 27.11.1913, Bl. 235.

62 SAHI, Bestand 102, Nr. 9544, „Erwerbung eines Kajaks für die Völkerkundesammlung, 1912–13".

63 SMB-PK, EM, E 1858/11, I/MV 788, „Acta betreffend die Reise des Herzogs Adolf Friedrich zu Mecklenburg", vol. 3, Blatt 89.

64 Siehe hierzu z.B. SMB-PK, EM, I/MV 788, „Acta betreffend die Reise des Herzogs Adolf Friedrich zu Mecklenburg", vol. 3, Blatt 73 ff. zu E 1541/1911.

65 Für die Abnahme von Gipsmasken von Angehörigen der Ethnien entlang der Expeditionsroute.

66 Zu diesen häufigen Verbindungen siehe auch Sebald 1988: 266–269.

67 Kanga sind bunt bedruckte Stoffe, „die zur beliebten Bekleidung, daher auch als Tauschartikel dienen" (Mecklenburg 1909: 144).

68 Auch bei den Americani und den danach erwähnten Kaniki handelt es sich um Stoffe.

69 SMB-PK, EM, I/MV 0796, Tagebuchblätter Czekanowski, 793, Bl. 65–66.

Die Objekte und Sammler

Ostafrika

Tansania

Josef Bischoff (1872–1948)

1 Objekt aus Tansania, V 2.221 (Bogen) von der Ethnie der Ufipa (Fipa, Wafipa) sowie 1 Objekt aus Ruanda V 2.220 („Schild, Holz, überflochten").

Die Objekte stammen aus dem *Verzeichnis der abgebbaren Dubletten* 1901, Slg. Bischoff („hauptsächlich aus den Landschaften am Tanganyika") Nr. 23 (Schilde, Ruanda); im Katalog mit Bleistift dahinter die Nummern [VII A] 1090, 91. Andreae bestellte den Schild lt. SMB-PK, EM, E 135/1902. Aber auch der Bogen muss aus diesem Verzeichnis und von Bischoff sein, „Slg. Bischoff, Nr. 3 (9 abzugebende Bogen), Ufipa".

Bischoff war von 1898 bis Juni 1901 Angehöriger der Schutztruppe im damaligen Deutsch-Ostafrika und in dieser Funktion auch an sogenannten militärischen Strafexpeditionen gegen Dörfer der indigenen Bevölkerung beteiligt (Bührer 2011: 211).[1] Ob er die Waffen, die später im *Verzeichnis der abgebbaren Dubletten* angeboten wurden, in diesem oder einem anderen Zusammenhang erwarb, ließ sich bislang in den verfügbaren Dokumenten nicht ermitteln.

Bernhard Carl Ewerbeck (1866–1961)[2]

1 Objekt, V 2.269, „Kamm aus Rohrstäben, Wayao, Ewerbeck 98". Im Inventarbuch der ethnologischen Sammlung des Roemer-Museums findet sich kein Vermerk, dass das Objekt aus Berlin stammt, aber es besitzt eine Dublettennummer des Königlichen Museums für Völkerkunde (VII. A. 499 b). In der entsprechenden Akte am EM Berlin befindet sich ein Schreiben von

1898, in dem die Verschiffung „der in der Anlage aufgelisteten ethnographischen Gegenstände" mitgeteilt wird, „welche von dem gegenwärtig in Deutschland auf Urlaub weilenden Hauptzollamtsassessor Ewerbeck im Hinterlande von Lindi gesammelt worden sind."[3] Auf dem Schreiben wurden am Berliner Museum die Nummern notiert, welche an die Objekte vergeben wurden (III E 6127–6145, VII A 497–499). Im *Verzeichnis der abgebbaren Dubletten* 1899 wurden unter „Sammlung des Hauptzollamts-Vorstehers Ewerbeck" als Nr. 3 vier „Schmuckkämmchen für Frauen, Wayao" angeboten. Einen davon (VII A 499 c) bestellte Direktor Andreae und quittierte den Empfang – zusammen mit dem der übrigen bestellten Dubletten – mit Schreiben vom 12.05.1899.[4]

Kriegerische Auseinandersetzungen zwischen den Wayao (Yao) und der deutschen Schutztruppe lassen sich in dem Zeitraum, in dem Ewerbeck die Gegenstände sammelte, nicht ermitteln; sie hatten sich Anfang der 1890er-Jahre nach Verhandlungen mit Hermann von Wissmann den Deutschen ergeben.[5] Und selbst wenn es Kampfhandlungen gegeben hätte, wäre es unwahrscheinlich, dass sich Ewerbeck als Zollbeamter daran beteiligt hätte. Bei den im Verzeichnis der abgebbaren Dubletten angebotenen Objekten aus seiner Sammlung handelt es sich sämtlich um Schmuckgegenstände (neben den Schmuckkämmen sind es Perlenarm- und halsbänder), die bei den Wayao und Makua von den Frauen getragen wurden. Vor dem vorstehend skizzierten Hintergrund ist zu vermuten, dass er sie durch Tausch oder Kauf erworben hat.

Später, zur Zeit des Maji-Maji-Krieges, war Ewerbeck Bezirksamtmann von Lindi (Götzen 1909: 51, 77, 85, 89, 95, 260). Er stammte aus Brake in Niedersachsen, wohin er nach seiner Zeit im Kolonialdienst zurückkehrte und sich als Bildhauer und Keramiker betätigte. Mitte der 1950er-Jahre war er in Lemgo gemeldet, wo Brake einen Stadtteil bildet.[6] In einem Kirchengemeindebrief der Gemeinde aus dem Jahre 2010 erinnert sich ein ehemaliger Schüler der dortigen „Alten Schule" an eine Skulptur und ein Relief, die Ewerbeck für das seither abgerissene Gebäude geschaffen hatte:

„Wer sich noch an den Büffel und das Rattenfängerrelief aus glasiertem, gebranntem Ton erinnert, die auf dem Titelbild zu erkennen sind, muss heute mindestens 45 Jahre alt sein. Einige Leserinnen oder Leser haben vielleicht sogar einmal selbst auf dem Büffel geritten, sei es nach mutigen eigenen Kletterkünsten oder mit Hilfe eines Erwachsenen. Mit dem Abbruch der damals so genannten Alten Schule im Jahr 1968 dürften auch diese Kunstwerke dem Abbruchbagger zum Opfer gefallen sein. Mir ist jedenfalls nicht bekannt, dass sie vorher sichergestellt wurden. Geschaffen wurden sie von Bernhard Carl Ewerbeck. Er lebte früher auf dem Wasserbachhof und war zuvor kaiserlicher Bezirksamtmann in Deutsch Ostafrika gewesen. Auch seine Geschwister Marie und August[7] waren künstlerisch sehr begabt und haben viele Bilder gemalt." (Franz 2010: 27)[8]

Als Bildhauer betätigte er sich auch andernorts, so etwa für die Paulinenschule in Detmold: „Im Treppenhaus befinden sich zwei Plastiken des Bildhauers Bernhard Carl Ewerbeck (1866–1961) aus Brake: ›Wisent‹ und ›Nilpferd mit Jungem‹."[9]

Karl (auch: Carl) Kannenberg (Lebensdaten nicht bekannt)

1 Objekt, V2.270 a.–d., „Wasserpfeife 37 cm hoch, Wagogo, Mus. f. V. Geschenk 1902". Das Stück wurde im *Verzeichnis der abgebbaren Dubletten* 1901 angeboten, Seite 7, „Sammlung des Leutnants Kannenberg". Acht Stücke der von ihm eingesandten Sammlung behielt das Berliner Museum, vier weitere – zwei Fußschellen, einen Kopf einer Wasserpfeife (Nr. 2, VII A 733) sowie eine komplette Wasserpfeife (Nr. 3, VII A 736) – wurden im *Verzeichnis* angeboten. Dokumente zum Erwerb durch das Königliche Museum für Völkerkunde finden sich in der Akte SMB-PK, EM, E 308/1899 I B 21 Afrika. Gouverneur Liebert in Dar–es-Salam meldete dem Königlichen Museum für Völkerkunde im Februar 1899 die Verschiffung ethnografischer Objekte, die von den Leutnants Kannenberg und Langheld gesammelt worden waren. Ausweislich eines weiteren Schreibens des Gouvernements vom 12.02.1899 hatte Kannenberg die Gegenstände in Mpapua gesammelt.

Die Wagogo sind ein in der Dodoma-Region Zentral-Tansanias lebendes Bantuvolk. Auf ihrem Territorium befanden sich die deutschen Stationen Mpapua und Kilimatinde.[10]

Um welche „ethnographischen Gegenstände" es sich handelte, wird in den Schreiben nicht spezifiziert, sie ergeben sich jedoch in derselben Akte aus der Abschrift eines Dankschreibens, das Felix von Luschan an „Kannenberg, Mpapua, D. O. Afrika" richtete. Ein Teil der ethnografischen Gegenstände, so schrieb er, „ist für uns völlig neu und deshalb, und durch die genauen Angaben, doppelt wertvoll und erwünscht". Von Luschan schickte Kannenberg „mit der Bitte, unsere Bestrebungen auch in Zukunft unterstützen zu wollen, (...) sechs Exemplare unserer ›Anleitung‹, sowohl zum eigenen Gebrauche und zur Eintragung von für uns bestimmten Notizen, als wie auch zu gefälliger Vertheilung an solche Herren, von denen Sie Förderung unserer Interessen erwarten zu dürfen glauben". Am Seitenrand vermerkt ist I. 50. 99, darunter die in Berlin vergebenen Nummern – einschließlich derjenigen für die im *Verzeichnis* angebotenen Objekte: I E 7357–7364, VII A 732–736.

Hauptmann Carl Kannenberg war Leiter der Station Mpapua in Tansania. Schröder zufolge wurde er – offenbar im Zuge des Kolonialskandals Anfang des 20. Jahrhunderts – aus dem Dienst entlassen und zu drei Jahren Gefängnis verurteilt, nachdem er 1899 zwei Jumben[11] „unter Schlägen verhört" hatte, wobei einer der Männer zu Tode kam. Nach Verbüßung seiner Strafe erhielt Kannenberg eine „gnadenweise Pension" (Schröder 1997: 84).[12] 1900 veröffentlichte er einen Bericht über eine „Reise durch die hamitischen Sprachgebiete um Kondoa" (Kannenberg 1900).

Auf welchem Wege Kannenberg die Objekte erworben hat, ließ sich bislang nicht ermitteln; zumindest die in der oben genannten Akte im Archiv des EM Berlin eingesehenen Dokumente geben darüber keinen Aufschluss, und eine Suche nach „Kannenberg" bei SMB-digital im Hinblick auf etwaige zusätzliche Archivalien ergibt keine Treffer.

Langenburg (Station Langenburg)

1 Objekt, V 2.259, „Riemen zum Befestigen der Hüttenpfosten", Ethnie: Konde (= Nyakyusa, Ngonde in Malawi und Tansania), damaliges Deutsch-Ostafrika.

Aus dem *Verzeichnis der abgebbaren Dubletten* 1899, Slg. der Station Langenburg, Nr. 1, „Riemen zum Befestigen der Hüttenpfosten benutzt". Die Station Langenburg, gegründet 1893 von Hermann von Wissmann, befand sich am nordöstlichen Ufer des Njassa- bzw. Malawisees in der Rumwira-Bucht. Das *Verzeichnis* vermerkt, dass von dort „38 Nummern von den Konde und Wakissi" eingesandt worden waren, die im Berliner Völkerkundemuseum verblieben. Worum es sich bei diesen 38 Gegenständen handelte, wird nicht spezifiziert. Das einzige Objekt aus der Sendung, das 1899 als abgebbare Dublette angeboten wurde, war der Hauspfosten-Riemen.

1897 erhoben sich die Nyakyusa gegen die deutsche Kolonialmacht, deren Vertreter unter dem Offizier Bauer in der Station Langenburg präsent waren, sowie gegen die in der Gegend tätigen Missionare. Nach anfänglichen Erfolgen in ihrem Bestreben, sämtliche Weißen aus ihrem Gebiet zu verjagen, unterlagen sie schließlich.[13] Ob die von der Station nach Berlin gesandten Objekte „Kriegsbeute“ aus diesem Konflikt sind, bedarf weiterer Recherchen im Archiv des Ethnologischen Museums Berlin, in dem sich möglicherweise Dokumente dazu befinden, die Aufschluss über die Erwerbsumstände geben. Auffällig ist allerdings, dass der im Dienst der Schutztruppe stehende Arzt und Forschungsreisende Friedrich Fülleborn (1866–1933) 1898 aus Langenburg eine explizit als „Kriegsbeute“ deklarierte Sendung nach Berlin geschickt hatte.[14]

Eduard Liebert (1850–1934, seit 1900 von Liebert)

1 Objekt, V 2.287, „Kopfschmuck aus schwarzen Federn, Wambungwa, Liebert 98. Berl. Mus. Vk Geschenk 1902.“ Ein zugehöriges Dokument befindet sich in der Akte SMB-PK, EM, E 1408/1898 I B 20 Afrika. Darin ist vermerkt: „Der Kaiserliche Gouverneur von D.O. Afrika, Herr General Liebert, z. Zt. Berlin, Elsholzstraße 19, schenkt die folgenden Gegenstände“. Darunter folgt eine Liste, die unter der Nr. 9 „drei Stück Kopfschmuck, Wambumgwa südl. Uhehe“ enthält. Neben dieser Nummer ist von Hand vermerkt: „Doubl.“. Ebenfalls vermerkt sind die Nummern, welche die Objekte in Berlin erhielten, nämlich III E 6747–6758 sowie die Dubletten VII A 565–568. Felix von Luschan honorierte die Sendung mit einem Dankschreiben an Eduard Liebert vom 22.12.1898, das mit dem Wunsch schließt, „auch in Zukunft auf Ihre Mitarbeit an unseren Aufgaben rechnen zu dürfen.“

Eduard Liebert (ab 1900: von Liebert) hatte ausweislich des *Verzeichnisses der abgebbaren Dubletten* von 1901 insgesamt 18 Objekte eingesandt, von denen das königliche Museum für Völkerkunde 13 behielt. Neben Fußschellen, einer Hüftschnur und einer Armspange mit den Herkunftsangaben Wanyamwesi und Wapare wurde einer der Federkopfschmucke aus der „Sammlung des Generals von Liebert“ unter der Nr. 1 im *Verzeichnis* angeboten. Zusammen mit Objekten aus anderen Sammlungen (z. B. Widenmann, Bischoff, Kannenberg, Zenker) bestellte Direktor Andreae den Kopfschmuck mit Schreiben vom 30.01.1902.[15]

Liebert war von 1897 bis 1901 Gouverneur der Kolonie Deutsch-Ostafrika. Die Objekte sandte er 1898 nach Berlin. Der Zusatz, Wambungwa[16] befinde sich südlich von Uhehe, weckt Assoziationen mit einem „Feldzug“ in der Uhehe-Region, der von Februar 1897 bis Juli 1898 dauerte. Die Hehe-Hauptstadt Iringa war zwar bereits 1894 von den Deutschen eingenommen worden, einer der *chiefs*, Mkwawa, leistete aber weiterhin Widerstand und nahm sich schließlich im Juli 1898 das Leben, als seine Lage aussichtslos geworden war.[17] Von Juni bis September 1897 nahm Liebert selbst an dieser Militäroperation teil und verfasste eine kleine Publikation darüber (Liebert 1898), die leider im Verlauf des Projektes noch nicht eingesehen werden konnte. Derjenige, der Mkwawa tot oder lebendig einlieferte, sollte ein Kopfgeld von umgerechnet 5.000 Reichsmark erhalten (Morlang 2011: 88). Morlang zufolge wandelte sich das Unternehmen im Laufe seiner Dauer von einer „Strafexpedition" zu einem Vernichtungsfeldzug (ebd.: 90), ähnlich wie später im Maji-Maji- und Herero-Krieg, denn die Schutztruppe zerstörte die Pflanzungen der Hehe, verbrannte ihre Behausungen und trieb das Vieh weg (ebd.: 89).

Aufgrund der zeitlichen Nähe dieser Operation zur Einsendung der Objekte ist es möglich, aber derzeit nicht beweisbar, dass der Kopfschmuck aus Wambungwa im Zuge der kriegerischen Ereignisse als „Kriegsbeute" erbeutet worden ist.

A. [= Alfred?][18] Lorenz (gestorben nach 1938)

10 Objekte von den Makonde, Wayao, Wangoni und „Suaheli" aus der Region von Lindi, damals Deutsch-Ostafrika, V 6.101–6.109. Eintrag im Inventarbuch: „J 65/13. Geschenk v. Lehrer Lorenz i. Lindi durch Mus. v. V. Berlin (Walden)." Von den Objekten fanden sich im ethnologischen Magazin des RPM noch der Korb V 6.101, die Masken V 6.102–V 6.206, der „geschnitzte Stab mit menschlichem Gesicht" (V 6.107) und die Keule (V 6.108).

Umstände des Transfers der Objekte nach Hildesheim[19]

Vom *Transport-Comptoir der Spediteure auf dem Hamburger und Lehrter Güterbahnhofe* wurde dem Königlichen Museum für Völkerkunde mit Frachtschein vom 06.11.1912 eine Kiste „ethnogr. Gegenstände" geliefert, abgesandt von „Herrn A. Lorenz, Brandenburger Str. 66, aus Ost-Afrika" (SMB-PK, EM, I B 52 E 1752/12). Mit Schreiben vom 07.11.1912 meldete sich beim Museum auch der Absender, der Lehrer A. Lorenz, der in der tansanischen Küstenstadt Lindi tätig gewesen und inzwischen wieder – ob dauerhaft oder nur auf Urlaub, war nicht zu ermitteln – in Berlin in seiner Wohnung in der Brandenburger Straße eingetroffen war. Bezugnehmend auf eine Unterredung, die zuvor stattgefunden hatte, teilte er mit, seine Sammlungsgegenstände seien am Vortage (offenbar aus Ostafrika) eingetroffen und er habe daraufhin „eine Kiste an die Afrika-Abteilung des M. f. V. überweisen lassen". Einige persönliche Dinge, beispielsweise Bilder, die er mitgeschickt habe, werde er demnächst im Museum abholen, er habe jedoch keine Zeit, beim Auspacken der Kiste zu helfen. Beigefügt ist eine Liste eingesandter Ethnographica mit Angabe der Herkunftsgesellschaften und den Bezeichnungen für diese Gegenstände in der Kimakonde-Sprache.

Das nächste Blatt in dem Vorgang ist ein Vermerk Ankermanns vom 11.11.1912: „Herr Lorenz schenkt uns die Sachen und wünscht, dass wir die Dubletten in seinem Namen an andere Museen abgeben." Auf demselben Blatt befindet sich unten mit Datum vom 15.01.1913 ein Eintrag von „E. Keller, stud. phil. et ethn." mit der Vorgangsnummer und den Inventarnummern, die an die Objekte vergeben wurden (III. 46. 1912, III E 14469–14482).[20] Dubletten wurden ausweislich eines Aktenvermerks von Ankermann vom 01.04.1913 anschließend nach Hildesheim und an das Rautenstrauch-Joest-Museum in Köln verschickt, wobei die entsprechenden Objekte aufgelistet werden: für das Roemer-Museum 1 Deckelkorb von den Wagao, 5 Masken, ein Beil und ein geschnitzter Stab von den Makonde, eine Keule von den Wangoni, sowie eine Matte mit Herkunftsangabe „Suaheli". Auch Köln erhielt u.a. einen Deckelkorb und zwei Masken. Verschickt wurde die Sendung nach Hildesheim zusammen mit weiteren Objekten, auf die unten näher eingegangen wird, nämlich „Kriegsbeute" aus dem damals bereits einige Jahre zurückliegenden Maji-Maji-Krieg. Das ergibt sich auch aus dem Begleitschreiben an den Direktor des Roemer-Museums, wo Ankermann schreibt:

„Wir senden Ihnen heute (...) eine kleine Sendung, bestehend aus einer Kiste und einem Collo, ab. Dieselbe enthält als Geschenk von Lehrer A. Lorenz in Lindi (Ost-Afrika), z.Z. Berlin (...) folgende Gegenstände: (...). Ferner erhalten Sie ein Bündel Speere, Bogen etc., die aus der beim letzten Aufstand im Süden von Deutsch-Ostafrika gemachten Kriegsbeute stammen." (SAHI, Best. 741, Nr. 204, Schreiben vom 01.04.1913; Unterstreichung im Original)

Unten auf dem Schreiben findet sich ein Vermerk „29/4 Lorenz und Ankermann gedankt, z.d.A., B." Die Kiste und der Collo wurden am 2. April 1913 über die *Berliner Spediteur-Verein Actien-Gesellschaft* an Hildesheim abgeschickt (SMB-PK, EM, I B 52, E 1752/1912).

Zur Person des Sammlers und zu den Hintergründen der Sammlung

Lorenz war nach eigenen Angaben Regierungslehrer und Rektor in Lindi (Lorenz 1932: 228). Sonst war bei den Nachforschungen im Rahmen des vorliegenden Projekts nicht viel über ihn und vor allem über Einzelheiten seines Wirkens in Lindi und den Erwerb seiner Sammlung in Erfahrung zu bringen. Aus dem in Dar es Salaam erschienenen *Amtlichen Anzeiger für Deutsch-Ost-Afrika* vom 1. Juli 1907 (VII. Jahrgang, No. 11) erfahren wir unter der Rubrik „Personalnachrichten", dass er in jenem Jahr am 23. Mai von Bagamoyo aus mit dem Dampfer „Präsident" einen Heimaturlaub angetreten habe.[21] Bekannt ist Lorenz allerdings durch seine Herausgabe und Übersetzung des Gedichtes „über den Majimaji-Aufstand 1905/06 in Deutsch-Ostafrika, verfasst und in der arabischen Suahelischrift niedergeschrieben von einem Suaheli in Lindi" (Lorenz 1932). Verfasser des Gedichts – Originaltitel: *Utenzi wa Vita uya Maji Maji* – war der in Lindi an der Südküste Tansanias geborene Swahili-Dichter Abdul Kerim Jamaliddini (Saavedra Casco 2005: 133). Er wählte hierfür aus der traditionellen Swahili-Dichtkunst das Genre des *utenzi* (ebd.: 134).

Lorenz zeichnete das Gedicht 1912 auf. Das entsprechende Originalmanuskript ging während des Ersten Weltkrieges verloren (Lorenz 1932: 227), Lorenz hatte jedoch eine Durchschrift nach Deutschland geschickt (Saavedra Casco 2005: 217, Anm. 1), und zwar an „Herrn Prof. Dr. Velten" (Lorenz 1932: 228). Carl Velten (1862–1942) war Professor für Orientalische Sprachen an der Universität Berlin und veröffentlichte über ostafrikanische Sprachen, darunter Swahili. Er hatte von 1893 bis 1896 als Dolmetscher und Sekretär für die deutsche Kolonialverwaltung in Ostafrika gearbeitet und dabei umfangreiches Material gesammelt.[22] 1932 gab Lorenz auf der Grundlage dieser Durchschrift die Originalfassung des 334 Strophen umfassenden Gedichtes sowie eine deutsche Übersetzung heraus. Abdul Karim Jamaliddini hat es vermutlich 1906 geschrieben (Saavedra Casco 2005: 134). Als Lorenz das Gedicht in Lindi aufzeichnete, war der Dichter bereits gestorben, und zwar wahrscheinlich im Gefängnis. Er war 1910 im Zuge des Erstarkens einer islamisch-revivalistischen Bewegung unter der offenbar fälschlichen Beschuldigung, er sei ein Extremist und Aufwiegler, in Lindi inhaftiert worden (Saavedra Casco 2005: 141–142). Als Gewährsleute für seine Aufzeichnung des Gedichtes nennt Lorenz (1932: 228) denn auch nicht dessen Autor selbst, sondern einen Bruder und zwei Söhne Jamaliddinis sowie den Bürgermeister von Lindi.

Außer der Herausgabe des Gedichtes verfasste Lorenz weitere Schriften über Ostafrika, so etwa das 38 Seiten umfassende Büchlein *Kitabu cha nyimbo. Liederbuch für die Eingebornen-Schulen in Deutsch-Ostafrika* (Lorenz 1913) sowie ein Jahr darauf einen „Entwurf einer Kimakonde-Grammatik" (Lorenz 1914). Nach dem Verlust der deutschen Kolonien regte er 1924 in einem Artikel in der Zeitschrift *Der Kolonialdeutsche* dazu an, die Erinnerungen an die Kolonialzeit an den Schulen in Deutschland wachzuhalten, da „durch die Verhältnisse im Weltkriege auch das Wenige, was in den Schulen über die Kolonien gelehrt wurde, ganz in den Hintergrund gedrängt worden ist und so vielleicht eine Anzahl Jahrgänge der jungen Generation überhaupt nichts von der Existenz deutscher Kolonien gehört hat" (Lorenz 1924: 88–89, zitiert in Nöhre 1998: 80, Fn. 45). Noch 1938 äußerte er sich in einem Beitrag in den *Afrika-Nachrichten* zur „Befähigung der Deutschen in der Ausbildung farbiger Handwerker", wobei er sich auf die 1892 vom damaligen Gouverneur Julius von Soden eröffnete, von der Kolonialregierung betriebene Swahili-sprachige Schule in der Küstenstadt Tanga im heutigen Tansania bezog. Dort wurden einheimische Schüler in Buchhaltung, Rechnungswesen und Recht unterrichtet mit dem Ziel, sie als billige Kräfte in der Verwaltung der Kolonie einzusetzen. 1912–13 hatte diese Schule nicht weniger als 192 Absolventen (Iliffe 1979: 209). Da Lorenz diesen Artikel 1938 schrieb, muss er später gestorben sein. Im Rahmen der Recherchen des vorliegenden Projektes verliert sich ab diesem Zeitpunkt seine Spur, und sein genaues Todesdatum ist ebenso unbekannt wie sein Geburtsdatum.

Erwerbungsumstände der Sammlung

Die Dokumente im Stadtarchiv Hildesheim und im EM Berlin geben keinerlei Aufschluss darüber, wie und unter welchen Umständen Lorenz seine Sammlung angelegt hat. Ebenso wenig geht aus den Unterlagen hervor, wann er die ans Königliche Museum für Völkerkunde geschickten Gegenstände erworben hat. Es gab in der Region bzw. dem Bezirk Lindi während des Maji-Maji-Krieges Kämpfe, die deutschen Berichten zufolge zahlreiche Afrikaner/innen das Leben kosteten (Wimmelbrücker 2005: 90). Da Lorenz im Mai 1907 zu einem Heimaturlaub nach Deutschland aufbrach (s. o.), hatte er sich zuvor wahrscheinlich zur Zeit des Maji-Maji-Krieges in Ostafrika bzw. Lindi aufgehalten. Seine Sammlung schickte er dem Berliner Museum jedoch erst im November 1912.

Den mit einer Schnitzerei geschmückten Stock dürfte er sicher gekauft haben, denn auf der Liste der von Lorenz eingesandten Objekte findet sich sein Vermerk: „Die geschnitzten Stäbe sind für Europäer gemacht.“ Im Hinblick auf die Erbeutung von Gegenständen im Maji-Maji-Krieg ist bezüglich der Makonde aus dem Hinterland von Lindi, von denen ein Großteil der von Lorenz eingesandten Objekte stammt, festzustellen, dass sich diese – wie auch die Hehe und Sangu – an diesem Krieg aus mehreren Gründen nicht beteiligten (Becker 2005: 83; Beez 2005: 69). Das Gleiche gilt für die Wayao (Speitkamp 2005: 131), von denen der Deckelkorb V 6.101 stammt. Anders verhielt es sich allerdings mit den Ngoni (Beez 2005: 61, 80; Schmidt 2010), von denen eine Keule (V 6.108) nach Hildesheim gelangte.

Die von Lorenz gesammelten Masken waren anschließend in einem der ethnografischen Säle des Roemer-Museums ausgestellt, wie Walden in seinem Führer von 1914 ausdrücklich vermerkt („von Lorenz geschenkte Masken aus Prof. Weule's Studiengebiet Makondeland“, Walden 1914: 44).

Maji-Maji-Krieg (1905–1907); unbekannte Sammler Auswahl der Objekte in Dar es Salaam: Karl Weule (1864–1926)

30 Objekte (Waffen) aus dem „Süden von Deutsch-Ostafrika“, V 6.110–V 6.139. Eintrag im Inventarbuch: „Mus. f. Vk. Berlin, Geschenk (aus d. Kriegsbeute d. Aufstandes).“ Bei V 6.121 spezifiziert „Konde (D.O.A.)“, bei V 6.122 „Süd-D.O.A. Wahrscheinlich Makondeland!“ Im ethnologischen Magazin des RPM waren davon noch 10 Objekte auffindbar (Speere V 6.113–V 6.117, Beil V 6.123, Bogen V 6.126, Köcher aus Bambusrohr V 6.127, Pulverhorn V 6.138 a. b., Munitionsgürtel V 6.139).

Umstände des Transfers der Objekte nach Hildesheim

Das Roemer-Museum erhielt die Waffen aus der „Kriegsbeute“ gleichzeitig mit den Gegenständen, die aus der Sammlung des Lehrers Lorenz aus Lindi (siehe hierzu oben) als Geschenk aus Berlin kamen. Ankermann notierte am 01.04.1913: „Hildesheim erhält außer den oben aufgeführten Sachen noch ein Bündel Speere etc. aus der ›Kriegsbeute‹, das seinerzeit für Hamburg bestimmt, aber nicht abgeschickt ist“ (SMB-PK, EM, E 1752/12).

Abb. 26 | Köcher, Ostafrika, Tansania. „Kriegsbeute" aus dem Maji-Maji-Krieg, Sammler: unbekannt, Inv.-Nr. 6.127. © RPM, Foto: Sh. Shalchi

Abb. 27 | Bogen, Ostafrika, Tansania. „Kriegsbeute" aus dem Maji-Maji-Krieg, Sammler: unbekannt, Inv.-Nr. 6.126. © RPM, Foto: Sh. Shalchi

Die gleiche Information sowie die Angabe, dass es sich um ein Geschenk handele, geht aus einer weiteren, mit dem Namen Böddinghaus gezeichneten Notiz hervor (E 1752/12, Notiz vom 02.04.1913). Die Idee, Hildesheim diese sozusagen liegen gebliebenen Objekte zu schicken, stammte wieder einmal von Edgar Walden. Mit Brief vom 1. April 1913 übersandte Ankermann die Lorenz-Objekte sowie die Waffen aus der „Kriegsbeute" an die Direktion des Roemer-Museums mit dem folgenden Vermerk: „Ferner erhalten Sie ein Bündel Speere, Bogen etc., die aus der beim letzten Aufstand im Süden von Deutsch-Ostafrika gemachten Kriegsbeute stammen. Der größte Teil derselben ist seinerzeit unter die deutschen Museen verteilt worden. Da Hildesheim damals keinen Anteil erhalten hat, sende ich Ihnen dieses übrig gebliebene Bündel nach Vereinbarung mit Herrn Walden" (SAHI, Best. 741, Nr. 204).

Zu den Hintergründen der Sammlung

Zum Maji-Maji-Krieg existiert gut zugängliche Literatur,[23] sodass hier eine kurze Schilderung der Ereignisse genügt. Zuletzt haben sich die Afrikanistinnen Paola Ivanov und Kristin Weber-Sinn (2018) in einem Buchbeitrag nicht nur der „Kriegsbeute" aus diesem Krieg, sondern auch anderer Objekte aus Ostafrika im Ethnologischen Museum Berlin angenommen, deren Aneignung im Rahmen kolonialer Kriege erfolgte.

Die deutsche Kolonialherrschaft in Ostafrika war durch „rücksichtslose Steuereintreibung, Zwangsarbeit und alltägliche Misshandlungen" geprägt (Becker und Beez 2005: 11), die unter den afrikanischen Bewohner/innen der Region für wachsenden Unmut sorgten. Die Auflagen und Schikanen waren in der Tat mannigfaltig. Im Rahmen der Zwangsarbeit auf Plantagen wurden die Menschen geschlagen (eine verbreitete Praxis in den Kolonien). 1903 hatte Gouverneur von Götzen ein Gesetz erlassen, das den afrikanischen Einwohner/innen Deutsch-Ostafrikas faktisch die Jagd verbot, bis dahin vielerorts eine wichtige Nahrungsquelle. Die Kolonialherren hatten außerdem eine Steuer auf das traditionelle *Pombe*-Bier erlassen, mit dem häufig Arbeitsleistungen bezahlt wurden; und im März 1905 war für jeden erwachsenen Mann im Binnenland eine Kopfsteuer in Höhe von drei Rupien erlassen worden, die in Bargeld zu entrichten war – für viele Einheimische geradezu unmöglich. Gleichzeitig erging noch eine weitere Verordnung, welche die afrikanische Bevölkerung zum unentgeltlichen

Bau und zur darauffolgenden Instandhaltung öffentlicher Wege verpflichtete (Klein-Arendt 2005: 46–47).

Breiter Widerstand regte sich allerdings erst nach dem Aufkommen einer neuen Medizin, von der es hieß, sie mache gegen die Gewehrkugeln der Kolonialherren immun. „Maji" (Swahili für „Wasser") hieß dieses Wundermittel, das im Süden der deutschen Kolonie von einem Heiler namens Kinjikitile hergestellt und vertrieben wurde (Becker und Beez 2005: 11; s.a. Beez 2005). Es bestand aus Wasser aus einem bestimmten Fluss mit Mais und Hirse, das seine Wirkkraft entfaltete, wenn man es sich über den Kopf goss oder trank (Gründer 1999: 106). Die Verwendung von Wasser bei rituellen Handlungen war nicht neu, sie hatte in der Region bereits eine lange Geschichte (Monson 2010: 45–46). Nicht enden wollende Besucherströme machten sich zu Kinjikitile auf den Weg, um sich das „Maji" zu holen und es weiterzuverteilen (Becker und Beez 2005: 11).

Den Auftakt zum bewaffneten Widerstand bildete eine auf den ersten Blick banale Aktion: Eine Frau und zwei Männer rissen im Juli 1905 Baumwollpflanzen auf einer Plantage aus, die von den Kolonialherren angelegt worden war und von den afrikanischen Einheimischen in Zwangsarbeit bestellt wurde. Den Verwalter, der die Ordnung wiederherstellen sollte, jagten sie davon (Becker und Beez 2005: 11). Umgehend erhoben sich nun Maji-Maji-Kämpfer, gewappnet durch die vermeintlich unverwundbar machende Wassermedizin. Etwa zwanzig Ethnien des damaligen Deutsch-Ostafrika schlossen sich schließlich diesem Krieg an, mussten aber bald feststellen, dass das „Maji" sie gegen die modernen Maschinengewehre der Deutschen nicht schützte. Daher gingen sie zum Guerillakrieg über. Die Kolonialherren verlegten sich daraufhin auf eine Strategie der verbrannten Erde, vernichteten Ernten und legten Dörfer in Schutt und Asche. Dieser Strategie, nicht den unmittelbaren Kriegshandlungen, fielen die meisten Afrikanerinnen und Afrikaner zum Opfer. Genaue Zahlen gibt es nicht, die Zahl der einheimischen Todesopfer wird aber auf mindestens 75.000 geschätzt (Gründer 1999: 106) und lag möglicherweise sogar bei 250.000 bis 300.000 (Wimmelbrücker 2005: 92).[24] Die höheren Zahlen würden bedeuten, dass möglicherweise ein Drittel der Bevölkerung im Kriegsgebiet der Politik der verbrannten Erde zum Opfer fiel (ebd.). Die Landwirtschaft erholte sich selbst nach Ende des eigentlichen Krieges nur langsam, und Teile der Bevölkerung zerstreuten sich auf der Suche nach einer Nahrungsgrundlage in alle Winde (Becker 2005: 296–297). Es dauerte mehrere Jahre, bis sich die Situation wieder einigermaßen normalisierte (ebd.: 300). Manche Ethnien wie etwa die Pangwa entgingen angesichts der Strategie der verbrannten Erde und der daraus folgenden Hungersnot nur knapp der völligen Vernichtung (Gründer 1999: 106). Hunger und sonstige Entbehrungen hatten aber hinsichtlich des Bevölkerungsschwundes noch langfristigere Folgen: Bei den gebärfähigen Frauen, die vom Krieg betroffen waren, verringerte sich die Geburtenrate um 25 Prozent (Wimmelbrücker 2005: 92).

Erwerbungsumstände der Sammlung

Im vorliegenden Zusammenhang von Objekten, die im Zuge des Krieges nach Berlin gelangten, ist wichtig, dass auch die materiellen Besitztümer der indigenen Bevölkerung im Laufe der Kampfhandlungen zerstört und/oder von den Deutschen und deren Verbündeten „erbeutet" wurden (Ivanov und Weber-Sinn 2018: 78). So kam etwa der Geograf und Ethnologe Karl Weule, damals Leiter des Museums für Völkerkunde in Leipzig, 1906 bei einer Forschungsreise – durchgeführt unter dem Schutz einer schwer bewaffneten Polizeitruppe – zu dem Schluss, dass infolge des Krieges „der schöne alte Kulturbesitz der Wamwera und Wamakonde (...) strichweise vollkommen zerstört" worden sei (zitiert in Ivanov und Weber-Sinn 2018: 78). Teile der „Beute" wanderten offenbar in Privatsammlungen oder wurden zu Geld gemacht, wie sich aus einem 1905 ergangenen Erlass des Gouverneurs von Götzen ergibt, der darauf abzielte, diese Praxis zu unterbinden und sämtliche Beutestücke an das Zentralmagazin des Gouvernements nach Dar es Salaam schicken zu lassen. Dort sammelten sich bis Ende März 1906 über viertausend Waffen an (Ivanov und Weber-Sinn 2018: 80).

Im Archiv des EM Berlin befindet sich eine mehr als 150 Seiten umfassende Akte, in der die Dokumente zur „Kriegsbeute" aus dem Maji-Maji-Krieg versammelt sind.[25] Mit Schreiben vom 7. Mai 1906 teilte die Kolonialabteilung des Auswärtigen Amtes Felix von Luschan mit, dass nach einem Bericht des Kaiserlichen Gouvernements in Dar es Salaam „bei der Niederwerfung des Aufstands bis jetzt 796 Vorderlader, 613 Speere, 1056 Bogen, 1577 Pfeile, 16 Köcher, 7 Äxte, 7 Trommeln, 2 paar Schellen und 1 Kriegshorn erbeutet und in das Zentralmagazin daselbst zur Ablieferung gelangt" seien. Das Gouvernement wünsche, dass über die „Gegenstände von ethnographischem Wert" baldmöglichst Bestimmungen getroffen würden. Die Kolonialabteilung regte an, dass der bereits erwähnte Afrikanist Karl Weule, der ohnehin demnächst nach Dar es Salaam reisen würde, die dort im Zentralmagazin lagernden Waffen und anderen Objekte in Augenschein nehmen und dem Gouvernement mitteilen solle, an welchen Gegenständen das Königliche Museum für Völkerkunde interessiert sei.[26] Diesem Vorschlag stimmte von Luschan zu, und Weule begutachtete die „Vorderlader und Eingeborenenwaffen auf ihre Verwertbarkeit für europäische Sammlungen".[27]

Weule war von der „Verwertbarkeit" wenig überzeugt und schrieb nach Sichtung der Gegenstände an von Luschan:

„Mit der berühmten Kriegsbeute habe ich mich mehr beschäftigt als das Zeug wert war; was einigermaßen verwendbar ist, habe ich in mühsamer Arbeit neulich in Daressalaam ausgewählt; es sind 495 engl. Pfund Pfeile, 1294 (...) Speere, 951 (...) Bogen, 171 (...) Trommeln, 111 Munitionsgürtel, 15 Bestandteile von Fischgärten.[28] Zusammen 3037 (...) netto, mit den 6 Kisten, in denen die Sachen verpackt sind 1914 kg brutto. Unter der Bezeichnung K.M.V. 1–6 Hamburg gehen die Stücke mit dem Admiral nach Hamburg um von da durch den Spediteur (...) an das Museum weitergesandt zu werden."[29]

Außer für Berlin, von wo die Objekte an die anderen ethnografischen Museen in Deutschland weiterverteilt werden sollten, wählte Weule auch Gegenstände für das Leipziger Museum für Völkerkunde aus, dessen Direktor er war. Von dem „gesamten Beutehaufen", wie er es nannte, nahm er nur etwa 2/5 und merkt von Luschan gegenüber hierzu an, dass „selbst in dieser Beschränkung der Stücke" der wissenschaftliche Wert der Sammlung nur sehr gering sei, zum einen aufgrund ihrer Zusammensetzung, zum anderen aufgrund fehlender genauer Herkunftsangaben (zitiert in Ivanov und Weber-Sinn 2018: 82). Von Luschan vermerkte in einer Notiz, dass die Gegenstände in Berlin vorläufig inventarisiert, aber aus Platzmangel noch nicht katalogisiert worden seien. Einstweilen sollten sie „bis auf weiteres" in Dahlem gelagert werden, da es sich nicht lohne, sie ins Königliche Museum für Völkerkunde zu bringen.[30]

Von Luschan teilte Weules Einschätzung, dass die erbeuteten Stücke wissenschaftlich wertlos und „ohne jeden Marktwert" seien. Am liebsten hätte er sie sämtlich wieder kurzerhand zurück nach Dar es Salaam geschickt (Ivanov und Weber-Sinn 2018: 82), denn bei „den Waffen handelt es sich nämlich nicht um vermeintlich ›traditionelle‹ Objekte, die bei den Ethnologen so begehrt waren, sondern um für den Einsatz im Maji-Maji-Krieg behelfsmäßig hergestellte Stücke, wodurch sie dem anachronistischen Bild der nicht zeitgenössischen ›Naturvölker‹ widerstanden" (Ivanov und Weber-Sinn

2018: 82). Einen Großteil der Waffen ließ er daher verbrennen und stellte andere als Geschenke für Völkerkunde- und andere Museen, Schulen und Vereine zusammen (ebd.: 82).[31] Die Vorderlader hatte Weule von vornherein bei seiner Auswahl verschmäht, obwohl das Gouvernement zumindest solche mit Schnitzereien als „ethnographisch wertvoll" eingestuft hatte.[32] In Anlehnung an Johannes Fabian (Fabian 1983) sprechen Ivanov und Weber-Sinn hier von einer „Verweigerung der Gleichzeitigkeit" zwischen „Forschenden" und „Erforschten", die den damaligen ethnologischen Diskurs geprägt habe (2018: 76). Bei der Auswahl der Waffen wurde der Eindruck erweckt, es seien auf afrikanischer Seite nur „traditionelle" Waffen zum Einsatz gekommen. Dabei verfügte die Bevölkerung in Ostafrika schon seit geraumer Zeit über Gewehre. Diese Selektion, so Ivanov und Weber-Sinn, habe nicht nur dem damaligen ethnologischen Sammelparadigma entsprochen, das Gesellschaften in Afrika (und, so ist hier anzumerken, auch anderswo) „jenseits historischer Verflechtungen und Wandel" erforschte, sondern auch kolonialideologische Perspektiven verfestigt, „deren Vertreter das Bild vermeintlich primitiver und geschichtsloser afrikanischer Gesellschaften entwarfen, um die Distanz zwischen Kolonisierenden und afrikanischer Bevölkerung zu vergrößern" (Ivanov und Weber-Sinn 2018: 84).

Spätestens nach dem Zweiten Weltkrieg gerieten die im Depot in Berlin untergebrachten Reste der „Kriegsbeute" in Vergessenheit; als Jahrzehnte später Nachforschungen über die Geschichte der ethnologischen Sammlungen angestellt wurden, zog man aus den Akten irrtümlich den Schluss, von Luschan habe sämtliche Gegenstände zerstören lassen. Mehr oder weniger zufällig stieß Paola Ivanov dann 2013 im Rahmen eines anderen Forschungsprojektes auf Überreste der „Kriegsbeute", von der heute im Ethnologischen Museum Berlin nur noch 32 Inventarnummern vorhanden sind (Ivanov und Weber-Sinn 2018: 72, 82). Zahlenmäßig umfasst der Bestand also gerade einmal zwei Objekte mehr, als seinerzeit nach Hildesheim verschenkt wurden.

Offenbar maß Edgar Walden den Waffen aus dem Maji-Maji-Krieg mehr ethnologische Bedeutung zu als von Luschan, sonst hätte er sich 1912 nicht dafür eingesetzt, die ursprünglich für Hamburg bestimmte Auswahl für das Roemer-Museum zu bekommen (siehe oben). Ob sie oder Teile davon dort anschließend ausgestellt wurden, ließ sich im Rahmen des vorliegenden Projektes nicht ermitteln. Walden erwähnt zwar in seinem Führer durch die ethnologische Sammlung (1914: 44), es seien dort aus dem „südlichen Deutsch-Ostafrika" unter anderem „Wagoni-Waffen" ausgestellt. Die Wagoni (Wangoni) waren zwar am Maji-Maji-Krieg beteiligt, doch erscheinen sie bei der im Hildesheimer Inventarbuch überwiegend vage gekennzeichneten „Kriegsbeute“ nicht namentlich als Ethnie. Möglicherweise handelte es sich bei Teilen der ausgestellten Wagoni-Waffen um solche, die das Roemer-Museum 1900 von Aloysius Spiegel erworben hatte, der 1892–1897 bei der Schutztruppe im damaligen Deutsch-Ostafrika gedient hatte (vgl. Verzeichnis Slg. Spiegel in SAHI, Best. 741, Nr. 407).

Jan Stierling (Lebensdaten nicht bekannt)

1 Objekt, V 2.274, „Armring aus Elefanten-Sohlenhaut“, Ethnie: Wangoni. Berliner Nummer: VII. A. 1414 a. Das Objekt ist im ethnologischen Magazin des RPM noch vorhanden. – Die Ngoni/Nguni leben in mehreren heutigen afrikanischen Nationalstaaten. Da Stierling im südtansanischen Songea stationiert war, handelt es sich wohl um die dortige Untergruppe.

Dr. med. Jan Stierling war Stabsarzt/Oberarzt der Schutztruppe im damaligen Deutsch-Ostafrika. Nennenswerte biografische Daten konnten von ihm bislang nicht ermittelt werden. Außer Ethnographica sammelte er naturkundliche Stücke,[33] sandte mehrmals menschliche Überreste nach Berlin und bot dem Völkerkundemuseum außerdem an, Anthropologica von gehenkten Afrikanern leihweise zur Verfügung zu stellen.[34] Die Datenbank des EM Berlin verzeichnet die erste Erwerbung von Stierling 1898, die letzte 1907 und vermerkt, dass er ab 1899 zwei Jahre in Songea – der Distriktshauptstadt der Ruvuma-Region im südlichen Tansania – stationiert war, zuvor 1898 in Tanga, und sich 1898 und 1901 in Dar es Salaam aufhielt. 1899 veröffentlichte er einen Artikel über die Königsgräber der Wahehe (Stierling 1899).

Korrespondenz zu diesem Vorgang findet sich im Archiv des EM Berlin (E 79/1902, I B 26 Afrika) sowie im Hildesheimer Stadtarchiv, nämlich ein Schreiben von Felix von Luschan vom 12. März 1904 an Prof. Andreae vom Roemer-Museum wegen Dubletten, die aus Berlin nach Hildesheim gehen. Dazu eine Liste mit diesen Objekten, u. a. „VII A 1414a, Armring aus Elefanten-Sohlenhaut, Wangoni, Dr. Stierling“.[35] Vier solche Armringe wurden im *Verzeichnis der abgebbaren Dubletten* 1903 angeboten. Die Sendung von Stierling, in der sechs dieser Armringe sowie einige weitere Ethnographica enthalten waren, war ausweislich einer Notiz Ankermanns im Januar 1902 in Berlin eingegangen. Aus dieser Notiz ergibt sich außerdem, dass Stierling die Sendung nicht in Ostafrika, sondern von einer Adresse „z. Zt. Hamburg, Langereihe 101 I" aufgegeben hatte.[36] Möglicherweise war er vorübergehend (auf Urlaub) oder dauerhaft wieder nach Deutschland zurückgekehrt. Wie Stierling diese 12 Alltagsgegenstände – außer den Armreifen eine als Vogelkopf geschnitzte Flötenspitze, einen Tabaksbeutel, eine kleine Kalebasse und eine Klapper (beides Kinderspielzeug) sowie zwei Elfenbeinarmringe – erworben hat, geht aus den bislang eingesehenen Archivmaterialien nicht hervor.

Franz Stuhlmann (1863–1928)

2 Objekte, V2.776, „Armring aus Flußpferdhaut, Quelimane, Sambesi-Mündung. Stuhlmann. Berl. Mus. Vk. Gesch."; V3.227, „Figur aus rotbrauner toniger sandiger Masse geformt. 9 cm hoch, D.O.A. Berl. Mus. f. Völkerk."; außerdem 30 Gipsabformungen von Angehörigen ostafrikanischer Völker.

Quelimane liegt im heutigen Mosambik; bei der Tonfigur ist im Inventarbuch nachträglich in Großbuchstaben „NUNGU" hinzugefügt worden sowie vor die Angabe „D.O.A." der Zusatz „Djaga oder Pare?"

Der Armring sowie die Figur wurden im dritten *Verzeichnis der abgebbaren Dubletten* 1897 angeboten (erste, nicht nummerierte Seite). Von Stuhlmann waren 274 Nummern „aus dem Zwischenseengebiet und Uganda, vom Süden des Victoria Nyansa und aus Unyamwesi, dem abflußlosen Steppengebiet und den Küstenlandschaften Usegna und Unguu" eingegangen, die in Berlin verblieben; unter den abzugebenden Dubletten findet sich unter der Nr. 11 die Tonfigur mit Herkunftsangabe Nguru, unter der Nr. 12 drei Armringe aus Flusspferdhaut aus Quelimane. Im Berliner Exemplar des *Verzeichnisses* ist neben beiden Objekten handschriftlich vermerkt: „Römer Mus. Hildesh."[37] Direktor Andreae bestellte die beiden Stücke mit Schreiben vom 16.05.1897.[38]

Die Gipsabformungen wiederum – auf die bereits oben im Abschnitt „Die ethnologische Sammlung im RPM 1844–1914" eingegangen wurde – konnten aus dem vierten *Verzeichnis der abgebbaren Dubletten* bestellt werden (erste, nicht nummerierte Seite), „Sammlung des Regierungs-Rathes Dr. Stuhlmann (für das Museum gekauft)", darunter „30 Gipsmasken von fast allen Völkerschaften des Schutzgebietes. Von Dr. Stuhlmann über den Lebenden gegossen", die für zwei Reichsmark das Stück erworben werden konnten (Abgüsse nur des jeweiligen Gebisses gab es für nur eine Mark). In Andreaes Bestellbrief vom 4. April 1899 mit seinen Wünschen sind als besonders erwünscht „2) Uganda – Abgüsse von Masken“ enthalten.[39] Am 4. Mai 1899 teilte ihm Felix von Luschan mit, die von ihm gewünschten Stuhlmann-Abformungen seien „bereits in Arbeit“ und würden demnächst von der Formerei der Königlichen Museen geliefert.[40] Im Juli 1899 waren die Masken in Hildesheim eingetroffen und ausgestellt, jedoch waren offenbar nicht genügend Zusatzinformationen mitgeliefert worden, denn Andreae schrieb in einem Brief vom 29.06.1899 an von Luschan: „Für die Namen [= Zuordnung zu Ethnien, S. L.] der Stuhlmannschen Masken wären wir sehr dankbar, da dieselben jetzt ausgestellt sind. Sind dieselben irgendwo, vielleicht in Stuhlmanns Reisewerk, ausführlicher beschrieben?“ Daraufhin schickte ihm von Luschan am 06.07.1899 eine „Liste der sämtlichen von Stuhlmann abgeformten Ostafrikaner“.[41] Alle oder einige Abformungen waren in jedem Falle noch Anfang des 20. Jahrhunderts ausgestellt, denn sie sind auf einem um 1903 aufgenommenen Foto zu sehen.

Die Abformungen wurden nicht im Inventarbuch der ethnologischen Sammlung des Roemer-Museums eingetragen und sind heute nicht mehr vorhanden. Aufschluss geben möglicherweise die noch existierenden Auslagerungslisten aus dem Zweiten Weltkrieg; einer ersten Durchsicht dieser Listen zufolge scheinen die Abformungen/„Masken“ darin jedoch nicht enthalten zu sein.

Stuhlmanns Biografie ist gut erschlossen. Er kam erstmals 1888 nach Ostafrika, um dort zoologische Studien zu betreiben. Von 1890 bis 1892 nahm er an der Expedition Emin Paschas (= Eduard Karl Oskar Theodor Schnitzer, 1840–1892) in die Gebiete um den Victoriasee teil und veröffentlichte 1894 ein umfangreiches Buch über diese Reise (Stuhlmann 1894). Von 1893 bis 1905 war er als „außeretatsmäßiger Beamter mit Hauptmannsrang für kartographische und wissenschaftliche Untersuchungen“ bei der deutschen Kolonialregierung im damaligen Deutsch-Ost-Afrika angestellt.[42] Ab Anfang der 1890er-Jahre sandte er häufig Ethnographica nach Berlin; die entsprechenden umfangreichen Aktenvorgänge im EM Berlin werden bei einer Suche nach „Stuhlmann“ bei SMB-digital angezeigt. [43] Wann und wie er die beiden nach Hildesheim gelangten Objekte erwarb, lässt sich den knappen dortigen Angaben indessen nicht entnehmen.

Die Abformungen kamen offenbar 1895 an das königliche Museum für Völkerkunde, denn aus diesem Jahr befindet sich im Bundesarchiv ein Schreiben des oben bereits einmal erwähnten Karl Möbius, Direktor der zoologischen Sammlung am Königlichen Museum für Naturkunde, mit dem Betreff „Erstat-

Abb. 28 | Afrika-Saal des Roemer-Museums um 1903, rechts im Bild an der Wand sind einige der Stuhlmannschen Abformungen zu sehen. Foto von F. K. Bödeker. (Reproduktion aus Stadtarchiv Hildesheim, Best. 797-2, Nr. 3, S. 10)

tung von Auslagen für Sendungen des Dr. Stuhlmann u.a.". Demzufolge hatte Adolf Bastian ihm geschrieben, es seien Kosten entstanden „für Anfertigung von Gipsmodellen, welche als Privateigenthum Stuhlmanns an das Museum für Völkerkunde gesandt worden seien. Dieses könne daher auf seinen Etat die von der Kolonialabtheilung wahrscheinlich dafür verauslagten 1448,28 M nicht übernehmen."[44] Unter welchen Umständen Stuhlmann die Abformungen an den Angehörigen ostafrikanischer Ethnien vornahm, konnte ebenfalls bislang nicht geklärt werden. Berichte aus anderen Zusammenhängen legen nahe, dass dabei mit den „Abzuformenden" nicht unbedingt zimperlich umgegangen wurde (vgl. z.B. Hoffmann 2011; siehe auch oben den Absatz über Abformungen in dem Abschnitt „Die ethnologische Sammlung im RPM 1844–1914"). In jedem Falle sind auch bezüglich der Abformungen und Objekte Stuhlmanns weitere Recherchen im Archiv des EM Berlin erforderlich.

August Widenmann (1865–1949)[45]

1 Objekt, V 2.193, „Fingerring aus Zebrahufe, Dschagga, Berl. Mus. f. Völkerkunde, Geschenk 1902." Zusammen mit weiteren Objekten aus dem 5. *Verzeichnis der abgebbaren Dubletten* 1901 (s.o.) bestellte Direktor Andreae mit Schreiben vom 30.01.1902 „Dschagga-Fingerringe" aus der „Coll. Widemann [sic, die korrekte Schreibweise ist „Widenmann", S.L.]" (VII A 716).[46] Ebenfalls nach Hildesheim geliefert, obwohl nicht bestellt, wurde ausweislich einer in der Berliner Akte vorhandenen Aufstellung eine von Widenmann stammende Ohrspirale der Dschagga (V 2.192, VII A 726). Der Fingerring ist im ethnologischen Magazin des RPM noch vorhanden.

Widenmann veröffentlichte 1899 eine Abhandlung über die Kilimandscharo-Bevölkerung in *Petermanns Mitteilungen* (Widenmann 1899). Auf der Titelseite dieser Veröffentlichung erfährt man, dass Dr. A. Widenmann 1899 Stabsarzt an der Kaiser Wilhelms-Akademie und ehemals Stationsarzt in Moschi am Kilimandscharo war. In der *Stammliste der Kaiser Wilhelms-Akademie für das militärärztliche Bildungswesen* finden sich über ihn folgende biografischen Informationen:

„Prof. August Widenmann, geb. am 4. Februar 1865 in Biberach (Württemberg) als Sohn des Dr. med. Adolf Widenmann, gehörte der K.W.-A. an vom 21.10.1882 bis 1.10.1886, wurde promoviert am 7.8.1886, zum Ass.-Arzt befördert am 12.8.1888, verheiratete sich am 18.3.1905. Er war bei der M.-A. tätig vom 3.4.1897 bis 29.4.1898 und bei der K.W.-A. vom 30.4.1898 bis

17.12.1901, erhielt Kommando vom 1.3.1891 bis 1.10.1892 zur chirurgischen Universitäts-Klinik in Tübingen, vom 1.4.1899 bis 8.5.1901 zur II. medizinischen Klinik der Charité in Berlin. Er gehörte vom 8.3.1893 bis 11.3.1896 der Schutztruppe für Deutsch-Ostafrika an, wurde vom 27.7.1898 bis September 1898 zum Studium der kleinkalibrigen Kriegsverletzungen nach Nordamerika kommandiert und vom 9.5.1901 bis 26.2.1903 zur Universität Bonn. Er ist seit Frühjahr 1901 A.H. beauftragt mit dem leibärztlichen Dienste bei Sr. Kais. und Kgl. Hoheit dem Kronprinzen. Seit 1905 ist er Oberarzt der internen Abteilung des St.-Josefs-Krankenhauses in Potsdam und erhielt 1909 den Titel ›Professor‹. Er ist zurzeit Oberstabsarzt und Regimentsarzt des 4. Garde-Feldart.-Regts. in Potsdam. Er betätigte sich auf dem Gebiete der inneren Medizin, Chirurgie und Anthropologie.“ (Wätzold 1910: 290–291).

Bei SMB-digital (Suchbegriff „Widenmann“ beim Ethnologischen Museum) sind zahlreiche von Widenmann gesammelte Objekte – und zwar nicht nur aus Tansania, sondern auch einige aus Kamerun – und vor allem von ihm gesammelte Fotografien online gestellt, aber leider keine Hinweise auf Archivalien, aus denen sich Informationen über den Erwerb seiner Sammlung ergeben könnten. Es sind daher zur möglichen Klärung der Erwerbungsumstände noch weitere Recherchen im Archiv des Ethnologischen Museums Berlin erforderlich.

Weitere und unbekannte Sammler

Im Rahmen des zwölfmonatigen Provenienzforschungs-Projektes am RPM konnten noch nicht ausführliche Biografien sämtlicher Sammler zusammengestellt und auch nicht die Erwerbungsumstände aller aus Berlin nach Hildesheim gelangten Objekte ermittelt werden. Dies war im Hinblick auf manche Sammlerbiografien aus zeitlichen Gründen, im Hinblick auf die Objekte u.a. aufgrund der Unzugänglichkeit der im Archiv des Ethnologischen Museums Berlin aufbewahrten Dokumente nicht möglich. Für andere Sammler liegen zwar teils ausführliche biografische Angaben vor, für eine mögliche Klärung der Umstände, unter denen bestimmte Objekte in ihren Besitz gelangten, sind aber ebenfalls zusätzliche Informationen vonnöten. Hier müssen künftig noch weitere Recherchen in den wieder zugänglichen Archivalien des Ethnologischen Museums erfolgen.

Ein Konvolut von Objekten aus West- und Ostafrika

Dass die Zuordnung von Objekten zu Sammlern schwierig ist, wurde bereits anhand der Gegenstände aus Indien und Indonesien deutlich, die 1906 auf Betreiben Edgar Waldens von Berlin nach Hildesheim gelangten. Das gleiche Problem stellt sich bei einer umfangreichen Auswahl an Objekten vor allem aus West-, aber auch aus Ostafrika, die das Roemer-Museum 1913 ebenfalls durch Vermittlung Waldens erwarb. Es handelt sich insgesamt um fast 60 Stücke (V 5.962 – V 6.010, 6.089 – V 6.096, V 6.098 – 6.100). Eine Reihe davon stammt beispielsweise aus dem Kameruner Grasland, andere aus dem Haussa-Gebiet, wieder andere aus dem damaligen Deutsch-Ostafrika. Der Kurator für Westafrika am Ethnologischen Museum Berlin, Herr Jonathan Fine, äußerte bei einer Durchsicht der Liste die Vermutung, es sei hier mit Bedacht eine repräsentative Kamerun-Sammlung für Hildesheim zusammengestellt worden, eine Auslese aus der entsprechenden Sammlung des königlichen Museums für Völkerkunde.[47] Einer der Sammler, von denen nachweislich Objekte in dieser Auswahl stammen, ist Hans Glauning (1868 – 1908), ein prominenter Angehöriger der Schutztruppe in Kamerun. Er sammelte bei diversen Gelegenheiten, unter anderem auch auf „Strafexpeditionen", und sandte Objekte nach Berlin. Von dort gelangten 1913 Stücke aus der Sammlung Glauning an das Roemer-Museum. Ein Jahr zuvor hatte Edgar Walden dem Hildesheimer Museum dazu geraten, Dubletten aus dieser Sammlung zu kaufen.[48] Er schrieb am 26.09.1912 an Hauthal: „Im Berliner Museum kann ich noch bekommen und schlage ich zur Anschaffung vor: Aus Nordkamerun (Slg. Glauning) für 100 bis 200 M[ark] Doubletten."[49] Dahinter ist auf dem mit Schreibmaschine geschriebenen Brief handschriftlich vermerkt: „eventuell mehr".[50]

Zusammen mit Objekten aus der Sammlung Glauning erhielt das Hildesheimer Museum in dem betreffenden Konvolut auch Gegenstände, die von anderen Sammlern stammen. Bei vielen dieser Objekte ist aber im ethnologischen Inventarbuch des Roemer-Museums weder Glauning, noch jemand anders explizit als Sammler genannt. Sollte das Museum tatsächlich Glauning-Objekte im Wert von 100 bis 200 Mark erworben haben, so müssen es

Abb. 29 | anthropomorphe Maske, Westafrika, Kamerun, Grasland, Sammler: Hans Glauning, Inv.-Nr. V 5.964. © RPM, Foto: Sh. Shalchi

mehr gewesen sein als diejenigen, die im Inventarbuch explizit Glauning zugeordnet sind. Für die Objekte sind im Hildesheimer Inventarbuch entweder überhaupt keine Berliner Nummern eingetragen oder, in wenigen Fällen, Sammlernummern. Das macht eine Zuordnung der meisten Stücke zu einzelnen Sammlern nahezu unmöglich. Ausnahmen sind die Mütze V 5.990 aus „Lagos, Bonni", der Korb mit Deckel V 6.089 a. b. aus „Bonni, Nigeria", der geflochtene Fächer („Bonni! Yoruba"[51]) V 6.090 sowie das Opfermesser/Haumesser V 6.099 aus dem Kongogebiet, bei denen sämtlich vermerkt ist, sie stammten aus der Sammlung Wassy Langheld (zu dieser siehe oben). Zu all diesen Gegenständen findet sich im Inventarbuch jeweils eine Sammlernummer, z. B. L. 135 für den geflochtenen Fächer. Anhand dieser Nummern

Abb. 30 | Aufsatzmaske „Büffel", Westafrika, Kamerun, Grasland, Sammler: bislang unbekannt, Inv.-Nr. V5.965. © RPM, Foto: Sh. Shalchi

Abb. 31 | Stuhl, Westafrika, Kamerun, Grasland, Sammler: bislang unbekannt, Inv.-Nr. 5.967. © RPM, Foto: Sh. Shalchi

lassen sie sich der Liste von Objekten zuordnen, die Wassy Langheld 1901 an das Königliche Museum für Völkerkunde geschickt hatte. Eine weitere Ausnahme sind einige wenige Objekte, bei denen explizit Hans Glauning als Sammler genannt wird (V 5.964, 5.966, 5.977, 5.978 (?), 5.991, 6.091 – 6.093), teils mit Sammlernummer (z. B. bei V 5.977: G. 10), meist aber ohne.

1 Nachdem er 1901 nach Deutschland zurückgekehrt war, trat er 1904 wieder in den Kolonialdienst ein und beteiligte sich am Krieg gegen die Herero und Nama (Bührer 2011: 211).

2 Die Lebensdaten Ewerbecks konnten auf https://de.wikipedia.org/wiki/Paulinenschule ermittelt werden (letzter Zugriff am 08.09.2020).

3 SMB-PK, EM, E 674/1898 I B 19 Afrika.

4 SMB-PK, EM, E 318/1899.

5 Vgl. hierzu Iliffe 1979: 98.

6 https://www.lemgo.de/fileadmin/pdf-lemgo/informativ/personen/persoenlichkeiten.pdf (letzter Zugriff am 08.09.2020). Dort sind nicht nur Bernhard Carl Ewerbeck, sondern auch seine Geschwister August (als Kunstmaler und Porträtist) und Marie (als Kunstmalerin) aufgeführt.

7 August Ewerbeck (1875–1965) war nicht einfach nur künstlerisch begabt, sondern ein renommierter Maler, der u. a. bei Lovis Corinth studiert hatte (Ewerbeck 2011). Siehe auch http://www.lemgo-brake.de/index.htm?http://www.lemgo-brake.de/Dorf/Strassen/ewerbeck.htm (letzter Zugriff am 08.09.2020). August und Bernhard Carl waren zwei der insgesamt 12 Kinder des Braker Ökonomen Bernhard Ewerbeck (1828–1919).

8 Der Artikel nebst Titelblatt mit der Büffelskulptur und dem Relief ist online einsehbar unter http://www.kirchengemeinde-brake.de/Gemeindebriefe_2010.pdf (letzter Zugriff am 08.09.2020).

9 https://de.wikipedia.org/wiki/Paulinenschule (letzter Zugriff am 08.09.2020).

10 *Deutsches Kolonial-Lexikon* (1920), Band III, S. 653 f., online zugänglich unter http://www.ub.bild-archiv-dkg.uni-frankfurt.de/Bildprojekt/Lexikon/php/suche_db.php?suchname=Wagogo (letzter Zugriff am 08.09.2020).

11 Eine Art Bürgermeister der lokalen Dörfer.

12 Zu dem Skandal Anfang des 20. Jahrhunderts um Misshandlungen und andere Missstände in deutschen Kolonien, dessen Aufklärung von dem Zentrumsabgeordneten Matthias Erzberger angestoßen wurde und in den u. a. Kannenberg verwickelt war, siehe neben Habermas 2017 auch Utermark 2011, insb. S. 112 mit weiteren Literaturangaben.

13 Siehe hierzu Ndembwike 2006: 88; Mwakikagile 2000: 60-61.

14 SMB-PK, EM, E 51/1899; Berlin Postkolonial o. J.: 8.

15 SMB-PK, EM, E 135/1902.

16 Ob es sich hierbei um die Bezeichnung einer Ethnie oder eines Ortes handelt, konnten die Verfasserinnen bislang nicht ermitteln. Sie sind daher für Hinweise dankbar.

17 Siehe hierzu beispielsweise Morlang 2011.

18 In der Korrespondenz sowie seinen Schriften erscheint Lorenz immer nur mit der Initiale „A.". John William East gibt jedoch in seiner Bibliographie zur deutschen Verwaltung in Ostafrika an, Lorenz' Vorname sei Alfred gewesen (East 1987: 174, Nr. 1059; Index S. 274: Eintrag „Lorenz").

19 Wir danken Herrn Hendryk Ortlieb, Ethnologisches Museum Berlin, für die Übersendung von Scans der entsprechenden Dokumente im Archiv des EM.

20 Unter den Nummern 7–10 enthält die Liste „Masken, ndimu", mit der Erläuterung „ebenso heißen alle Schnitzereien". Lorenz muss aber mehr Masken eingeschickt haben, da insgesamt sieben Stück an das Roemer-Museum und das Rautenstrauch-Joest-Museum gingen. Möglicherweise ist die Liste unvollständig.

21 Online einsehbar unter https://core.ac.uk/download/pdf/14518551.pdf (letzter Zugriff am 08.09.2020).

22 *Deutsches Kolonial-Lexikon* (1920), Band III, S. 602, http://www.ub.bildarchiv-dkg.uni-frankfurt.de/Bildprojekt/Lexikon/php/suche_db.php?suchname=Velten (letzter Zugriff am 08.09.2020).

23 Es sei hier beispielsweise auf die beiden Sammelbände von Becker und Beetz 2005 und Giblin und Monson 2010 verwiesen. Siehe auch die Literaturhinweise in Ivanov und Weber-Sinn 2018.

24 Zum Vergleich und zur Verhältnismäßigkeit sei angemerkt, dass in diesem Krieg auf der anderen Seite nur 15 Europäer, 73 Askaris und 316 afrikanische Angehörige der Hilfstruppen den Tod fanden (Speitkamp 2005: 135).

25 „Acta betreffend die bei der Niederwerfung des Aufstandes in Ostafrika erbeuteten Gegenstände (Kriegsbeute)", SMB-PK, EM, 801, 1906/1009.

26 SMB-PK, EM, 801, 1906/1009, Bl. 1.

27 SMB-PK, EM, 801, 1906/1009, Bl. 3, Schreiben von Luschan an das Auswärtige Amt, Kolonial-Abteilung, vom 31.05.1906.

28 Ivanov und Weber-Sinn 2018: 132, Fn. 33 zufolge handelt es sich dabei wahrscheinlich um Fischzäune oder andere „passive" Fischfangvorrichtungen.

29 SMB-PK. EM, 801, 1906/1009, Bl. 4, Schreiben Weule vom 31.12.1906.

30 SMB-PK, EM, 801, 1906/1009, Bl. 6, Notiz vom 01.04.1908.

31 Zu Schriftwechsel mit einzelnen Museen, Institutionen usw. siehe SMB-PK, EM, 801, 1906/1009, Bl. 37–108.

32 SMB-PK, EM, 801, 1906/1001, Bl. 1.

33 Siehe hierzu z. B. das ornithologische Internetforum „BirdForum", https://www.birdforum.net/showthread.php?p=3554085 (letzter Zugriff am 08.09.2020), in dem Stierling als Vogelsammler erörtert wird und – ebenfalls leider nur wenig ergiebige – Nachforschungen zu seiner Person angestellt werden.

34 Berlin Postkolonial o. J.: 10, 12. Siehe auch Vermerk Ankermanns vom 20.01.1902 über ein vollständiges Skelett sowie einen Schädel, die Stierling nach Berlin geschickt hatte (SMB-PK, EM, E 79/1902, I B 26 Afrika).

35 SAHI, Bestand 741, Nr. 42, „Tausch und Erwerbungen von Exponaten aus dem Königlichen Museum für Völkerkunde in Berlin".

36 Notiz Ankermann vom 23.01.1902, SMB-PK, EM, E 79/1902, I B 26 Afrika.

37 SMB-PK, EM, „Acta betreffend Kolonia-Dubletten", Vol. 1 vom 1. Januar 1890 bis 31. Dezember 1902, Pars I B 47.

38 SMB-PK, EM, E 621/1897.

39 SMB-PK, EM, E 366/1899.

40 SAHI, Best. 741, Nr. 242, „Tausch und Erwerbungen von Exponaten aus dem Königlichen Museum für Völkerkunde Berlin".

41 Beide Dokumente: SMB-PK, EM, E 339/1899.

42 https://de.wikipedia.org/wiki/Franz_Stuhlmann (letzter Zugriff am 08.09.2020), dort Literaturbelege und – hinweise.

43 http://www.smb – digital.de (letzter Zugriff am 08.09.2020).

44 BArch R 1001/6110, Schreiben vom 31.07.1895 (S. 38).

45 Widenmanns Todesjahr wird bei museum.digital: staatliche museen zu berlin unter https://smb.museum-digital.de/index.php?t=listen&persinst_id=44985&oges=22381 angegeben (letzter Zugriff am 08.09.2020).

46 SMB-PK, EM, E 135/1902.

47 Persönliche Mitteilung an Sabine Lang, Berlin, 20. April 2017.

48 SAHI, Bestand 741, Nr. 204, „Verschiedene Erwerbungen und Geschenke für die Völkerkundesammlung", Brief Walden an Hauthal vom 26.09.1912, J 352/12. In demselben Brief legt Walden dem Roemer-Museum auch nahe, den Benin-Kopf zu erwerben (siehe hierzu weiter oben).

49 Der Jahresabrechnung des Hildesheimer Museumsvereins für die Zeit vom 1. April 1912 bis 31. März 1913 zufolge („Rechnung der Vereins für Kunde der Natur und Kunst", SAHI, Best. 741, Nr. 147) kaufte Walden in diesem Zeitraum „ethnographische Gegenstände" im Wert von 259 Mark und bekam Reisekostenvergütung und Tagegelder in Höhe von 148,52 Mark.

50 SAHI, Bestand 741, Nr. 204, J 352/12.

51 In der handschriftlichen Liste der von Langheld 1901 eingereichten Sammlung ist zu dem Fächer indessen vermerkt, es handele sich um eine Gefängnisarbeit aus Lagos. SMB-PK, EM, E 1260/1901, I B 25 Afrika.

Objekte und Sammler

Ozeanien

St.-Matthias-Inseln: Wilhelm Schack (1860–1920)

1 Objekt, V581, „Messer aus Muschelschale, St. Matthias, Belin Mus. Völkerk.“ Das Objekt wurde im *Verzeichnis der abgebbaren Dubletten* 1901 angeboten, Seite 13, „Sammlung des Korvettenkapitäns Schack“. Schack hatte eine große Zahl Objekte eingesandt, sämtlich von St. Matthias, von denen das Berliner Museum ausweislich des *Verzeichnisses* 129 Nummern behielt; angeboten wurden wenige Alltagsgegenstände, etwa Bekleidungsmatten für Frauen, Netze, Wasserbehälter, ein Männergürtel und die dort unter der Nr. 4 aufgeführten insgesamt sieben Messer aus Muschelschale (VII B 222 a.–g). Bei den St.-Matthias-Inseln (auch: Mussau-Inseln) handelt es sich um eine Inselgruppe von etwa 10 Vulkaninseln nördlich von Neubritannien im Bismarck-Archipel. Sie gehören heute politisch zur Provinz New Ireland in Papua-Neuguinea.

Mit dem Zusatz: „Diese Sachen fehlen in unserer sonst sehr schönen Colonial-Abtheilung noch gänzlich“ bestellte Direktor Andreae eines der Messer zusammen mit Ethnographica aus Afrika (siehe Einträge weiter oben) mit Schreiben vom 30.02.1902.[1] Eine in derselben Akte im Archiv des Ethnologischen Museums Berlin befindliche Liste verzeichnet die daraufhin nach Hildesheim gesandten Objekte unter Angabe der Berliner Dublettennummern; das Messer ist die Nr. VII B 222.

Über den Korvettenkapitän Schack konnten im Verlauf des Forschungsprojektes einige Informationen gesammelt werden, die zumindest einen ersten Aufschluss über das Zustandekommen seiner umfangreichen Sammlung geben.

Beim digitalen Porträtarchiv „Digiporta“ findet sich ein um 1905 aufgenommenes Foto von Schack[2] aus dem Archiv des Deutschen Schiffahrtsmuseums Bremerhaven mit der Information, er sei in Celle geboren, seine

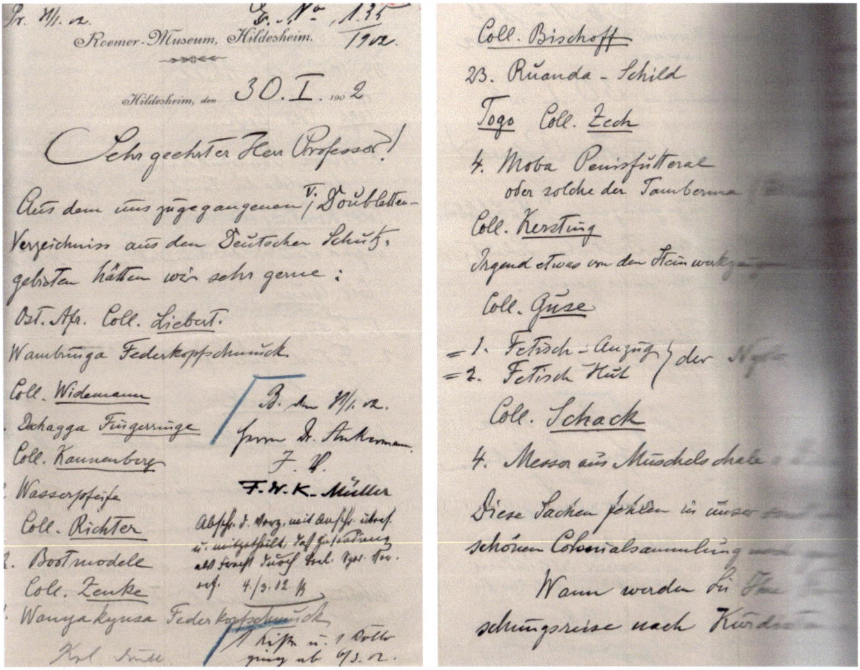

E. No. 135 / 1902.
Roemer-Museum, Hildesheim.
Hildesheim, den 30. I. 1902

Sehr geehrter Herr Professor!

Aus dem uns zugegangenen V. Doubletten-Verzeichniss aus den Deutschen Schutzgebieten hätten wir sehr gerne:

Ost-Afr. Coll. Liebert.
Wambunga Federkopfschmuck.
Coll. Widemann
Dschagga Fingerringe
Coll. Kannenberg
Wasserpfeife
Coll. Richter
Bootmodelle
Coll. Zenke
Wanyakyusa Federkopfschmuck

F.W.K. Müller

Coll. Bischoff
23. Ruanda-Schild
Togo Coll. Zech
4. Moba Penisfutteral
oder solche der Tamberma
Coll. Kersting
Irgend etwas von den Steinwerkzeugen
Coll. Gruse
1. Fetisch-Anzug
2. Fetisch Hut
Coll. Schack
4. Messer aus Muschelschale
Diese Sachen fehlen in unserer schönen Colonialsammlung.
Wann werden Sie Ihre

Abb. 32 | Schreiben Direktor Achilles Andreae vom 30.01.1902 mit seinen Wünschen aus dem 5. Verzeichnis der abgebbaren Dubletten der aus den deutschen Schutzgebieten eingegangenen wissenschaftlichen Sendungen 1901 (SMB-PK, EM, „Acta betreffend Kolonial-Dubletten", Vol. 1, Pars I B. 47, E 135/1902)

Lebensdaten seien 16.03.1860 bis 05.02.1920, er sei 1860 in die Marine eingetreten (was nicht stimmen kann, wenn er 1860 erst geboren wurde), habe eine Offiziersausbildung und eine militärische Karriere bis zum Vizeadmiral durchlaufen und sei 1918 in den Ruhestand versetzt worden.

Von 1899 bis 1901 (Rudolf Künker GmbH & Co. KG 2014: 134) befehligte Schack den 1892 vom Stapel gelaufenen Kreuzer „Seeadler" (Herold 2013: 411). Im Jahre 1900 war er an einer von der deutschen Kolonialverwaltung angeordneten „Strafexpedition" zu den Admiralitätsinseln beteiligt.[3] Schack lief dabei von Herbertshöhe auf Neuguinea (heute: Kokopo) – damals Hauptstadt der Kolonie Deutsch-Neuguinea und Sitz des Gouverneurs – aus. Nach seinem Schiff wurde Seeadlerhafen bei Manus, der Hauptinsel der Admiralitätsinseln, benannt. In einem 1902 erschienenen

Buch schreibt der Reiseschriftsteller Ernst von Hesse-Wartegg, der sich zu jener Zeit in der Gegend aufhielt, dass der „Seeadler“ im Anschluss an diese „Strafexpedition“ nach einem kurzen Aufenthalt in Herbertshöhe unter Schack mit dem Gouverneur der Kolonie an Bord wieder in See gestochen sei, „um Neumecklenburg und Neuhannover herum neue Strafexpediti-

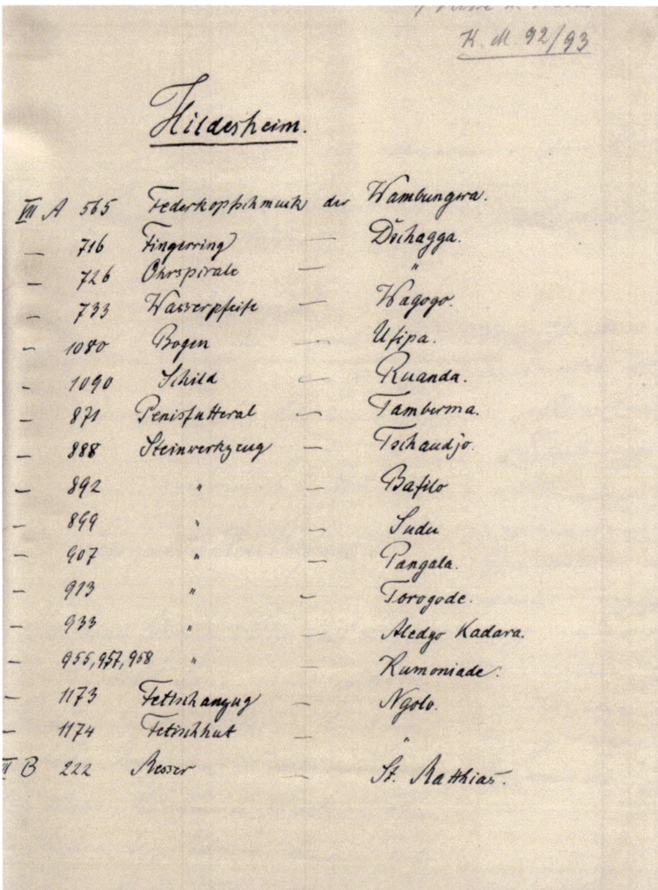

K. M. 92/93

Hildesheim.

III A 565 Federkopfschmuck der Wambungwa.
– 716 Fingerring – Dschagga.
– 726 Ohrspirale – "
– 733 Wasserpfeife – Wagogo.
– 1080 Bogen – Ufipa.
– 1090 Schild – Ruanda.
– 871 Penisfutteral – Tamberma.
– 888 Steinwerkzeug – Tschaudjo.
– 892 " – Bafilo
– 899 " – Sudu
– 907 " – Pangala.
– 913 " – Torogode.
– 933 " – Aledjo Kadara.
– 955, 957, 958 " – Kumoniade.
– 1173 Fetischanzug – Ngolo.
– 1174 Fetischhut – "
VI B 222 Messer – St. Matthias.

Abb. 33 | Liste der 1902 gemäß den Wünschen Direktor Andreaes nach Hildesheim versandten Dubletten (SMB-PK, EM, „Acta betreffend Kolonial-Dubletten“, Vol. 1, Pars I B. 47E 135/1902)

onen durchzuführen, Aufnahmen zu machen und die bisher noch ganz unbekannte Gruppe der St.-Matthias-Inseln zu besuchen" – „immer im Angesicht der heimtückischen feindlichen Eingeborenen", wie der Autor hinzufügt (Hesse-Wartegg 2013 [1902]: 228).

Schack muss die Objekte also anlässlich des „Besuchs" auf den St.-Matthias-Inseln im Jahre 1900 gesammelt haben. Über die genauen Erwerbungsumstände verraten die bislang verfügbaren Quellen nichts. Aufschluss könnte neben 2017/2018 nicht einsehbaren Archivalien im EM Berlin möglicherweise ein Reisetagebuch mit Fotos und Skizzen geben, das Schack über die „Reise mit S.M.S. Seeadler" von 1899 bis 1901 geführt hat; unter anderem wurde das Schiff 1900 im Kontext des sogenannten Boxeraufstandes nach Tsingtau beordert. Das Tagebuch wurde 2014 vom Auktionshaus Künker zur Versteigerung angeboten,[4] und der Käufer oder die Käuferin lassen sich vielleicht ermitteln.

Neuguinea: Georg Schmiele (1855–1895)

3 Objekte, V684, „Speer, drehrund mit Kasuarknochen als Fuß. Unterhalb der äußersten Spitze mit blauem Baumwollstoff umwickelt, der mit weißer Kalkfarbe überzogen ist. 2,59 m lang. Berlin Mus. f. Völk. Geschenk", zwei einander widersprechende Herkunftsangaben: „Marshall Insl. Ponape" und „Neu Irland"; V894, „Schmuckkette mit kleinen Muschelringen mit Hundezähnen, Brit. N. Guinea, Schmiele coll. Mus. f. Völkerk. Berlin Gesch."; V895, „dsgl. [= Schmuckkette, S.L.] aus Coix lacrima. K.W.L., Mus. f. Völkerk. Berlin. Gesch."

Die Objekte wurden im *Verzeichnis der abgebbaren Dubletten* 1899 angeboten, Seite 9, „Sammlung des Landeshauptmanns Schmiele, 126 Nummern aus Kaiser-Wilhelmsland, dem Bismarck-Archipel und den Salomonen." Als Dubletten wurden Stücke aus sämtlichen diesen Regionen angeboten, darunter ein Speer mit Kasuarknochen aus Neu-Irland (Nr. 2, VII B 15) und eine Kette mit Coix (Nr. 13, VII B 123) aus Kaiser-Wilhelms-Land. Im Exemplar des *Verzeichnisses* in der Berliner Dublettenakte ist bei diesen beiden Objekten handschriftlich „Hildesheim" vermerkt. Die Schmuckkette V894 mit Muschelringen und Hundezähnen findet sich jedoch weder im *Verzeichnis* noch in dem Schreiben, mit dem Direktor Andreae am 4. April 1899 seine Wünsche aufgab; er bestellte neben dem Speer mit Kasuarknochen und der Cox-Kette vielmehr eine Holzschnitzerei sowie eine Muscheltrompete aus der Sammlung Schmiele.[5] Auch auf der Quittung, die Andreae nach Erhalt der Dubletten nach Berlin sandte, taucht die Kette nicht auf.[6] Wahrscheinlich ist daher die Zuordnung im Eintrag im Inventarbuch des Roemer-Museums falsch, zumal die Kette aus Britisch-Neuguinea stammen soll.

Georg Schmiele trat 1886 in die Dienste der Neuguinea-Kompagnie, wurde 1890 Kanzler beim Kaiserlichen Kommissariat in Neuguinea und führte in dieser Funktion mehrere „Strafexpeditionen" im Bismarck-Archipel durch. Von 1892 bis zu seinem Tod war er Landeshauptmann der Neuguinea-Kompagnie, an welche die Verwaltung vorübergehend zurückgegangen war.[7] Die beiden nach Hildesheim gelangten Objekte stammen nicht aus dem Bismarck-Archipel und daher nicht aus dem Kontext der von Schmiele dort durchgeführten „Strafexpeditionen". Wie er an die Gegenstände gelangt ist, bedarf dennoch weiterer Klärung, wobei Anhaltspunkte möglicherweise in Archivmaterial des EM Berlin zu finden sind; relevante Vorgänge konnten jedoch während der Projektdauer 2017/18 dort noch nicht recherchiert und eingesehen werden.

1 SMB-PK, EM, E 135/1902.

2 http://www.digiporta.net/index.php?id=679124774 bzw. http://www.digiporta.net/pdf/DSM/Schack_679124774.pdf (letzter Zugriff am 08.09.2020).

3 Zu der „Strafexpedition" und weiteren Fahrten des „Seeadler" u. a. nach Samoa siehe Hesse-Wartegg 2013 (1902): 228 ff.

4 https://www.kuenker.de/de/archiv/stueck/57283 (letzter Zugriff am 08.09.2020): „Schätzpreis: „100,00 €, Zuschlag: 240,00 €, ›Reise S.M.S. Seeadler 1899–1901‹ von Wilhelm Schack. In gut lesbarer Handschrift, in dicker Kladde, 20,5 x 16,5 cm, mit je 159 größtenteils beschriebenen Seiten, mit eingeklebten Photographien und Positionszeichnungen, mit farbigem Exlibris ›Schack‹, gebunden, mit ca. 6 lose beigefügten Photographien. (...) Das Tagebuch enthält zahlreiche detaillierte Schilderungen und Photographien der Bevölkerung des Kolonialgebietes in der Südsee, womit es nicht nur aus marinemilitärischer und kolonialgeschichtlicher, sondern auch aus ethnologischer Sicht von hohem Interesse sein dürfte."

5 SMB-PK, EM, E 318/1899.

6 SMB-PK, EM, E 318/1899, Quittung vom 12. Mai 1899.

7 *Deutsches Kolonial-Lexikon* (1920), Band III, S. 302, online zugänglich unter http://www.stub.bildarchiv-dkg.uni-frankfurt.de/Bildprojekt/Lexikon/php/suche_db.php?suchname=Schmiele (letzter Zugriff am 08.09.2020).

English Summary

English Summary

On the Trail of the Collectors: Research on Objects from Colonial Contexts at the Roemer- und Pelizaeus-Museum

The Roemer- und Pelizaeus-Museum Hildesheim (RPM) and its Collections

When the Hildesheim Museum was founded in 1844, it was initially named "City Museum" ("Städtisches Museum"). After the death of its co–founder Hermann Roemer (1816–1894) it was first renamed "Roemer-Museum". It got its current name, "Roemer- und Pelizaeus-Museum", in 1911 when the Roemer-Museum became complemented by the Pelizaeus-Museum which has a focus on antiquity (mainly Egypt but also, though to a much lesser extent, the Roman and Greek empires). Today, the exhibitions of these "twin museums" are united under one roof.

From the very beginning, the Roemer-Museum was laid out as a multidisciplinary museum with collections from natural history including palaeontology and geology, city history, and ethnography. While the ethnographic collection comprises about 12.000 objects from all continents today, it consisted of no more than 28 objects when the museum was founded. Its subsequent growth was not least due to the efforts of Hermann Roemer who placed importance on enlarging all collections from the various disciplines. Particularly Hildesheim–born people living overseas were called upon to contribute to the growth of the ethnographic collection; and they did.

In addition, Hermann Roemer, who was a deputy in the Reichstag in Berlin and one of the co–founders of the "Deutsche Gesellschaft zur Erforschung des aequatorialen Afrika" ("German Society for the Exploration of Equatorial Africa"), used his political connections to enlarge the museum's collections. An important role in that respect was also played by Ludwig "Louis" Gottfried Dyes (1831–1903), a native of Hildesheim who was a cousin of Hermann Roemer's. He contributed to the growth of various collections including the ethnographic holdings. Being a merchant and Imperial and Royal Consul General of Austria in Bremen, he used his business connections and networks to present the museum with important collections from Oceania (Zembsch collection), Namibia (Hoepfner collection), and other places. However, other gifts (e. g., from the Royal Museum of Ethnology in Berlin but also from individuals) as well as purchases (e. g., from "Naturalienhandlungen", that is, companies specialized in the sale of ethnographic and natural history specimens) also contributed to the growth of the ethnographic collection.

Scope of the Project and Sources Used

As mentioned above, the ethnographic collection of the museum comprises a total of ca. 12.000 objects. It was thus necessary to select a limited number of objects for research. The choice fell on 420 objects from Africa, the Americas, India, Indonesia, and Oceania, which came from the Royal Museum of Ethnology (Königliches Museum für Völkerkunde, today: Ethnologisches Museum/Ethnological Museum) in Berlin to the Städtisches Museum/ Roemer-Museum at the turn of the 19th/20th centuries. The majority of these objects were collected in colonial contexts. The project aimed at shedding light on the circumstances under which the objects in question were collected. Another focus was on the compilation of collectors' biographies. Results of that project, illustrated by selected objects, were first presented at the Roemer- und Pelizaeus-Museum as part of the special exhibition "Mit 80 Objekten um die Welt" ("Around the World with 80 Objects", 11 February 2017–31 March 2019). After that, these objects were given a special exhibition of their own, "Den Sammlern auf der Spur" ("On the Trail of the Collectors", 31 May 2019–12 January 2020).1

The sources used were both archival documents and published works. The Hildesheim City Archives have numerous documents related to the ethnographic collection of the Roemer-Museum, including a comprehensive file (Bestand 741, Nr. 242) entitled "Tausch und Erwerbungen von Exponaten aus dem Königlichen Museum für Völkerkunde Berlin" ("Exchanges with and acquisitions from the Royal Museum of Ethnology Berlin"). Information on collectors and collections as well as on the bureaucracy involved in sending ethnographic and natural history collections from the colonies to Berlin is also found in the Bundesarchiv (German Federal Archives). However, the richest collection of documents is kept in the archives of the Ethnological Museum Berlin, the successor institution of the Royal Museum of Ethnology. Documents include lists of objects sent to Berlin, correspondence with collectors in the German colonies (some of whose letters reveal the circumstances under which objects had been acquired or – in the case of so-called "punitive expeditions" – seized), exchange of letters related to the "Catalogues of available doublets from the scientific collections sent from the German Protectorates" (see below), etc. Published sources include accounts of expeditions, whose authors (e.g., Johan Adrian Jacobsen, Karl von den Steinen, Adolf Friedrich zu Mecklenburg) specify how they collected ethnographic objects.

Soon after the project had started a problem arose with regard to accessibility of the documents in the Ethnological Museum Berlin: The museum's archives closed due to contamination, and remained closed for the duration of the Hildesheim project. Nor was it possible to access the microfilms on which many documents of the archives are available. This meant that the project had to be continued without access to the most prolific collection of documents related to objects from the Royal Museum of Ethnology. The researchers decided to consult other archives and to use published sources such as the travel accounts mentioned above; in addition, special emphasis was placed on collectors' biographies which can be compiled without using archival material of the Ethnological Museum Berlin. The results presented in this publication are, therefore, preliminary. It is planned to resume research and to complete the study at a later point in time.

For the time being, provenance research at the Roemer- und Pelizaeus-Museum is being continued in the context of the joint project "Provenance Research in Non-European Collections and Ethnography in Lower Saxony" (PAESE), which is funded by the Volkswagen Foundation. The focus of the Hildesheim subproject is on the collectors' networks of museum co-founder Hermann Roemer, as well as on selected ethnographic collections from Oceania (Museum Godeffroy, Hamburg), Namibia (Carl Hoepfner collection), and Indonesia/the Dutch East Indies (Hermann Muhlert collection).

The Royal Museum of Ethnology in Berlin and its "Doublets"

The establishment of the German colonies from 1884 onward first in Africa (Togo, Cameroon, German Southwest Africa, German East Africa), then in Oceania (German New Guinea and Micronesia, German Samoa) and China (Kiauchou) led to an immense increase in the holdings of the Royal Museum of Ethnology in Berlin. In 1889 and 1896, the Federal Council of the German Empire issued two decisions according to which all ethnographic and natural history collections compiled not only by colonial staff but also by expeditions dispatched to the colonies were to be sent to Berlin. Members of the colonial protection force ("Schutztruppen") were encouraged to collect ethnographic objects by the first director of the Royal Museum of Ethnology, Adolf Bastian (1826–1905), and by Felix von Luschan (1854–1924) who worked at the museum, where he was mainly in charge of the Africa department, from 1885 until 1910. Von Luschan even wrote a "Manual for Ethnographic Observations and Collecting in Africa and Oceania", of which several editions were published from 1899 onward and which was distributed to members of the "Schutztruppen" in the colonies.

Ethnographic objects came in from the German colonies in huge numbers. While the Berlin museum kept most of them, some classes of objects were represented by so many specimens that it was decided to distribute surplus objects – so-called "doublets" ("Dubletten") – to museums and other institutions with ethnographic collections in the German Empire.[2] In some cases this was done by sale; in others, objects (as well as natural history specimens) were given away for free. This was done, for example, by means of the "Verzeichnisse der abgebbaren Dubletten der aus den Deutschen Schutzgebieten eingegangenen wissenschaftlichen Sendungen" ("Catalogues of available doublets from the scientific collections sent from the German Protectorates"), which were printed and distributed from 1889 until 1903 and may be best characterized as being mail-order catalogues featuring ethnographic and natural history doublets. Museums and other institutions throughout the German Empire could order doublets and got them for free; the only costs incurred were for packaging and shipping. One of those who ordered from these catalogues was Achilles Andreae, who was director of the Roemer-Museum from 1894 until his death in 1905. However, the Hildesheim museum also acquired doublets from Berlin by means of exchange and purchase.

The Role of Edgar Walden (1876–1914), an Ethnologist from Berlin

When director Achilles Andreae died in 1905, a successor was quickly found: geologist Rudolf Hauthal. However, Hauthal, who at the time was employed at the museum and university of La Plata (Argentina), was just about to embark on a long–planned expedition to the Andes that would take until mid-1906. An interim director was thus needed, and the choice – upon recommendation of none less than Ferdinand von Richthofen, the famous Asian explorer – fell on 28-year old Edgar Walden who was trained in Geography, Geology, Philology, and History and employed at the Royal Museum of Ethnology as a "scientific assistant". As soon as Walden had taken up his post in Hildesheim, he set to work to enlarge the ethnographic collection of the Roemer-Museum, using – among other things – his connections to the Berlin museum and his knowledge of its collections. That way, he provided the Roemer-Museum with a considerable number of doublets from Asia and Africa. In 1907 he left Germany for what was then German New Guinea as a member of the "German Navy Expedition". After his return in 1910 he became again employed at the Royal Museum of Ethnology but also continued his work as curator of the ethnographic collection in Hildesheim. Provided with financial funding by Rudolph Hauthal, Walden continued to purchase doublets in Berlin, including a substantial collection of objects from West Africa (1913) and objects from Asia.

When World War I broke out, Edgar Walden became a war volunteer. He fell in battle near Cernay, Alsace, in December 1914. It is striking that no more objects came to Hildesheim from the Royal Museum of Ethnology after his death.

The Objects and Collectors

The following objects came from the Royal Museum of Ethnology to the Roemer-Museum between 1883 and 1914: 50 objects from North America; 22 objects from South America; 151 objects from India and Indonesia; 193 objects from Africa; and 4 objects from Oceania – that is, a total of 420 objects. Some were gifts whereas others were given in exchange for objects from the Roemer-Museum, or bought by the latter.

The items from the Royal Museum of Ethnology at the Roemer-Museum do not include any human remains dug up or otherwise collected by Europeans for purposes of "studies of race" in physical anthropology. The only human bones are two skulls attached to a large drum made by the Ewe of Anfeu in the northern part of the German colony of Togo and collected by Julius Smend, an officer in the colonial forces, in the early 20th century (on Smend and the drum see below). The skulls were fastened to the drum by the Ewe; the use of such drums, decorated with the skulls of slain enemies, in royal parades has been described by traveller Heinrich Klose (1899).

In some cases the names of the collectors mentioned either in the inventory books of the Roemer-Museum or in other sources. A list of these 30 collectors is found in Fig. 5 of the present book (above at the beginning of the chapter "Die Objekte und Sammler"). In cases where the names of collectors could not be established, any further provenance research is basically impossible. However, some of the objects collected by these as yet nameless collectors bear inventory numbers, or rather "doublet numbers", of the Royal Museum of Ethnology, so further research in documents at the Berlin museum may reveal the identity of at least some of these collectors.

North America

The only objects from North America that came to Hildesheim from Berlin are from the Johan Adrian Jacobsen collection. Provided with very generous funding by the "Ethnologisches Hilfskomitee für die Vermehrung der ethnologischen Sammlungen der Königlichen Museen in Berlin" ("Ethnological Support Comittee for the Enlargement of the Ethnological Collections of the Royal Museums in Berlin"), he embarked on an expedition to the Northwest Coast of the U.S. and to Alaska in 1881. In 1883, he returned to Berlin with about 7.000 ethnographic objects, including about 4.000 from Alaska. 50 of the latter were sent to the Roemer-Museum, probably soon after Jacobsen's return. According to the inventory book, this transaction was an "exchange", but we do not know what the Roemer-Museum gave in exchange for the Jacobsen objects.

As far as the circumstances of acquisition are concerned, Jacobsen notes in his travel account (Jacobsen 1884, 1924, 1977a)[3] that prior to departing for the interior of Alaska he supplied himself with trade goods coveted by the indigenous population: white and coloured cotton cloth, gunpowder, lead and primers, tobacco, matches, needles, knives, and beads. These he traded for ethnographic objects. Whenever he set up camp in a village, he dispatched messengers to neighbouring villages to announce that a European had arrived who wished to acquire ethnographic objects for the Berlin museum. Soon his quarters began to fill with people carrying all kinds of items which they bartered for the goods brought along by Jacobsen.

The 50 objects in Hildesheim are mainly from the Yup'ik, and an excellent representation not only of everyday life (women's and men's knives, scrapers for cleansing hides, and other utensils). By including various hunting implements, they also illustrate food gathering on land and at sea. Even religious life is represented by four face masks and one pair of the small "finger masks" used by women. While such masks were charged with spiritual power when worn in the winter ceremonies of the Yup'ik, they lost that power afterwards and were usually discarded or even destroyed, and new masks were made for the next cycle of ceremonies. There was apparently no problem selling such discarded masks to non–indigenous visitors; Jacobsen mentions that one of his indigenous guides sold him "several good dance masks he owned" (Jacobsen 1924: 145).

South America

South America is represented by 22 objects from the collection compiled by Karl von den Steinen on his second Xingú expedition 1887/1888. They are from various ethnic groups along the Río Kulisehu in Brazil, as well as from the Bororó, and came to Hildesheim in 1889 in exchange for a "gold ring", about which no further information could be found, from the collection of the Roemer-Museum.

Like Johan Adrian Jacobsen, Karl von den Steinen published an account of his expedition in which he, too, specifies the circumstances under which the objects were acquired. From Germany the expedition brought along knives, axes, scissors, "cow chains for the chiefs to adorn themselves", 75 kg beads, shirts, handkerchiefs, mirrors, mouth–organs, whistles, and other goods. These were bartered for ethnographic objects. Particularly the iron axes, being convenient tools to clear the woodland for horticulture, were much coveted by the indigenous men, while the women preferred beads and other items of adornment. In return, von den Steinen got not only items of everyday use but also dance masks and bark-fibre costumes worn at ceremonies.

From a modern perspective, an exchange of an elaborate feather headdress or dance costume for an iron knife may seem an unfair deal. In the 1880s, however, it was much easier for people in Amazonia to use the still abundant birds of the rain forest to make new feather costumes than to acquire iron tools. We may thus assume that both parties were pleased with such deals.

Asia

In 1905, Edgar Walden arranged an exchange of objects from the Roemer-Museum in return for 131 objects from the Royal Museum of Ethnology. The majority of the latter objects were from various parts of India, a few from what is today Indonesia. From the Roemer-Museum, the Royal Museum of Ethnology got one original carved figure from the Minahasa region in Sulawesi, as well as casts of three more such figures. They had been collected by Dr. med. Hermann Muhlert (1816–1870), a native of Hildesheim who had become an army doctor in Dutch service in the Dutch East Indies around 1840. He was first stationed in Surabaya (Java), then, from 1855 onward, in Menado (Sulawesi/Celebes). When he retired and returned to Hildesheim in the early 1860s, he donated a collection of ethnographic objects to what was then the Städtisches Museum, including the figures coveted by the Berlin museum.

Basically nothing is known about the collectors of these 131 objects from Berlin. However, in the Hildesheim City Archives exists a list of these objects, each with a "doublet number" of the Royal Museum of Ethnology. Further research on the collectors' identities may thus be using archival material of the Ethnologisches Museum. Some of the objects from India have identical paste–on labels, one of them imprinted with "Expedition Riebeck". It is thus likely that the collector was Emil Riebeck (1853–1885).

As to additional doublets from Asia that came to Hildesheim after that 1905 transaction, there is also complete lack of information on the collectors, with one exception: two bows from the Mentawai Islands near Sumatra. They were collected by Alfred Maass (1863–1946) who visited these islands in 1897 and subsequently published an account of his expedition (Maas 1902). Like Jacobsen and von den Steinen, Maass was well equipped with goods to be used for bartering: cloth of various colours, brass thread in different strengths (for making needles and bracelets), tin mirrors, bells, shirt–like jackets, trousers, iron tools and lance points, glass beads, matches, candles, motile toys ("elephants walking"), spectacles, mouth–organs, balls of yarn, stoneware soup tureens, and Chinese gongs (Maass 1902: 156). He also describes the bows, called rau–rau, used mainly for hunting in the Mentawai Islands. We can assume that he got these, like all ethnographic objects he collected, in return for some of the goods he had brought along with him.

Africa

As to the objects from the German colonies in Africa, 23 collectors could be identified. The majority of objects were ordered by director Achilles Andreae from the above mentioned "Catalogues of available doublets from the scientific collections sent from the German Protectorates". Due to the limited time frame of the project it turned out to be impossible to conduct thorough research on all collectors and on the circumstances under which they acquired ethnographic objects. Another impediment in research was the inaccessibility of archival material of the Ethnographic Museum Berlin. Nevertheless, biographical sketches, some of them quite detailed, were compiled of a number of collectors.

In the following, the results of the provenance research on the objects from Africa will be summarized by way of representative examples.

In some cases the circumstances of acquisition are obvious. This applies, for example, to 30 objects that were "booty" from the Maji-Maji War (1905–1907) in Tanzania. The "war booty", mainly consisting of weapons, was first collected in a storehouse in Dar es Salaam. Part of it was then sent to the Royal Museum of Ethnology. Felix von Luschan was disappointed with the weapons because they did not come up to his idea of ethnographic "authenticity". Without further ado he ordered most of the objects to be burned. The remainder was distributed for free among museums and other institutions throughout the German Empire. The Roemer-Museum got its "share" in 1913; the transaction had been arranged by Edgar Walden.

A connection to acts of war also suggests itself in the case of objects sent from Togo to Berlin by Valentin von Massow, Gaston Thierry, and Dr. Hermann Kersting. From the mid-1890s onward, the three men were in charge of "pacifying" northern Togo, and there is a striking proximity of time between battles and the arrival of objects at the Royal Museum of Ethnology Berlin. The online database of the Ethnologisches Museum Berlin (http://www.smb-digital.de/eMuseumPlus) contains an entry according to which von Massow in 1899" reported on a collection largely consisting of war booty“, "gathered in Kabure at the same time as the Kersting collection“. Objects collected by von Massow – four bows and six quivers with poisoned arrows from the Kabure or Bassari – were given the Roemer-Museum by his mother after his death, in a transaction arranged by the Berlin museum. In 1898 von Massow had undertaken a military expedition against the Kabure (Kabiye), and he notes in his diary that "the war booty, consisting of weapons and curios, was abundant“ (Massow 2014: 541). It is possible that his "booty“ included the weapons that eventually ended up in the Roemer-Museum.

As to the object from Thierry – five carnelian beads from northern Togo, strung on a piece of cotton thread –, which was ordered by director Andreae from the "Sixth Catalogue of available doublets from the scientific collections sent from the German Protectorates“ (1903), it is difficult to make any statement on its acquisition. While it is possible that Thierry seized the beads on a military expedition, it is just as possible that he acquired them by means of barter. In 1899, he sent a large collection of objects from Togo to the Royal Museum of Ethnology in Berlin. The archives of the Ethnological Museum Berlin have numerous documents related to Thierry and his collection(s). Further research into these documents may give clues on the manner in which he acquired the beads.

The same applies to objects collected by Hermann Kersting; from the "Catalogues of available doublets“ director Andreae ordered a "lance-like iron implement used in the big dance feast before the rainfalls begin“ from East Kabure/Lama (1899 catalogue, sent to Berlin by Kersting as part of a larger collection in 1898) as well as a "woven cover for the penis“ (Tamberma) and several stone-axe heads (1901 catalogue) from various parts of northern Togo. There is, again, proximity of time between military expeditions undertaken by Kersting and the arrival of collections in Berlin. Nevertheless, it is known that he – like von Massow and Thierry – also purchased ethnographic objects. As in the case of Thierry, further research on documents in the archives of the Ethnological Museum Berlin is needed to shed light on the circumstances of acquisition.

Another object that is very likely "war booty“ is a Benin commemorative bronze head of a ruler that came to Hildesheim from Berlin in 1913. Like many other transactions, this, too, had been arranged by Edgar Walden. The Roemer-Museum paid 450 Reichsmark for the head – a large sum at the time. The Royal Museum of Ethnology, in turn, had acquired a considerable collection of Benin bronzes, including the head in question, via the international art trade.

Proximity of time between military operations and shipping of objects to Berlin suggests "war booty" in other cases as well, but solid evidence is lacking due to the inaccessibility of possibly relevant documents in the archives of the Ethnological Museum in 2017/18. Examples include:

- A knitted "fetish" dress and cap from the Ngolo in Cameroon, collected by Franz Karl Guse and ordered by director Andreae from the 1901 "Catalogue of available doublets". It is difficult to say whether the Ngolo would have given such a dress – which was worn in certain rituals – to Guse out of their own will. Gustav Conrau, a German colonial agent who sent a similar dress of the Bangwa to the Royal Museum of Ethnology, mentions that he had received it from a chief in an exchange of gifts. However, in the case of the "fetish" dress and cap collected by Guse it is interesting to note that he had led military operations against the Ngolo (and Bakundu) in the Cross River region in 1901.
- A crossbow (Bule, Cameroon) collected by Gustav Adolf Wilhelm Laasch, ordered by director Andreae from the 1903 "Catalogue of available doublets". In 1900, Laasch became head of the Ebolowa station which was situated in the territory of the Bule, with whom Laasch and his troops were involved in several armed conflicts. As to the Bule's weapons, he mentions rifles, arrows, and spears but no crossbows. Still, it is possible that crossbows – of which he sent two to the Royal Museum of Ethnology, together with a warrior's feather headdress and a harp – were among "booty" seized by Laasch and his men in the Bule villages. It may be worth mentioning that he also sent two complete Bule skeletons to the Royal Museum of Ethnology in 1902. Nevertheless, it is possible that he acquired the crossbows in some regular way outside armed encounters.
- Two "rattling anklets or bracelets" (Ngolo, Cameroon, Rio del Rey) collected by Oltwig von Kamptz, sent by him to Berlin in 1897, and ordered by director Andreae from the 1899 "Catalogue of available doublets". Von Kamptz had conducted military expeditions against the Ekoi and Ngolo in the Rio del Rey region in 1897.
- A "headdress made of black feathers, Wambungwa", collected by Eduard von Liebert and sent to Berlin in 1898. The headdress was ordered by Achilles Andreae from the 1901 "Catalogue of available doublets". From 1897 until 1901, Liebert was governor of German East Africa. From July until September 1897 he actively took part in a military operation against the Hehe, which lasted from February 1897 until July 1898. Ac-

cording to the inventory book of the Roemer-Museum, Wambungwa was situated south of Uhehe, the region inhabited by the Hehe people. Due to the proximity of time between the armed conflict and the time Liebert sent this and other objects to Berlin, it is possible that they were collected in the course of the Hehe war.
- A "war drum with skulls" from the Ewe people of Anfeu, Togo, collected by Julius Smend, a member of the "police troop", prior to 1903 when the drum was offered in the sixth "Catalogue of available doublets" and ordered by director Andreae. Smend had led a military expedition against Anfeu in 1900. On the other hand, he became active as an early ethnomusicologist, encouraged and instructed by Felix von Luschan. However, there is evidence of that activity only from 1904 onward when Smend collected musical instruments and made wax–cylinder recordings in northern Togo for the Royal Museum of Ethnology. Nevertheless, it is possible that his interest in music predated his official ethnomusicological work; he came from a pastor's family in which home concerts were cherished. While the drum may be "booty" from Smend's military operations in 1900, he may as well have acquired it by non–violent means. Among the Ewe such drums, adorned with skulls of slain enemies, were used in royal processions.

However, there are also cases in which it can be assumed that objects were acquired in non–violent ways. Objects from the Adolf Friedrich von Mecklenburg collection are an example. For the symbolic price of one Reichsmark, the Roemer-Museum bought 26 objects collected by the Duke on his "German Expedition to Central Africa" in 1907/08. Most of these objects are items of everyday use; there are also some weapons, but given the nature of the expedition it is unlikely that they were collected in the context of any military conflict. Once more, the transaction, which took place in 1912, had been arranged by Edgar Walden. Like Jacobsen and von den Steinen, Adolf Friedrich zu Mecklenburg published a detailed account of his expedition (Mecklenburg 1909) which had been generously funded both by individuals and institutions including the Royal Museum of Ethnology Berlin. And like Jacobsen and von den Steinen, the Duke's expedition was well supplied with goods to be used for bartering. There were huge loads of various kinds of cloth, woollen blankets, beads, wire, caps, knives, and mirrors, which had been purchased by one of the members of the expedition, Lieutenant von Wiese, in Entebbe, Uganda. While members of the expedition illicitly "helped themselves" with regard to procuring the human remains that were so much coveted by Felix von Luschan, Mecklenburg's report as well as other documents suggest that this was not the case with ethnographic objects, which were acquired in exchange for the goods mentioned above.

Another such case is a decorative comb worn by Wayao (Yao) women, collected "in the hinterland of Lindi" in German East Africa by "chief customs officer" Bernhard Carl Ewerbeck. He had sent the comb as well as other items of women's and girls' personal adornment to Berlin in 1898. The comb was then ordered by director Andreae from the 1899 "Catalogue of available doublets". The Yao had surrendered to the German colonial troops in the early 1890s. There is no evidence of any armed conflict at the time Ewerbeck collected the objects. It is very likely that he purchased them or acquired them by way of barter.

The same possibly applies to ethnographic objects sent to Berlin by Georg August Zenker. A gardener by profession, he was head of the Yaounde research station in Cameroon from 1889 until 1895 when Yaounde became transformed into a military station under the command of Hans Dominik. In 1896, Zenker settled as a planter in Bipindi where he lived until his death in 1922. Zenker is said to have placed importance on peaceful interaction with the indigenous population, based on compromise rather than confrontation. This approach included a network with local rulers and polygynous relationships with women of the local elite. Given these circumstances, it seems unlikely that Zenker acquired ethnographic objects by force. As a collector, his main interest was in natural history, as becomes apparent from documents in the German Federal Archives. In 1894, he sent twelve crates with plants and prepped animals to Berlin. Beginning in 1897 he repeatedly sent ethnographic objects as well. One of these, offered in the 1897 "Catalogue of available doublets" and ordered by director Andreae, was a "cuff made of animal fur" from Yaounde.

As has been mentioned above, there is as yet no clue to the circumstances of acquisition with regard to other collections and collectors. If the name of a collector is mentioned neither in the inventory book of the Roemer-Museum nor in other documents, provenance research is impossible. While information on some collections may be slumbering in the archives of the Ethnological Museum Berlin (or elsewhere), it is also possible that no documents whatsoever have survived on others.

Oceania

Only four objects from Oceania came to Hildesheim from Berlin. They had been collected by a lieutenant commander named Schack (a mussel–shell knife from the St. Matthias Islands) and Landeshauptmann Schmiele (a spear and two necklaces from New Guinea), and were ordered by director Andreae from the 1900 and 1901 "Catalogues", respectively. Not much could as yet be established about the circumstances under which these objects were collected.

1 http://www.rpmuseum.de/ausstellungen/archiv/den-sammlern-auf-der-spur.html (last accessed 08.09.2020).

2 For a description and discussion of the doublets policy of the Royal Museum of Ethnology see Hoffmann 2012.

3 References are only occasionally given in this summary, e. g., in the case of quotes. For detailed references see the German text.

Anhang

Verzeichnis der Tabellen und Abbildungen

Abbildung 16: Julius Smend. Datum der Aufnahme unbekannt (aus Strehlau 1978, ohne Seitenzahl). Abdruck mit freundlicher Genehmigung des Verlages C. A. Starke.

Abbildung 17: Kriegstrommel mit Schädeln, Westafrika, Togo, Ewe, Sammler: Julius Smend, Inv.-Nr. V 1.856. © RPM, Foto: Sh. Shalchi

Abbildung 18: Karneol-Perlen, Westafrika, Nord-Togo, Sammler: Gaston Thierry, Inv.-Nr. V 2.340 a.–d. © RPM, Foto: Sh. Shalchi

Abbildung 19: Armbrust, Westafrika, Kamerun, Bule, Sammler: Gustav Adolf Wilhelm Laasch, Inv.-Nr. V 1.703. © RPM, Foto: Sh. Shalchi

Abbildung 20: Gustav Adolf Wilhelm Laasch (aus Laasch 1905: 106)

Abbildung 21: Pfeifenkopf, Westafrika, Kamerun, Bali, Sammler: Eugen Zintgraff. Inv.-Nr. V 1.709. © RPM, Foto: Sh. Shalchi

Abbildung 22: Gedenkkopf, Westafrika, Nigeria, Königreich Benin, Sammler: unbekannt, Inv.-Nr. V 6.334. © RPM, Foto: Sh. Shalchi

Abbildung 23: Wassy Langheld, Datum der Aufnahme unbekannt (SMB-PK, EM, ohne Signatur)

Abbildung 24: Wassy Langheld mit dem „Häuptling von Essik" (sitzend) und einem zweiten, nicht benannten Mann, Aufnahmedatum unbekannt (SMB-PK, EM, ohne Signatur)

Abbildung 25: Ledergürtel mit Kaurischnecken, Zentralafrika, Zaire (heute: DR Kongo), Bakondjo, Sammler: Adolf Friedrich Herzog zu Mecklenburg, Inv.-Nr. V 5.939. © RPM, Foto: Sh. Shalchi

Abbildung 26: Köcher, Ostafrika, Tansania. „Kriegsbeute" aus dem Maji-Maji-Krieg, Sammler: unbekannt, Inv.-Nr. V 6.127. © RPM, Foto: Sh. Shalchi

Abbildung 27: Bogen, Ostafrika, Tansania. „Kriegsbeute" aus dem Maji-Maji-Krieg, Sammler: unbekannt, Inv.-Nr. V 6.126. © RPM, Foto: Sh. Shalchi

Abbildung 28: Afrika-Saal des Roemer-Museums um 1903, rechts im Bild an der Wand sind einige der Stuhlmannschen Abformungen zu sehen. Foto von F. K. Boedeker. (Reproduktion aus SAHI, Best. 797-2, Nr. 3, S. 10)

Abbildung 29: anthropomorphe Maske, Westafrika, Kamerun, Grasland, Sammler: Hans Glauning, Inv.-Nr. V 5.964. © RPM, Foto: Sh. Shalchi

Abbildung 30: Aufsatzmaske „Büffel", Westafrika, Kamerun, Grasland, Sammler: bislang unbekannt, Inv.-Nr. V5.965. © RPM, Foto: Sh. Shalchi

Abbildung 31: Stuhl, Westafrika, Kamerun, Grasland, Sammler: bislang unbekannt, Inv.-Nr. 5.967. © RPM, Foto: Sh. Shalchi

Abbildung 32: Schreiben Direktor Achilles Andreae vom 30.01.1902 mit seinen Wünschen aus dem *5. Verzeichnis der abgebbaren Dubletten der aus den deutschen Schutzgebieten eingegangenen wissenschaftlichen Sendungen* 1901 (SMB-PK, EM, „Acta betreffend Kolonial-Dubletten", Vol. 1, Pars I B. 47, E 135/1902)

Abbildung 33: Liste der 1902 gemäß den Wünschen Direktor Andreaes nach Hildesheim versandten Dubletten (SMB-PK, EM, „Acta betreffend Kolonial-Dubletten", Vol. 1, Pars I B. 47, E 135/1902)

Literaturverzeichnis

Abonnenc, Mathieu K.; Arndt, Lotte; Lozano, Catalina (2016): Introduction. In: Mathieu K. Abonnenc, Lotte Arndt, Catalina Lozano, Mathieu Kleyebe Abonnenc, Julien Bondaz und Candice Lin (Hg.): *Collecte coloniale et affect. Ramper, dédoubler. Collecte coloniale et affect/ Crawling doubles. Colonial Collecting and Affect.* Paris: Éditions B42, S. 6–21.

Adili, Essosimna Tomfei Marie-Josée (o. J.): *Documentation sur le statut des métis de pères llemands au Togo entre 1905 et 1914. Présentation de documents allemands avec traductions ou résumés en français.* Online verfügbar unter http://www.memoireonline.com/02/13/7061/m_Documentation-sur-le-statut-des-metis-de-peres-Allemands-au-Togo-entre-1905-et-1914-Presentation8.html (letzter Zugriff am 08.09.2020).

Alphei, Cord (1998): Der Hildesheimer Museumsverein 1844–1911. In: Rudolf W. Keck und Veronica Albrink (Hg.): *Gesammelte Welten. Das Erbe der Brüder Roemer und die Museumskultur in Hildesheim (1844 – 1994).* 1. Aufl. Hildesheim: Gerstenberg, S. 417–448.

Andratschke, Claudia (2016): Provenienzforschung in ethnografischen Sammlungen. In: Alexis von Poser und Bianca Baumann (Hg.): *Heikles Erbe. Koloniale Spuren bis in die Gegenwart. Koloniale Spuren bis in die Gegenwart.* Eine Ausstellung des Niedersächsischen Landesmuseums Hannover, 30. September 2016 bis 26. Februar 2017. Dresden: Sandstein Verlag, S. 304–309.

Anonym (1856): Geographische Notizen. In: *Mittheilungen aus Justus Perthes' geographischer Anstalt über wichtige neue Erforschungen auf dem Gesammtgebiete der Geographie von Dr. A. Petermann*, S. 299–307.

Anonym (1866): *Nachrichten von der Kgl. Gesellschaft der Wissenschaften und der Georg-Augusts-Universität aus dem Jahre 1865.* Göttingen: Dieterich'sche Universitäts-Buchdruckerei.

Anonym (1893): Politische Nachrichten. In: *Berliner Börsenzeitung*, 03.10.1893.

Anonym (1898): Ohne Titel (über Agriperlen in Afrika). Rubtik: Aus allen Erdteilen. In: *Globus: Illustrierte Zeitschrift für Länder- und Völkerkunde* (74), S. 52.

Anonym (1899): Compagnie Sud-Kamerun. In: *Mouvement géographique* (16 (12)), S. 141.

Anonym (1902): *Bericht über das Zoologische Museum zu Berlin im Rechnungsjahr 1901.* Halle/Saale: Buchdruckerei des Waisenhauses.

Anonym (1906): Jahresbericht des Roemer-Museums. In: *Hildesheimer Zeitung* 1906, 22.12.1906, S. 7.

Anonym (1924): Zur Einführung. In: Johan Adrian Jacobsen (Hg.): *Unter den Alaska-Eskimos: Erlebnisse und Forschungen.* Berlin: Ullstein (Wege zum Wissen), S. 7–8.

Ballhaus, Johanna (1968): Die Landkonzessionsgesellschaften. In: Helmuth Stoecker (Hg.): *Kamerun unter deutscher Kolonialherrschaft. Studien.* Berlin: Rütten & Loening (2), S. 99–180.

Barbier, Jean-Claude; Klein, Bernard (1995*): Sokodé, ville multicentrée du Nord-Togo.* Paris: Éd. de l'ORSTOM (Petit atlas urbain).

Barros, Philip de (2011): *The Bassar Chiefdom in the Context of Theories of Political Economy.* Online verfügbar unter http://www2.palomar.edu/users/pdebarros/FINAL%20AIX%20BAR%20 PUBLICATION.pdf (letzter Zugriff am 08.09.2020).

Bastian, Adolf (1895): *Ethnische Elementargedanken in der Lehre vom Menschen.* Berlin: Weidmann'sche Buchhandlung.

Baumann, Karl; Klein, Dieter; Apitzsch, Wolfgang (2002): *Biographisches Handbuch Deutsch-Neuguinea 1882–1922: Kurzlebensläufe ehemaliger Kolonisten, Forscher, Missionare und Reisender.* 2. Aufl. Berlin: Lange.

Becker, Felicitas; Beez, Jigal (Hg.) (2005): *Der Maji-Maji-Krieg in Deutsch-Ostafrika, 1905–1907.* 1. Aufl. Berlin: Links (Schlaglichter der Kolonialgeschichte).

Becker, Felizitas (2005): Von der Feldschlacht zum Guerillakrieg: Der Verlauf des Krieges und seine Schauplätze. In: Felicitas Becker und Jigal Beez (Hg.): *Der Maji-Maji-Krieg in Deutsch-Ostafrika, 1905–1907.* 1. Aufl. Berlin: Links (Schlaglichter der Kolonialgeschichte), S. 74–86.

Becker, Felicitas; Beetz, Jigal (2005): Vorwort: Ein nahezu vergessener Krieg. In: Felicitas Becker und Jigal Beez (Hg.): *Der Maji-Maji-Krieg in Deutsch-Ostafrika, 1905–1907.* 1. Aufl. Berlin: Links (Schlaglichter der Kolonialgeschichte), S. 11–13.

Beez, Jigal (2005): Mit Wasser gegen Gewehre: die Maji-Maji-Botschaft des Propheten Kinjikitile. In: Felicitas Becker und Jigal Beez (Hg.): *Der Maji-Maji-Krieg in Deutsch-Ostafrika, 1905–1907.* 1. Aufl. Berlin: Links (Schlaglichter der Kolonialgeschichte), S. 61–73.

Beolens, Bo; Grayson, Michael; Watkins, Michael (2011): *The Eponym Dictionary of Reptiles.* Baltimore: Johns Hopkins University Press (Basics fashion management, 01).

Berlin Postkolonial (o. J.): *„Kriegsbeute" – „Schädel" – „Skelette" – „Anthropologica" aus Kamerun, Togo, Tansania, Ruanda, Namibia, Südafrika.* Hg. v. Berlin Postkolonial e. V. Online verfügbar unter http://www.africavenir.org/fileadmin/downloads/press/Dossier_Kriegsbeute_Anthropologica_SPK.pdf (letzter Zugriff am 08.09.2020).

BerVerNaKu (1860): *Bericht des Vereins für Kunde der Natur und der Kunst im Fürstenthum Hildesheim und in der Stadt Goslar vom 1. August 1854 bis dahin 1860.* Hildesheim: Gerstenberg.

BerVerNaKu (1864): *Bericht des Vereins für Kunde der Natur und der Kunst im Fürstenthum Hildesheim und in der Stadt Goslar vom 1. August 1860 bis dahin 1864.* Hildesheim: Gerstenberg.

BerVerNaKu (1871): *Bericht des Vereins für Kunde der Natur und der Kunst im Fürstenthum Hildesheim und in der Stadt Goslar vom 1. Januar 1869 bis 1. Januar 1871.* Hildesheim: Gerstenberg.

BerVerNaKu (1874): *Bericht des Vereins für Kunde der Natur und der Kunst im Fürstenthum Hildesheim und in der Stadt Goslar vom 1. Januar 1871 bis 1. Januar 1874.* Hildesheim: Gerstenberg.

BerVerNaKu (1880): *Bericht des Vereins für Kunde der Natur und der Kunst im Fürstenthum Hildesheim und in der Stadt Goslar vom 1. Januar 1877 bis 1. Januar 1880.* Hildesheim: Gerstenberg.

BerVerNaKu (1883): *Bericht des Vereins für Kunde der Natur und der Kunst im Fürstenthum Hildesheim und in der Stadt Goslar vom 1. Januar 1880 bis 1. Januar 1883.* Hildesheim: Gerstenberg.

BerVerNaKu (1886): *Bericht des Vereins für Kunde der Natur und der Kunst im Fürstenthum Hildesheim und in der Stadt Goslar vom 1. Januar 1883 bis 1. Januar 1886.* Hildesheim: Gerstenberg.

BerVerNaKu (1896): *Bericht des Vereins für Kunde der Natur und der Kunst im Fürstenthum Hildesheim und in der Stadt Goslar (Museums-Verein) vom 1. Januar 1892 bis 31. Dezember 1895*. Hildesheim: Gerstenberg.

BerVerNaKu (1899): *Bericht des Vereins für Kunde der Natur und der Kunst im Fürstenthum Hildesheim und in der Stadt Goslar (Museums-Verein) vom 1. Januar 1896 bis 31. Dezember 1898*. Hildesheim: Gerstenberg.

BerVerNaKu (1902): *Bericht des Museumsvereins oder Vereins für Kunde der Natur und der Kunst im Fürstenthum Hildesheim und in der Stadt Goslar vom 1. Januar 1899 bis 31. Dezember 1901*. Hildesheim: Gerstenberg.

BerVerNaKu (1906): *Bericht des Vereins für Kunde der Natur und der Kunst im Fürstenthum Hildesheim und in der Stadt Goslar 1902–1906*. Hildesheim: Gerstenberg.

Boetzkes, Manfred (1998): Welten in Vitrinen. 150 Jahre Roemer-Museum. In: Rudolf W. Keck und Veronica Albrink (Hg.): Gesammelte *Welten. Das Erbe der Brüder Roemer und die Museumskultur in Hildesheim (1844–1994)*. 1. Aufl. Hildesheim: Gerstenberg, S. 465–508.

Bolz, Peter (1999): Entstehung und Geschichte der Berliner Nordamerika-Sammlung. In: Peter Bolz und Hans-Ulrich Sanner (Hg.): *Indianer Nordamerikas. Die Sammlungen des Ethnologischen Museums Berlin* [anläßlich der Ausstellung „Indianer Nordamerikas. Vom Mythos zur Moderne" im Ethnologischen Museum – Staatliche Museen zu Berlin, Eröffnung: 25. November 1999]. Berlin: G-+-H-Verlag, S. 23–49.

Bornhaupt, Christian von (1910): Die Reformen im Belgischen Kongo. In: Redaktionsausschuss (Hg.): *Verhandlungen des Deutschen Kolonialkongresses 1910 zu Berlin am 6., 7. und 8. Oktober 1910*. Berlin: Reimer, S. 442–470.

Bosch, W.; Fromm, P. A.; Muller, M. J. E.; Bleeker, P. (1846): *Natuur- und Geneeskundig Archief voor Neèrland's Indië*. Batavia: Ter Drukkerij van het Bataviaasch Genootschap.

Brandstetter, Anna-Maria; Hierholzer, Vera (Hg.) (2018): *Nicht nur Raubkunst! Sensible Dinge in Museen und universitären Sammlungen*. Göttingen: V&R unipress.

Buchner, Max (1914): *Aurora colonialis. Bruchstücke eines Tagebuchs aus dem ersten Beginn unserer Kolonialpolitik 1884/85*. München: Piloty & Loehle.

Buelens, Frans (2007): *Congo 1885–1860. Een financieel–economische Geschiedenis*. Berchem: Epo.

Bührer, Tanja (2011): *Die kaiserliche Schutztruppe für Deutsch-Ostafrika. Koloniale Sicherheitspolitik und transkulturelle Kriegführung 1885 bis 1918*. Zugl.: Bern, Univ., Diss., 2008. München: Oldenbourg (Beiträge zur Militärgeschichte, 70).

Buschmann, Rainer (2008): Anthropology's Global Histories: The Ethnographic Frontier in German New Guinea, 1870–1935. Honolulu: University of Hawai'i Press.

Conrad, Joseph (1901): *Youth. Heart of Darkness. The End of the Tether. Three Stories*. London: J.M. Dent & Sons.

Conradt, Leopold (1894): Tabellarische Übersicht der an den Negern des Adeli-Landes ausgeführten Aufnahmen. In: *Verhandlungen der Berliner Anthropologischen Gesellschaft, Zeitschrift für Ethnologie* (26), S. 164–186.

de Castro, Inés; Lembke, Katja; Menter, Ulrich (Hg.) (2008): *Paradiese der Südsee. Mythos und Wirklichkeit. Katalog zur Sonderausstellung.* [Begleitbuch zur Sonderausstellung im Roemer- und Pelizaeus-Museum Hildesheim, 11. Oktober 2008 – 7. Juni 2009]. Mainz: von Zabern.

Disselhoff, H.-Dietrich (1935): Bemerkungen zu einigen Eskimo-Masken der Sammlung Jacobsen des Berliner Museums für Völkerkunde. In: *Baessler-Archiv* 18 (3), S. 130–137.

Disselhoff, H.-Dietrich (1936): Bemerkungen zu Fingermasken der Beringmeer-Eskimo. In: *Baessler-Archiv* 19 (3–4), S. 181–187.

Döbel, Bernd (2014): *Verleihungsliste zur Kolonialdenkmünze für die Angehörigen der Schutz- und Polizeitruppen.* Online verfügbar unter http://www.deutsche-gesellschaft-fuer-ordens-kunde.de/DGOWP/wp-content/uploads/2014/02/Verleihungsliste_Kolonialdenkm%C3%BCnze-f%C3%BCr-die-Angeh%C3%B6rigen-der-Schutz.pdf (letzter Zugriff am 08.09.2020).

Dominik, Hans (1911): Kamerun. *Sechs Kriegs- und Friedensjahre in den deutschen Tropen.* Berlin: Stilke (2. Auflage).

Dorward, David (2001): Arthur London, Chief Agent of Swanzy and Co. A Biography of Imperial Commerce on the Gold Coast. In: *African Economic History* (29), S. 61–77.

Drüll, Dagmar (2019): *Heidelberger Gelehrtenlexikon*, 1803–1932. Wiesbaden: Springer. 2. Auflage.

East, John William (1987): *The German Administration in East Africa. A Select Annotated Bibliography of the German Colonial Administration in Tanganyika, Rwanda and Burundi, from 1884 to 1918.* Online verfügbar unter http://publikationen.ub.uni-frankfurt.de/frontdoor/index/index/year/2012/docId/27656 (letzter Zugriff am 08.09.2020).

Eisleb, Dieter (2001): Die Mäzene des Ethnologischen Museums Berlin. In: *Baessler-Archiv* (49), S. 95–138.

Ellermann, Karin (2010): *Philologen im Dienste des Weimarer Hofes: Max Morris – Hans Gerhard Gräf – Max Hecker.* Göttingen: Wallstein (Jahrbuch der Klassik-Stiftung Weimar), S. 182–196.

Erbar, Ralph (1991): *Ein „Platz an der Sonne"? Die Verwaltungs- und Wirtschaftsgeschichte der deutschen Kolonie Togo 1884–1914.* Zugl.: Mainz, Univ., Diss., 1991. Stuttgart: Steiner (Beiträge zur Kolonial- und Überseegeschichte, 51).

Ewans, Martin (2001): *European Atrocity, African Catastrophe. Leopold II, the Congo State and ist Aftermath.* Richmond: Curzon.

Ewerbeck, Gerhard (2011): Blick auf Brake damals. In: *Kirchengemeinde Brake. Informationen und Meinungen* (226), S. 61–62.

Fabian, Johannes (1983): *Time and the Other. How Anthropology Makes its Object.* New York: Columbia University Press.

Fabian, Johannes (1998): Curios and Curiosity. Notes on Reading Torday and Frobenius. In: Enid Schildkrout und Curtis A. Klein (Hg.): *The Scramble for Art in Central Africa.* Cambridge: Cambridge University Press, S. 79–108.

Feest, Christian (1986): Die Sammlung nordamerikanischer Ethnographica im Roemer-Museum. In: *Hildesheimer Heimatkalender*, S. 115–121.

Feest, Christian (2018): Historical Collections Research. Some Experiences from the Past Decades. In: Larissa Förster, Iris Edenheiser, Sarah Fründt und Heike Hartmann (Hg.): *Provenienzforschung zu ethnografischen Sammlungen der Kolonialzeit. Positionen in der aktuellen Debatte*. Ohne Ort: Arbeitsgruppe Museum der Deutschen Gesellschaft für Sozial- und Kulturanthropologie, S. 123–132.

Fienup-Riordan, Ann (1996): *The Living Tradition of Yup'Ik Masks. Agayuliyararput: Our Way of Making Prayer.* Seattle: University of Washington Press.

Fienup-Riordan, Ann (2005): *Ciuliamta akluit. Yup'ik Elders Explore the Jacobsen Collection at the Ethnologisches Museum Berlin*. Unter Mitarbeit von Marie Meade. Seattle [u.a.]: Univ. of Washington Press [u. a.].

Fies, Karl (1905): Der Hostamm in Deutsch-Togo. In: *Globus: Illustrierte Zeitschrift für Länder- und Völkerkunde* (87), 13–16, 72–78.

Fisch, Rudolf (1911): *Nord-Togo und seine westliche Nachbarschaft*. Basel: Verlag der Basler Missionsbuchhandlung.

Fitzner, Rudolf (2012): *Deutsches Kolonial-Handbuch*. Bremen: Dogma.

Förster, Larissa; Edenheiser, Iris; Fründt, Sarah; Hartmann, Heike (Hg.) (2018): *Provenienzforschung zu ethnografischen Sammlungen der Kolonialzeit. Positionen in der aktuellen Debatte.* Ohne Ort: Arbeitsgruppe Museum der Deutschen Gesellschaft für Sozial- und Kulturanthropologie. Online verfügbar unter https://edoc.hu-berlin.de/handle/18452/19769 (letzter Zugriff am 08.09.2020).

Franz, Gerhard (2010): Schule in Brake vor 50 Jahren. In: *Kirchengemeinde Brake: Informationen und Meinungen* (221), S. 27–29.

Freitas Branco, Jorge (2005): Eine Südseegeschichte. In: Katja Geisenhainer und Katharina Lange (Hg.): *Bewegliche Horizonte. Festschrift zum 60. Geburtstag von Bernhard Streck*. Leipzig: Leipziger Univ.-Verl, S. 329–350.

Frobenius, Leo (1901): *Aus den Flegeljahren der Menschheit*. Hannover: Gebrüder Jännecke.

Frobenius, Leo (1911): *Auf dem Wege nach Atlantis. Bericht über den Verlauf der zweiten Reise-Periode der D.I.A.F.E. in den Jahren 1908 bis 1910*. Berlin-Charlottenburg: Vita, Dt. Verl.-haus.

Frobenius, Leo (1924): *Volksdichtungen aus Oberguinea*. Jena: Diederichs.

Giblin, James; Monson, Jamie (Hg.) (2010): *Maji Maji. Lifting the Fog of War.* Leiden [u.a.]: Brill (African social studies series).

Göbel, V. W.; Stein, Helga (1998): Ferdinand Roemers Reise nach Nordamerika 1845–1847. In: Rudolf W. Keck und Veronica Albrink (Hg.): *Gesammelte Welten. Das Erbe der Brüder Roemer und die Museumskultur in Hildesheim (1844–1994)*. 1. Aufl. Hildesheim: Gerstenberg, S. 337–392.

Gosche, Richard (1857): Wissenschaftlicher Jahresbericht für das Jahr 1856. In: *Zeitschrift der Deutschen Morgenländischen Gesellschaft* 11 (2), S. 253–311.

Götzen, Gustav A. von (1909): *Deutsch-Ostafrika im Aufstand 1905/06*. Berlin: Reimer.

Grassi Museum für Völkerkunde (2014): *Vom Wissen der Objekte*. Ausstellung, 7. November 2014 bis 22. Februar 2015. Ethnologische Konstellationen. Leipzig: Universität Leipzig, Institut für Ethnologie.

Gründer, Horst (Hg.) (1999): *„...da und dort ein junges Deutschland gründen". Rassismus, Kolonien und kolonialer Gedanke vom 16. bis zum 20. Jahrhundert*. Orig.-Ausg. München: Deutscher Taschenbuch Verlag (dtv, 30713).

Gunther, Erna (1977): Translator's Preface. In: Johan Adrian Jacobsen: *Alaskan Voyage, 1881–1883. An Expedition to the Northwest Coast of America*. Unter Mitarbeit von Erna Gunther. Chicago/London: The University of Chicago Press, S. ix–xii.

Habermas, Rebekka (2017): *Skandal in Togo. Ein Kapitel deutscher Kolonialherrschaft*. Lizenzausgabe für die Bundeszentrale für politische Bildung. Bonn: Bundeszentrale für Politische Bildung (Schriftenreihe / Bundeszentrale für Politische Bildung, Band 10030).

Hafeneder, Rudolf (2008): *Deutsche Kolonialkartographie 1884–1919*. Online verfügbar unter https://athene-forschung.unibw.de/doc/86117/86117.pdf (letzter Zugriff am 08.09.2020).

Hahn, Hans-Peter (1995): Leo Frobenius' Reise durch Nord-Togo in den Jahren 1908/09: Ethnographische Dokumentation und koloniale Sichtweise. In: Peter Heine und Ulrich von der Heyden (Hg.): *Studien zur Geschichte des deutschen Kolonialismus in Afrika. Festschrift zum 60. Geburtstag von Peter Sebald*. Pfaffenweiler: Centaurus-Verl.-Ges, S. 259–279.

Hamann, Eva; Böker, Christiane (2016): *Auf deutschen Spuren in Togo*. Online unter http://www.pasch-net.de/de/mag/akt/a16/20808818.html (letzter Zugriff am 08.09.2020, Zugriff auf zitierten Beitrag nicht mehr möglich).

Harding, Leonhard (2010): *Das Königreich Benin. Geschichte – Kultur – Wirtschaft*. München: De Gruyter. Online verfügbar unter http://www.degruyter.com/search?f_0=isbnissn&q_0=9783486852981&searchTitles=true (letzter Zugriff am 08.09.2020).

Harms, Robert W. (1983): The World Abir Made. The Maringa-Lopori Basin, 1885–1903. In: *African Economic History* (12), S. 125–139.

Hartmann, Günther (1986): *Xingú. Unter Indianern in Zentral-Brasilien . Zur einhundertjährigen Wiederkehr der Erforschung des Rio Xingú durch Karl von den Steinen* [Katalog zur Sonderausstellung „Xingú – Unter Indianern in Zentral-Brasilien" vom 14. Mai – 31. August 1986]. Berlin: Reimer.

Herold, Heiko (2013): *Reichsgewalt bedeutet Seegewalt. Die Kreuzergeschwader der Kaiserlichen Marine als Instrument der deutschen Kolonial- und Weltpolitik 1885 bis 1901*. Zugl.: Universität Düsseldorf, Dissertationsschrift, 2010. München: De Gruyter Oldenbourg (Beiträge zur Militärgeschichte, 74).

Hesse-Wartegg, Ernst von (2013 [1902]): *Samoa*. Paderborn: Salzwasser Verlag.

Hita Garcia, Francisco; Fisher, Brian L. (2011): The Ant Genus Tetramorium Mayr (Hymenoptera: Formicidae) in the Malagasy Region. Introduction, Definition of Species Groups, and Revision of the T. bicarinatum, T. obesum, T. sericeiventre and T. tosii species groups. In: *Zootaxa* (3039), S. 1–72.

Hochschild, Adam (2012): *Schatten über dem Kongo. Die Geschichte eines der großen, fast vergessenen Menschheitsverbrechen*. 12. Aufl. Stuttgart: Klett-Cotta.

Hoffmann, Anette (2011): Glaubwürdige Inszenierungen. Die Produktion von Abformungen in der Polizeistation von Keetmanshoop im August 1931. In: Margit Berner, Anette Hoffmann und Britta Lange (Hg.): *Sensible Sammlungen. Aus dem anthropologischen Depot*. Hamburg: Philo Fine Arts (Ilinx-Kollaborationen, 210), S. 61–88.

Hoffmann, Beatrix (2012): *Das Museumsobjekt als Tausch- und Handelsgegenstand. Zum Bedeutungswandel musealer Objekte im Kontext der Veräußerungen aus dem Sammlungsbestand des Museums für Völkerkunde Berlin*. Zugl.: Berlin, Freie Univ., Diss., 2009. Berlin: Lit (Kulturwissenschaft, 33).

Hoffmann, Florian (2007): *Okkupation und Militärverwaltung in Kamerun : Etablierung und Institutionalisierung des kolonialen Gewaltmonopols 1891 – 1914. Teil II: Die kaiserliche Schutztruppe und ihr Offizierskorps*. 2 Bände. Göttingen: Cuvillier.

Hopkins, A. G. (1976): Imperial Business in Africa. Part II: Interpretations. In: *Journal of African History* (17 (2), S. 267–290.

Hopkins, A. G. (1987): Big Business in African Studies. In: *Journal of African History* (28 (1), S. 119–140.

Iliffe, John (1979): *A Modern History of Tanganyika*. Cambridge u.a.: Cambridge Univ. Press (African studies series, 25).

Ivanov, Paola; Weber-Sinn, Kristin (2018): Sammelwut und Gewalt: Objekte aus kolonialen Kriegen im Depot des Ethnologischen Museums, Berlin. In: Lili Reyels, Paola Ivanov und Kristin Weber-Sinn (Hg.): *Humboldt Lab Tanzania. Objekte aus kolonialen Kriegen im Ethnologischen Museum, Berlin. Deutsch–tansanische Perspektiven*. Berlin: Dietrich Reimer Verlag, S. 66–149.

Jacobsen, Johan Adrian (1884): *Capitain Jacobsen's Reise an der Nordwestküste Amerikas 1881–1883, zum Zwecke ethnologischer Sammlungen und Erkundigungen nebst Beschreibung persönlicher Erlebnisse*. Hg. v. Adrian Woldt. Leipzig: Spohr.

Jacobsen, Johan Adrian (Hg.) (1924): *Unter den Alaska-Eskimos. Erlebnisse und Forschungen*. Berlin: Ullstein (Wege zum Wissen).

Jacobsen, Johan Adrian (1977a): *Alaskan Voyage, 1881–1883. An Expedition to the Northwest Coast of America. Chicago London*: The Univ. of Chicago Press.

Jacobsen, Johan Adrian (1977b): Appendix: An Autobiography of Captain Johan Adrian Jacobsen. In: Johan Adrian Jacobsen: *Alaskan Voyage, 1881–1883. An Expedition to the Northwest Coast of America*. Unter Mitarbeit von Erna Gunther. Chicago London: The Univ. of Chicago Press, S. 215–223.

Jahresbericht des Roemer-Museums (1915): *Jahresbericht des Roemer-Museums für 1915*. Hildesheim: Kornackersche Druckerei.

JberVerNaKu (1845): *Erster Jahres-Bericht über den Verein für Kunde der Natur und der Kunst im Fürstenthum Hildesheim und in der Stadt Goslar*. Hildesheim.

JberVerNaKu (1849): *Vierter und fünfter Jahresbericht über die Schicksale des Vereins für Kunde der Natur und der Kunst im Fürstenthum Hildesheim und der Stadt Goslar*. Hildesheim.

Journal des Roemer-Museums (1897–1925): Journal des Roemer-Museums, angelegt Januar 1897. Hildesheim, Roemer- und Pelizaeus-Museum. Handschriftlich geführtes Journal.

Junack, Rudolf (1963): *Adolf Friedrich Herzog zu Mecklenburg. Leben und Wirken.* Hamburg: Krüger und Nienstedt.

Junker, Horst (2015): The Berliner Gesellschaft für Anthropologie, Ethnologie und Urgeschichte and its Photograph Collection. In: Michael Kraus und Manuela Fischer (Hg.): *Exploring the Archive. Historical Photography from Latin America. The Collection of the Ethnologisches Museum Berlin.* Köln/Wien: Böhlau Verlag.

K. K. Österr. Handels-Museum in Wien (1901): Österreichische Monatsschrift für den Orient. Wien: Verlag des K. K. Österr. Handels-Museums (27. Jahrgang).

Kaeselitz, Rudi (1968): Kolonialeroberung und Widerstandskampf in Südkamerun (1884–1907). In: Helmuth Stoecker (Hg.): *Kamerun unter deutscher Kolonialherrschaft. Studien.* Berlin: Rütten & Loening (2), S. 11–54.

Kalmár, Jenö (1913): *Tapasztalataim az egyenlitö Afrikaban.* O. O.

Kannenberg, Carl (1900): Reise durch die hamitischen Sprachgebiete um Kondoa. In: *Mittheilungen von Forschungsreisenden und Gelehrten aus den Deutschen Schutzgebieten.* Berlin: Ernst Siegfried Mittler und Sohn, S. 144–172.

Keck, Rudolf W. (1998): Der bildungs- und kulturgeschichtliche Hintergrund des Museumsgründers Hermann Roemer und seiner Brüder Ferdinand und Friedrich Adolph: Kindheit und Jugend zwischen Fortschrittsemphase und Historismus. In: Rudolf W. Keck und Veronica Albrink (Hg.): *Gesammelte Welten. Das Erbe der Brüder Roemer und die Museumskultur in Hildesheim (1844–1994).* 1. Aufl. Hildesheim: Gerstenberg, S. 77–102.

Klein-Arendt, Reinhard (2005): Ein Land wird gewaltsam in Besitz genommen: Die Kolonie Deutsch-Ostafrika. In: Felicitas Becker und Jigal Beez (Hg.): *Der Maji-Maji-Krieg in Deutsch-Ostafrika, 1905–1907.* 1. Aufl. Berlin: Links (Schlaglichter der Kolonialgeschichte), S. 28–58.

Klose, Heinrich (1899): *Togo unter deutscher Flagge. Reisebilder und Betrachtungen.* Berlin: Reimer.

Knott, Anton J. (1984): *Straßen, Wege, Plätze und Gassen in Hildesheim.* Hildesheim: Gerstenberg.

Kohl, Karl-Heinz (2017): Dies ist Kunst, um ihrer selbst willen. In: *Die Zeit*, 07.09.2017 (Nr. 37), S. 42.

Kolbe, Hermann Julius (1899): Die Oxyopisthinen: Eine neue Gruppe der Cucrulioniden des tropischen Afrika. In: *Entomologische Zeitung. Herausgegeben von dem entomologischen Vereine zu Stettin* 60 (No. 1–6, I. und II. Heft 1899), 1–138.

Kommission für die wissenschaftlichen Sendungen aus den deutschen Schutzgebieten (1899): *Viertes Verzeichnis der abgebbaren Dubletten der aus den deutschen Schutzgebieten eingegangenen wissenschaftlichen Sendungen.* Berlin.

König, Viola (Hg.) (2003): *Ethnologisches Museum Berlin.* München: Prestel.

Krämer, Augustin (1916): Vorwort. In: Elisabeth Krämer-Bannow: *Bei kunstsinnigen Kannibalen der Südsee. Wanderungen auf Neu-Mecklenburg 1908–1909.* Berlin: Reimer, S. III – VIII.

Krämer-Bannow, Elisabeth (1916): *Bei kunstsinnigen Kannibalen der Südsee. Wanderungen auf Neu-Mecklenburg 1908–1909.* Berlin: Reimer.

Kunstgewerbe-Museum zu Berlin (1883): *Asiatische Sammlung (ethnograph. und kunstgewerbl. Gegenstände) des Herrn Dr. Emil Riebeck*. Berlin: Weidmannsche Buchhandlung (Siebente Sonder-Ausstellung, 27. November 1883-1. Februar 1884).

Laasch, Gustav Adolf Wilhelm (1905): Kamerun und Togo. In: Simplex Africanus [= Friedrich von Erckert], Leutnant Laasch und Hauptmann Leue (Hg.): *Mit der Schutztruppe durch Deutsch-Afrika. Nebst einem Anhang: Meine Erlebnisse im Kampf gegen die Hereros von Leutnant P. Leutwein*. Minden i.W: Köhler, S. 74–110.

Lange, Britta (2011): Sensible Sammlungen. In: Margit Berner, Anette Hoffmann und Britta Lange (Hg.): *Sensible Sammlungen. Aus dem anthropologischen Depot*. Hamburg: Philo Fine Arts (Ilinx-Kollaborationen, 210), S. 15–40.

Le Cocq, A. (1986): *Region de Bassar (centre–ouest-Togo). Les sols et leurs capacités agronomiques. Cartes à 1:100.000*. Paris: Orstrom.

Lederer, André (1965): Histoire de la navigation au Congo. Tervuren: Musée royal de l'Afrique centrale.

Lesser, Richard (1885): Männer der That: 2. Teil. In: *Deutsche Kolonialzeitung* 2 (1, 2), 14–17, 45–46.

Liebert, Eduard von (1898): *Neunzig Tage im Zelt. Meine Reise nach Uhehe, Juni bis September 1897*. Berlin: E. Mittler und Sohn.

Lorenz, A. (1913): *Kitabu cha nyimbo. Liederbuch f. d. Eingebornen-Schulen in Deutsch-Ostafrika*. Berlin: Heymann.

Lorenz, A. (1914): Entwurf einer Kimakonde-Grammatik. In: *Mitteilungen des Seminars für Orientalische Sprachen an der Friedrich Wilhelms-Universität zu Berlin, Abteilung 3*, S. 46–117.

Lorenz, A. (1924): Schule und Kolonien. In: *Der Kolonialdeutsche* 4 (6), S. 88–89.

Lorenz, A. (1932): Gedicht vom Majimaji-Aufstand. Übersetzt und herausgegeben von A. Lorenz. In: *Mitteilungen des Seminars für Orientalische Sprachen an der Friedrich Wilhelms-Universität zu Berlin, Abteilung 3, Afrikanische Studien* 36, S. 227–259.

Luschan, Felix von (1904): *Anleitung für ethnographische Beobachtungen und Sammlungen in Afrika und Oceanien*. 3. Aufl. Berlin: Gebr. Unger.

Maass, Alfred (1902): *Bei liebenswürdigen Wilden. Ein Beitrag zur Kenntnis der Mentawai-Insulaner, besonders der Eingeborenen von ši Oban auf Süd Pora oder tobo lagai. Nach Tagebuch-Blättern*. Berlin: Süsserott.

Maass, Alfred (1910): *Durch Zentral-Sumatra*. 2 Bände. Berlin: Süsserott.

Mackenzie, Jean K. (1916): *Black Sheep. Adventures in West Africa*. Boston und New York: Houghton Mifflin Co.

Mansberg, Ernst-Adolf von (1900): *Offizier-Stammliste des Königlich Preußischen Infanterie-Regiments Graf Bülow zu Dennewitz (6. Westfälischen) Nr. 55*. Berlin: Ernst Siegfried Mittler und Sohn.

Massow, Valentin von (2014): *Die Eroberung von Nordtogo 1896–1899. Tagebücher und Briefe*. 1. Aufl. Hg. v. Peter Sebald. Bremen: Ed. Falkenberg (Cognoscere historias, Bd. 21).

Mattheus-Weigelt, Wiebke (2012): *Geheimes Wissen und die Balance der Welt. Zur gesellschaftlichen Rolle von Männer- und Frauenbünden in West- und Zentralafrika*. In: Gundolf Krüger, Ulrich Menter, Jutta Steffen-Schrade und Peter-René Becker (Hg.): *Tabu?! Verborgene Kräfte – geheimes Wissen* [anlässlich der Landesausstellung 2012 der Ethnologischen Sammlungen Niedersachsens im Niedersächsischen Landesmuseum Hannover, 28. September 2012 – 7. April 2013]. Petersberg: Imhof, S. 36–47.

Meade, Marie; Fienup-Riordan, Ann (1996): *Agayuliyararput. Our Way of Making Prayer. Yup'ik Masks and the Stories They Tell*. Anchorage: Anchorage Museum of History and Art.

Mecklenburg, Adolf Friedrich Herzog zu (1909): *Ins innerste Afrika. Bericht über den Verlauf der deutschen wissenschaftlichen Zentral-Afrika-Expedition 1907–1908* Leipzig: P. E. Lindner.

Mecklenburg, Adolf Friedrich Herzog zu (1924): *Durch Ruanda zum Kiwu-See. Forschungsreisen in Zentral-Afrika*. Berlin: Ullstein (Wege zum Wissen).

Mecklenburg-Schwerin, Adolf Friedrich zu (1921): *Vom Kongo zum Niger und Nil. Berichte der deutschen Zentralafrika-Expedition 1910/1911*. 3. Aufl. 3 Bände. Leipzig: Brockhaus.

Menter, Ulrich; Vahrson, Viola (2014): Gegenwelten: Die unsichtbare Seite der Dinge – Ausstellung im Roemer- und Pelizaeus-Museum. In: Christoph Bertsch und Viola Vahrson (Hg.): *Gegenwelten. Ein Forschungs- und Ausstellungsprojekt der Stiftung Universität Hildesheim und der Universität Innsbruck in Zusammenarbeit mit dem Roemer- und Pelizaeus-Museum Hildesheim und Schloss Ambras Innsbruck* [Ausstellung auf Schloss Ambras; Ausstellungszeitraum: 27.09. – 01.11.2013]. Innsbruck, Wien: Haymon-Verl. (Ausstellungskatalog / Institut für Kunstgeschichte der Universität Innsbruck, 27), S. 157–247.

Meyer, A. B. (1881): Über künstlich deformirte Schädel von Borneo und Mindanao im Königl. Anthropologischen Museum zu Dresden: Bemerkungen über die Verbreitung der Sitte der menschlichen Schädel-Deformirung. Gratulationsschrift für Rudolf Virchow. Leipzig und Dresden: Verlag von G. B. Teubner.

Mildbraed, Johannes (1923): Georg Zenker. In: *Notizblatt des Botanischen Gartens und Museums zu Berlin-Dahlem* Bd. 8, Nr. 74, S. 319–324.

Mönning, E.; Stein, Helga (1998): Hermann Roemer als Geologe. In: Rudolf W. Keck und Veronica Albrink (Hg.): *Gesammelte Welten. Das Erbe der Brüder Roemer und die Museumskultur in Hildesheim (1844–1994)*. 1. Aufl. Hildesheim: Gerstenberg, S. 281–311.

Monson, Jamie (2010): War of Words: The Narrative Efficacy of Medicine in the Maji Maji War. In: James Giblin und Jamie Monson (Hg.): *Maji Maji. Lifting the Fog of War*. Leiden [u.a.]: Brill (African social studies series), S. 33–69.

Mönter, Sven (2010): *Dr. Augustin Krämer. A German Ethnologist in the Pacific*. Online verfügbar unter http://www.etpisonmuseum.org/pdf/Dr.%20Augustin%20Kramer.pdf (letzter Zugriff am 08.09.2020).

Morlang, Thomas (2010a): *Rebellion in der Südsee. Der Aufstand auf Ponape gegen die deutschen Kolonialherren 1910/11*. 1. Aufl. Berlin: Links (Schlaglichter der Kolonialgeschichte, 12).

Morlang, Thomas (2010b): „Grausame Räuber, die wir waren“: Nicht nur in Afrika, auch in der Südsee schlugen die Deutschen jeden Widerstand gegen ihr Kolonialregime erbarmungslos nieder. In: *ZEIT Online*, 23.09.2010 (39/2010). Online verfügbar unter http://www.zeit.de/2010/39/Kolonie-Ponape (letzter Zugriff am 08.09.2020).

Morlang, Thomas (2011): „Die Wahehe haben ihre Vernichtung gewollt.“ Der Krieg der „Kaiserlichen Schutztruppe“ gegen die Hehe in Deutsch-Ostafrika (1890–1898). In: Thoralf Klein und Frank Schumacher (Hg.): *Kolonialkriege. Militärische Gewalt im Zeichen des Imperialismus*. Hamburg: Hamburger Ed, S. 80–108.

Muhlert, Hermann (1855): *Die Banda-Eilande. Eine geographische Abhandlung von Dr. Muhlert, Göttingen*. O.O.

Münzel, Mark (2010): Zum Geleit: Das Weiterleben Karl von den Steinens. In: Ulrich von den Steinen: *Expeditionsreisen am Amazonas. Der Ethnologe Karl von den Steinen (1855–1929)*. Köln, Wien u.a.: Böhlau, S. IX – XXI.

Mwakikagile, Godfrey (2000): *Africa and the West*. Huntington: Nova Science Publishers.

Naam- en Ranglist van het koninklige leger der Nederlanden en van Nederlandsch Indien voon 1845. Veertiende Jaargang. Gorinchem: J. Noorduyn en Zoon.

Ndembwike, John (2006): *Tanzania. The Land and Its People*. Dar es Salaam, Bretoria: New Africa Press.

Nelson, Samuel H. (1994): *Colonialism in the Congo Basin 1880–1940*. Athens: Ohio University Center for International Studies.

Nicklisch, Andrea; Lang, Sabine (2018): Provenienzforschung zu Objekten aus kolonialen Kontexten am Roemer- und Pelizaeus-Museum Hildesheim. In: *Provenienz und Forschung* 2/2018, S. 54–59 (Herausgeber: Deutsches Zentrum Kulturgutverluste).

Nöhre, Joachim (1998): *Das Selbstverständnis der Weimarer Kolonialbewegung im Spiegel ihrer Zeitschriftenliteratur*. Zugl.: Münster (Westfalen), Univ., Diss., 1997. Münster: Lit (Uni-Press-Hochschulschriften, 103).

Obdeijn, Herman (1983): The New Africa Trading Company and the Struggle for Import Duties in the Congo Free State, 1886–1894. In: *African Economic History* (12), S. 195–212.

Oestermann, Tristan; Geschiere, Peter (2017): Coercion or Trade? Multiple Self-Realization During the Rubber Boom in German Kamerun (1899–1913). In: Wale Adebanwi (Hg.): *The Political Economy of Everyday Life in Africa. Beyond the Margins*. Suffolk: James Currey, S. 92–114.

Olson, James Stuart (1996): *The Peoples of Africa. An Ethnohistorical Dictionary*. Westport, Conn: Greenwood Press.

Pavlakis, Dean (2016): *British Humanitarianism and the Congo Reform Movement, 1896–1913*. London und New York: Routledge.

Poser, Alexis von; Baumann, Bianca (Hg.) (2016): *Heikles Erbe. Koloniale Spuren bis in die Gegenwart.* Eine Ausstellung des Niedersächsischen Landesmuseums Hannover, 30. September 2016 bis 26. Februar 2017. Niedersächsisches Landesmuseum Hannover. Dresden: Sandstein Verlag.

Raffert, Joachim (1998): Hermann Roemer als Parlamentarier. Hildesheims erster Abgeordneter im Deutschen Reichstag. In: Rudolf W. Keck und Veronica Albrink (Hg.): *Gesammelte Welten. Das Erbe der Brüder Roemer und die Museumskultur in Hildesheim (1844–1994).* 1. Aufl. Hildesheim: Gerstenberg, S. 203–242.

Reyels, Lili; Ivanov, Paola; Weber-Sinn, Kristin (Hg.) (2018): *Humboldt Lab Tanzania. Objekte aus kolonialen Kriegen im Ethnologischen Museum, Berlin. Deutsch–tansanische Perspektiven.* Berlin: Dietrich Reimer Verlag.

Riebeck, Emil (1885): *Die Hügelstämme von Chittagong. Ergebnisse einer Reise im Jahre 1882.* Berlin: Asher.

Riebeck, Emil; Keane, A. H. (1885): *The Chittagong Hill-Tribes. Results of a Journey Made in the Year 1882.* London: Asher.

Roemer, Ferdinand (1849): *Texas. Mit besonderer Rücksicht auf deutsche Auswanderung und die physischen Verhältnisse des Landes.* Bonn: Adolph Marcus.

Roes, Aldwin (2010): Towards a History of Mass Violence in the État Indépendant du Congo, 1885–1908. In: *South African Historical Journal* 62 (4), S. 634–670.

Röschenthaler, Ute (2009): The Submerged History of Nsanakang. A Glimpse into an Anglo-German Encounter. In: Ian Fowler und Verkijika Fanso (Hg.): *Encounter, Transformation and Identity. Peoples of the Western Cameroon Borderlands, 1891–2000.* New York, Oxford: Berghahn Books, S. 110–140.

Rudolf Künker GmbH & Co. KG (2014): *Künker Auktion 253 – Orden und Ehrenzeichen. 10. Ordensauktion des Hauses Künker.* 4. Oktober 2014 in Osnabrück. Osnabrück: Numismatischer Verlag Künker.

Ryder, Alan Frederick Charles (1969): *Benin and the Europeans, 1485–1897.* London: Longmans (Ibadan history series).

Saavedra Casco, José Arturo (2005): Die Suche nach dem Mittelweg: Das Maji-Maji-Gedicht des Swahili-Dichters Abdul Karim Jamaliddini. In: Felicitas Becker und Jigal Beez (Hg.): *Der Maji-Maji-Krieg in Deutsch-Ostafrika, 1905–1907.* 1. Aufl. Berlin: Links (Schlaglichter der Kolonialgeschichte), S. 133–142.

Sachau, Eduard (Hg.) (1901): *Mittheilungen des Seminars für Orientalische Sprachen an der Königlichen Friedrich Wilhelms-Universität zu Berlin.* Berlin, Stuttgart (Jahrgang 4).

Sanner, Hans-Ulrich (1999): Arktis. In: Peter Bolz und Hans-Ulrich Sanner (Hg.): *Indianer Nordamerikas. Die Sammlungen des Ethnologischen Museums Berlin* [anläßlich der Ausstellung „Indianer Nordamerikas. Vom Mythos zur Moderne" im Ethnologischen Museum – Staatliche Museen zu Berlin, Eröffnung: 25. November 1999]. Berlin: G-+-H-Verlag, S. 203–221.

Sarr, Felwine; Savoy, Bénédicte (2019): *Zurückgeben. Über die Restitution afrikanischer Kulturgüter.* Berlin: Matthes & Seitz.

Schade, Anette (2004): Fotografieren und ethnografisches Arbeiten: Die „Deutsche Marine-Expedition" (1907–1909) nach Neuirland (Papua-Neuguinea). In: Irene Ziehe und Ulrich Hägele (Hg.): *Fotografien vom Alltag – Fotografieren als Alltag*. Tagung der Kommission Fotografie der Deutschen Gesellschaft für Volkskunde und der Sektion Geschichte und Archive der Deutschen Gesellschaft für Photographie im Museum Europäischer Kulturen – Staatliche Museen zu Berlin vom 15. bis 17. November 2002. Münster: LIT-Verl. (Visuelle Kultur, 1), S. 117–147.

Schlaginhaufen, Otto (1959): *Muliama. Zwei Jahre unter Südsee-Insulanern*. Zürich: Orell Füssli.

Schlothauer, Andreas (2011): Kopfjagd und Schädelkult in West-Afrika. In: Alfried Wieczorek (Hg.): *Schädelkult – Kopf und Schädel in der Kulturgeschichte des Menschen*. Begleitband zur Sonderausstellung „Schädelkult – Kopf und Schädel in der Kulturgeschichte des Menschen" [Sonderausstellung der Curt-Engelhorn-Stiftung für die Reiss-Engelhorn-Museen Mannheim vom 2. Okt. 2011 bis 29. April 2012]. Orig.-Ausg. Regensburg: Schnell & Steiner (Publikationen der Reiss-Engelhorn-Museen Mannheim, 41).

Schlothauer, Andreas (2015): Die Kamerun-Sammlungen von Gustav Conrau im Ethnologischen Museum Berlin. Figuren der Bangwa (Grasland) sowie der Balong, Barombi und Banyang (Waldland). In: *Kunst & Kontext: Außereuropäische Kunst und Kultur im Dialog*, S. 20–31.

Schlothauer, Andreas (2018a): Das Ethnologische Museum Berlin und seine problematische Beziehung zum Sammler Johan Adrian Jacobsen. In: *Kunst und Kontext: Außereuropäische Kunst und Kultur im Dialog* (16), S. 44–48.

Schlothauer, Andreas (2018b): Das Königreich Benin in deutschen Medien – Was fehlt? In: *Kunst und Kontext: Außereuropäische Kunst und Kultur im Dialog* (15), S. 60–78.

Schlothauer, Andreas (2018c): Die erste Restitution des Ethnologischen Museums Berlin – guteAbsicht und falsche Begründung? (= Wiederabdruck Report Research Centre for Material Culture gGmbH, 2018.02 AM, 19. Juni 2018). In: *Kunst und Kontext: Außereuropäische Kunst und Kultur im Dialog* (16), 51–79 (5–33).

Schmidt, Heike (2010): Deadly Silence Predominates in this District. In: James Giblin und Jamie Monson (Hg.): *Maji Maji. Lifting the Fog of War*. Leiden [u.a.]: Brill (African social studies series).

Schröder, Martin (1997): *Prügelstrafe und Züchtigungsrecht in den deutschen Schutzgebieten Schwarzafrikas*. Münster: Lit (Europa-Übersee, 6).

Sebald, Peter (1988): Togo 1884–1914. *Eine Geschichte der deutschen „Musterkolonie" auf der Grundlage amtlicher Quellen. Mit einem Dokumentenanhang*. Berlin: Akad.-Verl. (Studien über Asien, Afrika und Lateinamerika, 29).

Sebald, Peter (2005): Deutsche Missionen in afrikanischer Sicht: Aus den im „Gold Coast Leader" von Togoern in den Jahren 1911–1919 publizierten Artikeln. In: Ulrich van der Heyden und Holger Stoecker (Hg.): *Mission und Macht im Wandel politischer Orientierungen. Europäische Missionsgesellschaften in politischen Spannungsfeldern in Afrika und Asien zwischen 1800 und 1945*. Stuttgart: Steiner (Missionsgeschichtliches Archiv, 10), S. 159–172.

Sebald, Peter (2013): *Die deutsche Kolonie Togo 1884–1914. Auswirkungen einer Fremdherrschaft*. 1. Aufl. Berlin: Links (Schlaglichter der Kolonialgeschichte, 14).

Sebald, Peter (2014a): Nachwort. In: Valentin von Massow: *Die Eroberung von Nordtogo 1896–1899. Tagebücher und Briefe*. 1. Aufl. Hg. v. Peter Sebald. Bremen: Ed. Falkenberg (Cognoscere historias, Bd. 21), S. 819–832.

Sebald, Peter (2014b): Vorwort. In: Valentin von Massow: *Die Eroberung von Nordtogo 1896–1899. Tagebücher und Briefe*. 1. Aufl. Hg. v. Peter Sebald. Bremen: Ed. Falkenberg (Cognoscere historias, Bd. 21), S. 7–31.

Smend, Julius (1909): Wie der Neger in Togo wohnt. In: *Kolonie und Heimat* 3 (2), S. 6.

Smend, Julius (1910): Haar- und Kopftrachten in Togo. In: *Globus: Illustrierte Zeitschrift für Länder- und Völkerkunde* 97 (17), S. 261–266.

Smend, Julius (1914): Togo. In: Kaiser-Wilhelm-Dank Verein der Soldatenfreunde (Hg.): *Deutschland als Kolonialmacht. Dreißig Jahre deutsche Kolonialgeschichte*. Berlin: Kameradschaft Wohlfartsgesellschaft Verlag, S. 185–206.

Smend, Julius (1924): Togo. In: Kurd Schwabe und Paul Leutwein (Hg.): *Die deutschen Kolonien*. Berlin: Verlagsanstalt für Farbenphotographie Carl Weller, S. 185–206.

Speitkamp, Winfried (2005): *Deutsche Kolonialgeschichte*. Stuttgart: Reclam (Reclams Universal-Bibliothek, 17047).

Spreckelsen, Tilman (2010): Das Wachswalzenwunder: Töne aus fernen Ländern und Zeiten. In: *Frankfurter Allgemeine Zeitung*, 09.11.2010. Online verfügbar unter http://www.faz.net/aktuell/wissen/das-wachswalzenwunder-toene-aus-fernen-laendern-und-zeiten-11068533.html?printPagedArticle=true#pageIndex_2 (letzter Zugriff am 09.09.2020).

Stammbaum Langheld. Online verfügbar unter http://langheldfamily.eu/ (letzter Zugriff am 09.09.2020).

Stapleton, W. H. (1898): The District of the Yakusu and Stanley Falls on the Upper Congo River. In: *The Missionary Herald of the Baptist Missionary Society*, S. 299–305.

Stein, Ludwig von (1926): Ein Fehlschlag. Eine Episode aus der Erst-Aufklärung des toten Buschs im Ssanga-Ngogo-Gebiet vom Dezember 1900. In: Willy Bolsinger und Hans Rauschnabel (Hg.): *Jambo watu! Das Kolonialbuch der Deutschen*. Stuttgart: Steffen, S. 146–167.

Steinen, Karl von den (1894): *Unter den Naturvölkern Zentral-Brasiliens. Reiseschilderung und Ergebnisse der Zweiten Schingú-Expedition 1887–1888*. Berlin: Reimer.

Steinen, Karl von den (1925–1928): *Die Marquesaner und ihre Kunst. Studien über die Entwicklung primitiver Südseeornamentik nach eigenen Reiseergebnissen und dem Material der Museen*. 3 Bände. Berlin: Reimer.

Steinen, Ulrich von den (2010): *Expeditionsreisen am Amazonas. Der Ethnologe Karl von den Steinen (1855 – 1929)*. Köln, Wien u. a.: Böhlau.

Stierling, Jan (1899): Die Königsgräber der Wahehe. In: *Mittheilungen des Seminars für Orientalische Sprachen* (2), S. 257–263.

Strehlau, Helmut (Hg.) (1978): *Deutsches Geschlechterbuch. Genealogisches Handbuch bürgerlicher Familien*. Limburg/Lahn: C. A. Starke (177 [46. Allgemeiner Band]).

Strizek, Helmut (2006): *Geschenkte Kolonien. Ruanda und Burundi unter deutscher Herrschaft. Mit einem Essay über die Entwicklung bis zur Gegenwart*. 1. Aufl. Berlin: Links (Schlaglichter der Kolonialgeschichte, 4).

Stuhlmann, Franz (1894): *Mit Emin Pascha ins Herz von Afrika*. Berlin: Reimer.

Thode-Arora, Hilke (1989): *Für fünfzig Pfennig um die Welt. Die Hagenbeckschen Völkerschauen.* Frankfurt am Main u. a.: Campus-Verl.

Thode-Arora, Hilke (2014): *From Samoa with Love? Samoa-Völkerschauen im deutschen Kaiserreich. Eine Spurensuche.* Staatliches Museum für Völkerkunde München, 31. Januar – 5. Oktober 2014; Katalog]. München: Hirmer.

Thode-Arora, Hilke; Fine, Jonathan (2019): Provenienzforschung: Forschungsquellen, Methodik, Möglichkeiten. In: Deutscher Museumsbund (Hg.): *Leitfaden zum Umgang mit Sammlungsgut aus kolonialen Kontexten.* Berlin: Deutscher Museumsbund e. V., S. 57–64.

Tignor, Robert L. (2007): The Business Firm in Africa. In: *Business History Review* (81 (1)), S. 87–110.

Tornier, Gustav (1902): Die Crocodile, Schildkröten und Eidechsen in Kamerun. In: Anonym (Hg.): *Zoologische Jahrbücher. Abteilung für Systematik, Geographie und Biologie der Tiere,* Bd. 15, S. 663–677.

Trotha, Trutz von (1994): *Koloniale Herrschaft. Zur soziologischen Theorie der Staatsentstehung am Beispiel des „Schutzgebietes Togo".* Tübingen: Mohr.

Utermark, Sören (2011): *„Schwarzer Untertan versus schwarzer Bruder". Bernhard Dernburgs Reformen in den Kolonien Deutsch-Ostafrika, Deutsch-Südwestafrika, Togo und Kamerun.* Dissertation. Universität Kassel, Fachbereich Gesellschaftswissenschaften, Kassel.

van der Laan, H. Laurens (1983): Trading in the Congo. The NAHV from 1918 to 1955. In: *African Economic History* (12), S. 241–259.

Walden, Edgar (1907): Die deutsche Südsee-Expedition. In: *Berliner Tageblatt und Handels-Zeitung* 36, 23.10.1907 (Abend-Ausgabe), Titelseite, 2.

Walden, Edgar (1911): Die ethnographischen und sprachlichen Verhältnisse im nördlichen Teile Neu-Mecklenburgs und auf den umliegenden Inseln. In: *Korrespondenzblatt der Deutschen Gesellschaft für Anthropologie, Ethnologie und Urgeschichte* (42), S. 28–31.

Walden, Edgar (1914): Die völkerkundliche Sammlung. In: *Die Abteilungen für Vorgeschichte, Völkerkunde und Trachten, Waffen und Uniformen (Vaterländische Sammlung) des Roemer-Museums zu Hildesheim.* Hildesheim, S. 41–51.

Walden, Edgar; Nevermann, Hans (1940): Totenfeiern und Malagane von Nord-Neumecklenburg nach Aufzeichnungen von E. Walden hrsg. von Hans Nevermann. In: *Zeitschrift für Ethnologie* (72), S. 11–38.

Waltz, Heinrich (1917): *Das Konzessionswesen im Belgischen Kongo.* 2 Bände. Jena: Gustav Fischer.

Wastiau, Boris (2017): The Legacy of Collecting. Colonial Collecting in the Belgian Congo and the Duty of Unveiling Provenance. In: James B. Gardner und Paula Hamilton (Hg.): *The Oxford Handbook of Public History.* New York: Oxford University Press, S. 460–479.

Wätzold, Paul (1910): *Stammliste der Kaiser Wilhelms-Akademie für das militärärztliche Bildungswesen. Im Auftrage der Medizinal-Abteilung des Königl. Kriegsministeriums unter Benutzung amtlicher Quellen.* Berlin und Heidelberg: Springer.

Widenmann, August (1899): Die Kilimandscharo-Bevölkerung. Anthropolgisches und Ethnographisches aus dem Dschaggalande. In: *Petermanns Mitteilungen, Ergänzungsheft* 129.

Willequet, Jacques (1962): *Le Congo belge et la Weltpolitik.* Brüssel: Presses universitaires de Bruxelles.

Wimmelbrücker, Ludger (2005): Ansichten eines „regierungstreuen Eingeborenen": Mzee bin Ramazani über den Krieg im Bezirk Songea. In: Felicitas Becker und Jigal Beez (Hg.): *Der Maji-Maji-Krieg in Deutsch-Ostafrika, 1905–1907.* 1. Aufl. Berlin: Links (Schlaglichter der Kolonialgeschichte), S. 122–132.

Ziegler, Susanne (2009): Felix von Luschan als Walzensammler und Förderer der Berliner Phonogramm-Archivs. In: Peter Ruggendorfer und Hubert Szemethy (Hg.): *Felix von Luschan (1854–1924). Leben und Wirken eines Universalgelehrten.* Wien: Böhlau, S. 113–140.

Zimmerman, Andrew (2001): *Anthropology and Antihumanism in Imperial Germany.* Chicago: University of Chicago Press. Online verfügbar unter https://sites.google.com/site/2uidsfoub5/5AxV5DsX4275 (letzter Zugriff am 09.09.2020).

Zimmerman, Andrew (2015): Die Gipsmasken der Brüder Schlagintweit. Verkörperlichung kolonialer Macht. In: Moritz von Brescius, Friederike Kaiser und Stephanie Kleidt (Hg.): *Über den Himalaya. Die Expedition der Brüder Schlagintweit nach Indien und Zentralasien 1854 bis 1858* [Sonderausst. im Alpinen Museum München, 19. März 2015–10. Januar 2016]. Köln, Weimar, Wien: Böhlau Verlag, S. 241–249.

Zintgraff, Eugen (1895): *Nord-Kamerun. Schilderung der im Auftrage des Auswärtigen Amtes zur Erschließung des nördlichen Hinterlandes von Kamerun während der Jahre 1886 bis 1892 unternommenen Reisen.* Berlin: Verlag von Gebrüder Pactel.

Zurstrassen, Bettina (2008): *„Ein Stück deutscher Erde schaffen". Koloniale Beamte in Togo 1884–1914.* Zugl.: München, Univ. der Bundeswehr, Diss., 2005. Frankfurt/Main, New York: Campus-Verlag (Campus Forschung, 931).

Über die Autor*innen

Sabine Lang

(geb. 1958) wurde nach einem Studium der Ethnologie/Völkerkunde, Altamerikanistik und Vor- und Frühgeschichte 1990 an der Universität Hamburg im Fach Ethnologie mit einer Dissertation über Systeme multipler Geschlechter in indigenen Kulturen Nordamerikas promoviert, die später in englischer Übersetzung bei University of Texas Press erschien. Im Anschluss führte sie zu diesem Thema DFG-geförderte Feldforschung in den USA durch, unter anderem bei den Diné (Navajo) in New Mexico und den Shoshone-Bannock in Idaho. Danach war sie viele Jahre als freie Wissenschaftlerin und Fachübersetzerin tätig und wertete die Ergebnisse ihrer Forschungen in zahlreichen Veröffentlichungen aus. Gegenwärtig ist sie im Rahmen des von der VW-Stiftung geförderten Verbundprojektes „Provenienzforschung in außereuropäischen Sammlungen und der Ethnologie in Niedersachsen" (PAESE) am Roemer- und Pelizaeus-Museum beschäftigt.

Andrea Nicklisch

absolvierte im Anschluss an das Studium der Fächer Altamerikanische Sprachen und Kulturen, Ethnologie sowie Vor- und Frühgeschichte an der Universität Hamburg ein Volontariat am Ethnologischen Museum Berlin im Fachreferat Amerikanische Archäologie Mesoamerika. Zwischen 2005 und 2009 Tätigkeit als Projektkoordinatorin und Kuratorin für nationale und internationale Ausstellungen des Ethnologischen Museums Berlin. Von 2009 bis 2013 Promotion im DFG-geförderten Emmy-Noether-Projekt „Text, Bild, Performanz…" am Historischen Seminar der Universität Hamburg, Arbeitsbereich Außereuropäische Geschichte, zu multiplen Lesarten von Bildern auf kirchlichen Silberarbeiten aus dem bolivianischen Altiplano. Seit Juli 2015 ist sie Kuratorin der ethnografischen Sammlung des Roemer- und Pelizaeus-Museums Hildesheim.

Tristan Oestermann
(geb. 1985) studierte Geschichts- und Politikwissenschaft an der Universität Münster und der Humboldt-Universität zu Berlin. Seine Masterarbeit wurde mit dem Gustav-Droysen-Preis ausgezeichnet. In seinem Promotionsprojekt forscht er zur Geschichte von Arbeitsbeziehungen in der Kautschukwirtschaft Kameruns während der deutschen Kolonialherrschaft. In den letzten Jahren war er Fellow am Institut für Europäische Geschichte in Mainz, wissenschaftlicher Mitarbeiter an der Universität Düsseldorf und Lehrbeauftragter an der Humboldt-Universität zu Berlin.

Druck und Bindung
Books on Demand GmbH, Norderstedt